儒教与中国现代文学

哈迎飞 著

2013年·北京

图书在版编目(CIP)数据

儒教与中国现代文学 / 哈迎飞著. — 北京：商务印书馆，2013
ISBN 978-7-100-10300-8

Ⅰ.①儒… Ⅱ.①哈… Ⅲ.①儒家—关系—现代文学—文学研究—中国 Ⅳ.①B222.05 ②I206.6

中国版本图书馆CIP数据核字(2013)第232475号

教育部人文社科规划项目
"儒教与20世纪中国现代文学"
（项目批准号：10YJA751021）
羊城学者学术带头人项目
"儒教与中国现代作家的宗教性书写研究"
（项目批准号：12A011G）
广东省普通高校人文社科重点研究基地"俗文化研究中心"项目

所有权利保留。

未经许可，不得以任何方式使用。

儒教与中国现代文学

哈迎飞 著

商 务 印 书 馆 出 版
（北京王府井大街36号 邮政编码 100710）
商 务 印 书 馆 发 行
三河市尚艺印装有限公司印刷
ISBN 978-7-100-10300-8

2013年10月第1版　　开本 880×1230　1/32
2013年10月北京第1次印刷　印张 11 5/8

定价：40.00元

目录

前　言 …… 1

第一章　"以科学代宗教"与新文化运动中的反孔思潮
　　——陈独秀的宗教观及其写作策略

第一节　"一切宗教，皆在废弃之列" …… 11
第二节　从"以科学代宗教"到"以主义代宗教" …… 17
第三节　现代中国的先知书 …… 26

第二章　儒教与中国现代知识分子的"宗教气"
　　——以"非宗教运动"研究为中心

第一节　专制迷信与国人的非理性宗教情绪 …… 34
第二节　"信教自由"与"东方式的攻击异端" …… 41
第三节　"不可有宗教气而变成教徒" …… 56

第三章 儒教与中国现代作家的"罪感"意识
　　——以鲁迅研究为中心

第一节 "吃人的老谱"与《狂人日记》的经典性 …… 72
第二节 "罪"与"吃人"的深刻性 …… 77
第三节 家族伦理与鲁迅的"罪感意识" …… 82
第四节 "我以我血荐轩辕" …… 100

第四章 儒教与中国现代作家的国家意识
　　——以老舍研究为中心

第一节 "只有国家主义能救中国" …… 112
第二节 "国家至上"的基督徒 …… 120
第三节 热烈歌颂新中国 …… 134

第五章 中国现代文学史上的"宗教人"
　　——以巴金研究为中心

第一节 巴金家族小说中的"宗教人"形象 …… 166
第二节 《随想录》中的"宗教人"形象 …… 192

第六章 中国现代革命作家的"准宗教心态"
　　——以韦君宜研究为中心

第一节 "回家"与"成了共产主义真理的信徒" …… 219

第二节 "愚忠"与"革命" …… 233
第三节 "权威服从"与"作恶的工具" …… 241

第七章 儒教与中国现代作家的"变"与"不变"
——以郭沫若研究为中心

第一节 "动的泛神观"与狂放的诗风 …… 253
第二节 "与时俱进"的浪漫诗人 …… 273
第三节 复杂的"双面人" …… 291

第八章 是儒家，但不是儒教徒
——以周作人研究为中心

第一节 儒教绝不是中国文化的基础 …… 307
第二节 解构儒教"三纲" …… 326

结　语 …… 352

参考文献 …… 355

后　记 …… 364

前　言

一

本书主要研究儒教与中国现代文学的关系。

近年来，中国现代文学与宗教文化的关系受到学界的广泛关注，并取得了一些引人注目的成绩[1]，但从目前的研究现状来看，由于主要研究大都集中在佛教、基督教、伊斯兰教与现代文学关系的研究方面，对"不具宗教之名，却有宗教之实"[2]的儒教与中国现代文学的关系，关注较少，有分量的学术成果也不多。另一方面，在中国现代文学与传统文化关系的研究中，虽然有许多学者探讨过儒家文化对中国现代作家思想

---

[1] 谭桂林：《20世纪中国文学与佛学》，安徽教育出版社1999年版；哈迎飞：《"五四"作家与佛教文化》，上海三联出版社2002年版；刘勇：《中国现代作家的宗教文化情结》，北京师范大学出版社1998年版；王列耀：《宗教情结与华人文学》，文化艺术出版社2005年版；马佳：《十字架下的徘徊》，学林出版社1995年版；宋剑华：《基督精神与曹禺戏剧》，湖南师范大学出版社2000年版；杨剑龙：《旷野的呼声》，上海教育出版社1998年版；王本朝：《20世纪中国文学与基督教文化》，安徽教育出版社2000年版；马丽蓉：《20世纪中国文学与伊斯兰文化》，安徽教育出版社2000年版；荆亚平：《当代中国小说的信仰叙事》，学林出版社2009年版；喻天舒：《王国维、郭沫若与儒教》，北京大学出版社2009年版；刘再复、林岗合著：《罪与文学》，中信出版社2011年版。

[2] 任继愈：《论儒教的形成》，《中国社会科学》1980年第1期。

及创作的影响，但由于对儒家文化的"宗教性"认识不足，因而在准确地揭示中国现代作家与儒家文化的复杂关系方面，还有很多的研究空间。

众所周知，在中国现代文学史上，亲近宗教的作家虽然很多，但真正皈依或信仰某一宗教的始终是少数，绝大多数作家都声称是无神论者，对于这些作家，儒教的潜在影响和精神束缚往往比有形的佛教、基督教、伊斯兰教、道教等宗教更大。20世纪80年代在反思"文革"教训时任继愈先生曾指出："中国不是没有宗教，而是有自己不同于欧洲的独特的专横独断宗教——儒教，中国的儒教经常以反宗教的姿态出现，它猛烈地抨击佛教和道教，致使很多人误认为中国没有欧洲中世纪那样黑暗的神学统治时期，十年动乱期间的造神运动所以得逞，千百万群众如醉如狂的心态，它的宗教根源不是佛教，不是道教，而是中国儒教的幽灵在游荡，只不过它是以无神论的面貌呈现在人们面前的。"[1] 儒教的生命力十分强大，只要有合适的条件，它就会死灰复燃，正如茅于轼先生所说："全国解放后，作为西方哲学的马克思主义大规模地介绍到中国来，这本来是一个极好的清算专制思想的机会，可是到了'文革'，儒教伦理又死灰复燃，人们佩忠字徽章，跳忠字舞，搞三忠于活动，开忠于什么的誓师大会等。除了忠的对象有可能改变之外，要求我们'忠、孝'的实质并未改变。电台上、报纸上、讲话中，忠字频频出现，说明这种伦理思想确实是根深蒂固的。"[2] 正因此，本书拟在已有研究的基础上，从儒教入手，对20世纪中国现代文学的现代性与宗教性的复杂关系进行全面的梳理和深入的研究。

从儒教的角度契入中国现代作家的宗教意识及宗教性写作研究具有

---

[1] 任继愈：《具有中国民族形式的宗教——儒教》，《文史知识》1988年第6期。
[2] 茅于轼：《中国人的道德前景》，暨南大学出版社2008年版，第74—75页。

重要的意义,首先,它有助于揭示以往研究中由于宗教视阈的遮蔽而无法看清的问题,使我们更准确地把握现代作家的创作思想和20世纪中国知识分子的精神风貌。其次,它有助于我们更深入地总结20世纪中国文学的经验和不足。20世纪70年代夏志清先生曾在《中国现代小说史》中尖锐地提出"现代中国文学之肤浅,归根究底说来,实由于对原罪之说或者阐释罪恶的其他宗教论说,不感兴趣,无意认识"[1]的问题,引起学界广泛的争议。本书认为,倘不抓住儒教问题,泛泛而谈宗教与中国现代文学之得失关系,很难对转型时期中国现代文学的现代性与宗教性这一敏感而又具有重大现实意义的课题作出深入的、有价值的判断。第三,有助于深化我们对20世纪中国现代文学现代性本质与特色的认识。众所周知,现代性的主要理念如自由、民主、人权、科学等,在西方主要是在与宗教(主要是基督教)的持续对话与辩论中产生的,因此,在研究中国现代文学的现代性时,我们既不能忽视西方文化的宗教性背景,同时,又要认识到,就20世纪中国文学的现代性研究而言,其实也有一个有中国特色的宗教问题,那就是没有宗教之名却有宗教之实的"儒教"与中国现代文学的关系问题,而这一点,在我们目前的研究中重视得还远远不够,正因此,笔者认为,加强这方面的研究,将会对我们更深入地把握20世纪中国文学的本质起到积极的促进作用。

二

本书要突破的主要难题是如何认识儒家文化的宗教性。

---

[1] 〔美〕夏志清著,刘绍铭等译:《中国现代小说史》,复旦大学出版社2005年版,第322页。

长期以来，国人大多认为中国没有宗教，宗教情绪和宗教意识也不发达。但近年来，随着研究的深入，越来越多的人开始意识到中国也有自己独特的宗教问题。虽然目前学术界对儒学究竟是否为宗教还存在争议，有人认为，儒家是一个有宗教意识、宗教礼仪、宗教组织的社会实体，是中国历史上存在的全民信仰的"国教"；也有人认为，儒学并不是宗教，而是一种以"修己治人"、"内圣外王"为宗旨的学说；还有一种观点认为儒学虽然不是严格意义上的宗教，但是具有宗教性教化功能，所以可以称之为一种准宗教。[1] 本书认为，只要不拘泥于西方意义上的宗教概念，不以一神教的基本特征作为衡量是否宗教的唯一标准，那么，就应该承认儒学确实具有极强的宗教性。[2]

与基督教相比，儒教的特点是，它没有外在的人格神信仰，也没有专门的组织机构（教会）和专门的神职人员，但它把世俗的力量神圣化，独尊人间的神明（政权、帝王或无冕帝王、各级权威），把产生于人类社会的三纲五常神圣化为人类社会的绝对法则，因此，也有西方学者认为儒教本质上是一种迷信而非真正意义上的宗教，如德国学者孔汉思在《中国宗教与基督教》一书中说："宗教并未把相对的受条件限制的人视为绝对权威，而只把唯一的神视作绝对权威；在我们的传统里，这个绝对权威自古以来被称为上帝。我所指的是那个隐藏的最初和最终的真实……而迷信则把相对的而不是绝对的视为绝对权威并要求人们盲目服从。迷信把物质的东西，人或人组成的团体神化。从这点上讲，个人崇拜也同样是一种迷信！……一旦宗教把非本质的当作本质的，相对

---

[1] 参见苗润田、陈燕：《儒学：宗教与非宗教之争》，《中国哲学史》1999年第1期。
[2] 参见任继愈主编：《"儒教问题"争论集》，宗教文化出版社2000年版；彭国翔：《儒家传统：宗教与人文主义之间》，北京大学出版社2007年版；李申：《中国儒教史》，上海人民出版社2000年版。

的当作绝对的,宗教就变成了迷信。"[1]

作为一种信仰,儒教力图通过修身、养性、行善、节欲、仁义等来使凡俗的、平庸的人生在有限的时空中获得神圣的、终极的、不朽的意义,它的存在具有一定的积极性与合理性。但是,另一方面,也应该看到,作为一种宗教表达,儒教的局限性也是十分明显的。因为它把神圣的资源锁定在某些人和某些主义身上,偶像崇拜的倾向十分严重,而任何人,无论是尊贵的帝王还是天才的学者,作为具体时空中的存在,他们都有无法超越的历史局限与个人局限,同样,任何主义或学说,无论它的体系多么严谨深邃,作为历史的产物,也不可能具有终极的真理性。而当并不具有神圣性、绝对性和终极性的人间力量被视为具有宗教的神圣性、绝对性和终极性的真理时,其结果就是"必然走向极权、专制和个人神化"[2]。

回首百年中国文学,可以看到,尽管"五四"新文化运动以后,科学与理性受到了普遍的推崇和信仰,但是,现实生活中迷信偶像和崇拜权威并未因此减少,"文革"时期造神运动更是登峰造极。在前进的道路上,即使是以无神论者自居的郭沫若、巴金、老舍、韦君宜等亦不同程度上表现出崇拜权威、迷信人格神以及武断、粗暴、轻信、盲从的精神盲目,正如巴金晚年在《随想录》中所说,"文革"时期自己竟那样迷信,那样听话,那样愚蠢,"这难道不是信神的结果?"[3]应该说,20世纪中国作家的迷信、盲从与儒教之毒未能得到彻底清理密切相关。也正是在这一意义上,本书认为,深入研究中国现代作家与儒教的深层关联是十分必要的。

---

[1] 〔加〕秦家懿、〔德〕孔汉思著,吴华译:《中国宗教与基督教》,生活·读书·新知三联书店1990年版,第58页。
[2] 王四达:《宗教性的常态与变态:一个解读儒学的新视角》,《哲学研究》2006年第5期。
[3] 巴金:《灌输和宣传》,《巴金全集》(第16卷),人民文学出版社2000年版,第216页。

三

本书拟从以下八个方面展开研究：

（1）"以科学代宗教"与新文化运动中的反孔思潮：以陈独秀研究为中心

五四时期中国思想界对儒家文化进行了猛烈的批判，但由于批判的重点主要集中在政治、文化、道德、封建迷信等层面，未能充分注意到儒教的准宗教特质，因而在解构儒教对国人的精神控制，解放思想，培育独立人格和自由精神等方面未能发挥更大的作用。这一点，在陈独秀身上表现得十分典型，因此，本书首先从解析陈独秀的宗教观入手，探寻新文化运动中儒教批判的复杂性。

（2）儒教与中国现代知识分子的"宗教气"：以"非宗教运动"研究为中心

所谓"宗教气"是指并不信仰某一宗教，但却因把人间的某一精神价值体系或意识形态视为终极的、绝对的、无条件、绝不能质疑的真理，而在信仰的方式、心态及行为等方面表现得比真正的教徒还要狂热、武断、霸道、偏执的一种精神气质。在中国现代文学史上，周作人是为数不多的始终对知识分子的"宗教气"和教士人格予以高度重视的启蒙思想家之一。周作人认为，中国虽然没有基督教式的宗教，但现代中国知识分子的宗教意识和宗教情绪并不比民众更少，尤其是在独断地相信自己或自己所在的群体掌握了超绝的客观真理、狂热地要求获得关于事物本质的绝对知识、随时准备接受一切宗教的或准宗教的意识形态教条以及对偶像崇拜等缺少应有的警惕等方面，教训十分沉重。应该说，周作人的批判独特而有深度，至今仍然有某些针对性。

（3）儒教与中国现代作家的"罪感"意识：以鲁迅研究为中心

在宗教学里，所谓"罪"，是指违背自己对神圣者所作的信仰委身。如果说在基督教文化里，"罪感"与不服从上帝的戒律或律法相联系，那么在中华文化圈里，有中国特色的"罪感"则与不服从礼教密切相关。正如梁漱溟先生在《中国文化要义》中所指出："中国自有孔子以来，便受其影响，走上了以道德代宗教之路。"[1] 礼教在传统中国一直享有神圣的、绝对的崇高地位，违背或叛逆礼教，常会使人产生很深的罪恶感。中国没有宗教传统，但这种有中国特色的"礼教"罪感却可以使一个原本无罪的人在沉重的"心罚"中走向死亡，且得不到任何同情和怜悯，鲁迅笔下的祥林嫂就是这样的典型。与基督教相比，中国的儒教不是以人格神的上帝来管辖人的心灵，而是用被圣化为绝对律令的纲常伦理来全面掌控人的身心。在20世纪中国历史上，学贯中西的大学者王国维以及国民党政府要员陈布雷的自杀身亡，均与这种宗教式的精神控制密切相关。鲁迅一生与儒教的这种宗教式的精神控制进行了顽强的抗争，其巨大的历史意义值得我们认真总结。

（4）儒教与中国现代作家的国家意识：以老舍研究为中心

20世纪中国，冲破了家族牢笼的个人常常在"国家"神话面前停步不前，以至于有人把以"国家"名义出现的思想奴役视为20世纪中国人最难走出的精神迷宫。[2] 迫在眉睫的阶级矛盾和民族危机使绝大多数有良知的知识分子毫不犹豫地以"救国"为己任，为了国家的独立与

---

[1] 梁漱溟：《中国文化要义》，上海人民出版社2003年版，第125页。
[2] 参见袁伟时：《告别中世纪》，广东人民出版社2005年版，第201页。

富强，他们甘愿献出自己的一切，包括最可宝贵的个体生命自由，这一点在老舍身上表现得尤为突出和典型。老舍是基督徒，但一生以爱国为宗教，被巴金先生称为"伟大的爱国者"和"热烈歌颂新中国的最大的'歌德派'"[1]，但也正是他在晚年喊出了埋藏在现代中国人心底最大的疑问："我爱咱们的国呀，可是谁爱我呢？"[2]要解开老舍悲剧之谜，从儒教的角度，撩开其宗教性爱国观的面纱后，更容易看清真相。

（5）儒教与中国现代文学史上的"宗教人"：以巴金研究为中心

中国现代文学史上"宗教人"集中表现在"孝子"形象的塑造上，尤其是巴金笔下的"觉新"形象堪称是中国现代文学史上最典型的"宗教人"。本书以巴金研究为中心，探讨了觉醒的现代新人是如何被蔑视个体人格的宗教化儒教孝道所"吃掉"的。

（6）儒教与革命作家的准宗教心态：以韦君宜研究为中心

韦君宜的《思痛录》和《露沙的路》在20世纪末产生了极大的影响。回首往事，韦君宜承认自己"对于'革命'的伤心远过于为个人命运的伤心"。[3]韦君宜的悲剧，是中国现代作家与儒教关系中的又一个典型。本书以此为中心，对中国现代革命作家掩藏在"无神论"外衣下的准宗教心态及其表现方式进行深入细致的解析和透视。

（7）儒教与中国现代作家的"变"与"不变"：以郭沫若研究为中心

郭沫若的儒教思想主要来自王阳明的影响。留学日本时期，强烈的宗教情绪和宗教心理需求，使郭沫若对王阳明亦儒亦释的人生哲学产生了浓厚的兴趣，并在王阳明的启发下，建构了一个能够消融一切差异的

---

[1] 巴金：《怀念老舍同志》，《巴金全集》（第16卷），人民文学出版社2000年版，第158页。
[2] 老舍：《茶馆》，人民文学出版社1994年版，第64页。
[3] 韦君宜：《思痛录·露沙的路》，文化艺术出版社2003年版，第48页。

抽象本体观。郭沫若认为，无论是王阳明的"理"，还是老庄的"道"、印度的"梵"，或是斯宾诺莎的"神"，作为终极本体，不同的只是名称，"只是衣裳"而已。[1] 从学术的意义上讲，郭沫若的抽象本体观价值不大，但从人生观的角度看，这种抽象的本体观却使他在人生的大舞台上进退自如。在 20 世纪中国文学史上，或许没有一个作家能像他那样配得上是时代的歌手，有人称他是"时代肖子"，也有人讥讽他善于结欢于自己的时代。但是，当一些人指责郭沫若的趋时、善变时，我们也应该看到，正是这种抽象的本体观为他提供了转变的精神机制。当从一种信仰转换到另一种信仰，就像换一件衣服一样而不涉及到内在的精神本质时，快速、轻松、彻底地否定自我并完成思想改造就不是什么特别困难的事情了。同时，由于本体论信仰具有自我设定的性质，当人们以自己所信奉的本体论为正统时，必然要对异己者展开"圣战"，以保全自己对真理的独占和垄断地位，因此，它们常常又是压迫异端的导火索。在没有宗教传统的中国，这种"准宗教"的杀人之所以比政治性的"杀人"还可怕，一个重要的原因也正在这里。本书从儒教信仰的角度，对郭沫若的"变"与"不变"的两面性进行了深入分析。

（8）是儒家，但不是儒教徒：周作人的儒教批判

在中国现代文学史上，周作人是较早从宗教迷雾中醒悟并真正摆脱了各种现代准宗教或世俗宗教束缚的启蒙思想家之一。终其一生，他不仅对中国民众的宗教意识和宗教情绪进行了仔细的考察和深入的思索，对中国现代知识分子掩盖在无神论外衣下的准宗教意识和宗教情绪、教士人格、教徒心理以及乌托邦理念等进行了独特的持久的批判，而且从

---

[1] 郭沫若：《太戈尔来华的我见》，《郭沫若全集》（文学编）第 15 卷，人民出版社 1990 年版，第 271 页。

宗教与文学的历史渊源、现实联系、本质差异等角度，对"五四"新文学革命的现代性本质进行了颇有深度的解释和把握。周作人认为自己的思想一半是释家，一半是儒家，本书从解读周作人独特的儒释观入手，指出从广义的宗教文化的角度对儒家思想的优长得失进行价值评估，力求解构儒家思想的宗教性光环，使原始儒家思想中的富于理性和人道的思想精华发挥出来，并在与世界先进文化的交流会通、权衡较量的过程中，形成既有中华文化之特色、又顺应世界潮流的新文明，即"外之既不后于世界之思潮，内之仍弗失固有之血脉"[1]，是周作人儒家思想的最大特色，也是他对中国现代启蒙运动的最大贡献之一。

---

[1] 鲁迅：《文化偏至论》，《鲁迅全集》（第1卷），人民文学出版社1981年版，第56页。

第一章 "以科学代宗教"与新文化运动中的反孔思潮
——陈独秀的宗教观及其写作策略

"五四"时期中国思想界对儒家文化进行了猛烈的批判,但由于批判的重点主要集中在政治、文化、道德、封建迷信等层面,未能充分注意到儒教的准宗教特质,因而在解构儒教对国人的精神控制,解放思想,培育独立人格和自由精神等方面未能发挥更大的作用。本章从解析陈独秀的宗教观及其对科学的宗教性书写来探索这一奥秘。

第一节 "一切宗教,皆在废弃之列"[1]

一、提倡科学,反对宗教

"五四"时期,陈独秀力倡科学,反对宗教,主要原因有三:一是

---

[1] 陈独秀:《再论孔教问题》,《陈独秀著作选编》(第一卷),上海人民出版社2010年版,第278页。

科学对西方社会的文明进步,居功甚伟;二是中国教育落后,迷信思想四处蔓延,提倡科学是中国摆脱愚昧落后的必由之路;三是社会上顽固守旧势力企图复兴儒学,定孔教为国教,急需从思想上肃清宗教的流毒,以建设适合于共和国制度的新文化。

陈独秀对科学充满了信心,他认为"近代欧洲之所以优越他族者,科学之兴,其功不在人权说下,若舟车之有两轮焉"[1]。国人倘欲脱蒙昧时代,羞为浅化之民也,则应急起直追,以科学与人权并重。

站在科学的立场,陈独秀指出,宗教虽然胜残劝善,未尝无益于人类,但迷信神权,闭塞人智的根本缺陷,也使它严重地阻碍了社会的进步和文化的发展,因此,科学被宗教所代替是大势所趋,"人类将来真实之信解行证,必以科学为正轨,一切宗教皆在废弃之列"[2]。1917年陈独秀提出以科学代宗教的口号,他坚信科学是"人类达于觉悟获享幸福必由之正轨"[3],"现在世界上有两条道路:一条是向共和的科学的无神的光明道路;一条是向专制的迷信的神权的黑暗道路"[4],因此,凡不符合科学精神的,即令是祖宗所遗留,圣贤之所垂教,政府之所提倡,社会之所崇尚,皆一文不值。

"五四"时期,陈独秀对科学的提倡和宣扬,极大地促进了现代青年的理性自觉。不过,科学与宗教属于两个不同的领域,科学追求的是"真",强调的是"疑",怀疑与批判是科学发展的永恒动力,而宗教追求的是"善",强调的是"信",主张"因信得救",因此,从根本上讲,科学与宗教是无法互相取代的。当陈独秀主张"以科学代宗教"时,实

---

[1] 陈独秀:《敬告青年》,《陈独秀著作选编》(第一卷),上海人民出版社2010年版,第162页。
[2] 陈独秀:《再论孔教问题》,《陈独秀著作选编》(第一卷),上海人民出版社2010年版,第278页。
[3] 同上书,第279页。
[4] 陈独秀:《克林德碑》,《陈独秀著作选编》(第一卷),上海人民出版社2010年版,第447页。

际上是把科学当成了宗教的代用品,其副作用是很大的。其次,作为一种知识体系,科学以揭示事物内部的本质联系,获得规律性的认知为宗旨,作为一种工具理性,科学本身并不含有价值意义。陈独秀将科学视为超越了具体的知识领域的无可置疑的信仰对象,坚信自然界和人类社会"一无逃于科学的法则"[1],只要有了科学,人类的一切难题都将迎刃而解,中国也一定能够像西方一样文明进步繁荣富强,这种认识是不正确的。在这种信仰的背后,有一种不引人注意的"准宗教心理诉求"。正是这种诉求,使他虽然力倡科学,但其主旨却并不是要人们去研究具体的科学,而只是确立对科学的信仰。于是,我们看到,尽管他声称是科学的信徒,但是在他的文章中,允许怀疑、强调宽容、尊重理性,这些最基本的科学品质,恰恰是最匮乏的,尤其是在正常的思想文化活动中,那种绝对反对异议,绝对以自我为主,独断地相信自己把握了超绝真理的护教立场和"必不容反对者有讨论之余地,必以吾辈所主张者为绝对之是,而不容他人之匡正也"[2]的偏狭霸道文风,打的是科学的旗号,实际上却"很像专制的宗教家"[3]。

二、孔子不是教主,儒学也不是宗教

民国建立以后,由于袁世凯政府的支持鼓励和实际倡导,孔教会多次提出要"定孔教为国教",虽然由于各方面的反对,"国教"运动未能得逞,但是,将孔教定为"国教"的主张在社会上仍有较大的影响。

---

[1] 陈独秀:《科学与神圣》,《陈独秀著作选编》(第一卷),上海人民出版社2010年版,第421页。
[2] 陈独秀:《再答胡适之》,《陈独秀著作选编》(第一卷),上海人民出版社2010年版,第338页。
[3] 阎润鱼:《近代中国唯科学主义思潮评析》,《教学与研究》2000年第10期。

陈独秀反对一切宗教迷信，对孔教会的倒行逆施更是深恶痛绝。"五四"时期，他在《驳康有为致总统总理书》、《宪法与孔教》、《孔子之道与现代生活》、《袁世凯复活》、《再论孔教问题》、《旧思想与国体问题》、《复辟与尊孔》等文章中，从不同的角度分析了"国教说"的荒谬和危害。综其大意，主要理由有六：

首先，中国不是宗教国，国人的宗教信仰素来薄弱，教界伟人不可能产生于本土。

其次，在科学昌明的现代社会，提倡国教，是逆历史潮流的背谬之举。

第三，强制推行国教，是对国人信教自由的宪法权利的野蛮践踏。

第四，孔子不是教主，儒学也不是宗教，定孔教为国教缺少学理上的依据。"宗教实质，重在灵魂之救济，出世之宗也。孔子不事鬼，不知死，文行忠信，皆入世之教，所谓性与天道，乃哲学，非宗教。"[1]康有为等人之所以要力倡定孔教为国教，背后的政治目的是为了给袁世凯的帝制复辟造势。

第五，儒家学说既不能定为国教，也不适宜现代生活，完全没有继承之必要。陈独秀认为，现代社会应以个人为本位："举一切伦理，道德，政治，法律，社会之所向往，国家之所祈求，拥护个人之自由权利与幸福而已。思想言论之自由，谋个性之发展也。法律之前，个人平等也。个人之自由权利，载诸宪章，国法不得而剥夺之，所谓人权是也。人权者，成人以往，自非奴隶，悉享此权，无有差别。此纯粹个人主义之大精神也。"[2]他批评儒家社会，以家族为上，个人毫无权利，"君为

---

[1] 陈独秀：《驳康有为致总统总理书》，《陈独秀著作选编》（第一卷），上海人民出版社2010年版，第238页。
[2] 陈独秀：《东西民族根本思想之差异》，《陈独秀著作选编》（第一卷），上海人民出版社2010年版，第194页。

臣纲，则民于君为附属品，而无独立自主之人格矣；父为子纲，则子于父为附属品，而无独立自主之人格矣；夫为妻纲，则妻于夫为附属品，而无独立自主之人矣。率天下之男女，为臣，为子，为妻，而不见有一独立自主之人格者，三纲之说为之也。缘此而生金科玉律之道德名词——曰忠，曰孝，曰节——皆非推己及人之主人道德，而为以己属人之奴隶道德也。人间百行，皆以自我为中心，此而丧失，他何足言？奴隶道德者，即丧失此中心，一切操行，悉非义由己起，附属他人以为功过者也"[1]。陈独秀指出，儒家的基本思想和主要观念与自由、平等、民主、科学等现代社会完全背道而驰，因此，要建设西洋式的新国家，组织西洋式的新社会，当务之急就是输入西洋式社会国家之基础，即平等、人权的信仰，而不是定与此决不可相容之孔教为国教，"否则不塞不流，不止不行！"[2]

第六，陈独秀指出，民国以后，复辟事件之所以一再发生，根本原因就在于孔教的恶因未能铲除净尽，国人的精神仍停留在帝制时代的水平上，"有因必有果，无数废共和复帝制之袁世凯，当然接踵应运而生，毫不足怪"[3]。在《旧思想与国体问题》一文中，他写道：

> 我们中国多数国民口里虽然是不反对共和，脑子里实在装满了帝制时代的旧思想，欧美社会国家的文明制度，连影儿也没有，所以口一张，手一伸，不知不觉都带君主专制臭味。不过胆儿小，不敢像筹安会的人，堂堂正正的说将出来。其实心中见解，都是一样。

---
[1] 陈独秀：《一九一六年》，《陈独秀著作选编》（第一卷），上海人民出版社 2010 年版，第 199 页。
[2] 陈独秀：《宪法与孔教》，《陈独秀著作选编》（第一卷），上海人民出版社 2010 年版，第 252 页。
[3] 陈独秀：《袁世凯之复活》，《陈独秀著作选编》（第一卷），上海人民出版社 2010 年版，第 271 页。

> 袁世凯要做皇帝，也不是妄想；他实在见得多数民意相信帝制，不相信共和，就是反对帝制的人，大半是反对袁世凯做皇帝，不是真心从根本上反对帝制。数年以来，创造共和再造共和的人物，也算不少。说良心话，真心知道共和是什么，脑子里不装着帝制时代旧思想的，能有几人？西洋学者尝言道："近代国家是建设在国民总意之上。"现在袁世凯虽然死了，袁世凯所利用的倾向君主专制的旧思想，依然如故。要帝制不再发生，民主共和可以安稳，我看比登天还难！[1]

应该说，陈独秀对国民心理与共和精神的差距的分析极为深刻和准确，对孔教与封建帝制不可离散之关系的分析，更是鞭辟入里，发人深省。即使在今天，陈独秀的这些见解仍能给人启发，尤其是他对伦理问题在中国社会转型过程中的重要性的强调，可以说，非有彻底之觉悟不能道出！

不过，我们还是应该指出，儒家思想确实具有准宗教的一面。正如任继愈先生所指出，"中国不是没有宗教，而是有自己不同于欧洲的独特的专横独断宗教——儒教，中国的儒教经常以反宗教的姿态出现，它猛烈地抨击佛教和道教，致使很多人误认为中国没有欧洲中世纪那样黑暗的神学统治时期，十年动乱期间的造神运动所以得逞，千百万群众如醉如狂的心态，它的宗教根源不是佛教，不是道教，而是中国儒教的幽灵在游荡，只不过它是以无神论的面貌呈现在人们面前的"[2]。在中国，儒教伦理的生命

---

[1] 陈独秀：《旧思想与国体问题》，《陈独秀著作选编》（第一卷），上海人民出版社 2010 年版，第 333—334 页。

[2] 任继愈：《具有中国民族形式的宗教——儒教》，《文史知识》1988 年第 6 期。

力异常强大。回首百年中国文学，可以看到，尽管科学与理性受到了普遍的推崇，但是，偶像崇拜的现象并未因此减少，正如巴金晚年在《随想录》中所反省："文革"时期自己那样迷信，那样听话，那样愚蠢，"这难道不是信神的结果？"[1] 说明这种伦理思想确实是根深蒂固的。正是在这个意义上，我们认为，陈独秀"五四"时期的儒教批判以快刀理麻的形式和雷厉风行的作风打破了世人对孔教的迷恋，有力地促进了中国社会的进步，确实功不可没，但是由于未能充分注意到儒家文化的准宗教特质，他的批判，虽然振聋发聩，影响极大，成效却很有限。

第二节 从"以科学代宗教"到"以主义代宗教"

一、寻求"根本解决"

陈独秀的爱国思想和救国抱负是在甲午战争失败后造成的空前民族危机中发生出来的，他后来回忆说："我十年以前，在家里读书的时候，天天只知道吃饭睡觉。就是发奋有为，也不过是念念文章……那知道国家是什么东西，和我有什么关系呢？……我生长二十多岁，才知道有个国家，才知道国家乃是全国人的大家，才知道人人有应当尽力于这大家的大义。"[2] 从此，他便义无反顾地投身于拯救国家民族的斗争。先是崇拜康有为、梁启超，鼓吹革命，辛亥革命失败后，他发现仅仅进行政治

---

[1] 巴金：《灌输和宣传》，《巴金全集》（第16卷），人民文学出版社2000年版，第216页。
[2] 陈独秀：《说国家》，《陈独秀著作选编》（第一卷），上海人民出版社2010年版，第44页。

斗争和军事斗争还不够，1914年，他东渡日本，1915年经过深入的思考和痛苦的摸索，他以一种毅然决然的姿态发动了意在谋求"最后解决"的新文化运动。在这场运动中，他把"伦理的觉悟"称为"吾人最后觉悟之最后觉悟"，"此而不能觉悟，则前之所谓觉悟者，非彻底之觉悟，盖犹在倘恍迷离之境。吾敢断言曰：伦理的觉悟，为吾人最后觉悟之最后觉悟"[1]。他殷切希望现代青年在这种"根本之觉悟"的指导下牢记"欲图根本之救亡，所需乎国民性质行为之改善，视所需乎为国献身之烈士，其量尤广，其势尤迫"[2]。

但是，这种妄图用一个"最后之因"来解释一切历史事实，谋求"根本解决"的思路，恰恰是宗教的而非科学的解决模式。正如罗素所指出，科学的真理是一种有限的真理，它不像宗教那样有一套完整的教义或一个完备的体系，来概括人间道德，人类的希望，以及宇宙的过去和未来的历史，它只对当时似乎已由科学判明的事情表示意见，而这在无知的茫茫大海中只不过是个小岛。[3]这或许就是为什么同样信奉"科学万能"，甚至用了比陈独秀更夸张的语言推崇"科学"但却因为对科学的本质有更准确把握的胡适最终守住了实证的底线，未被形形色色意识形态俘获的根本原因。胡适说："我们也许不轻易信仰上帝的万能了，我们却信仰科学的方法是万能的。"[4]但胡适认为，把科学的方法应用到人生社会问题上，首先即是要打破笼统的"根本解决"，认清特别的、

---

[1] 陈独秀：《吾人最后之觉悟》，《陈独秀著作选编》（第一卷），上海人民出版社2010年版，第204页。

[2] 陈独秀：《我之爱国主义》，《陈独秀著作选编》（第一卷），上海人民出版社2010年版，第232页。

[3] 〔英〕罗素著，马元德译：《西方哲学史》（下），商务印书馆1991年版，第46页。

[4] 胡适：《我们对于西洋近代文明的态度》，《胡适文集》（第4卷），北京大学出版社1998年版，第9页。

个体的问题。他不相信世界上有包医百病的灵丹妙药,也不认为有一个一蹴而就的"根本方法"。问题要一个一个研究,一步一步地解决,改造要一个一个地进行,一步一步地完成,要使这个社会的旧势力偃旗息鼓退出社会,只有靠无数觉悟的人用新思维、新态度、新方法一步一步地创造新生活,一点一滴地积累新文明。因此,他始终告诫人们要关注眼前的具体问题,要从实验中去寻求解决问题的方法,不要把目标当做事实,不要醉心于口号、主义或宗教的魔力,而要把最大的注意力用来解决具体的问题。这是他与陈独秀和李大钊的最大不同。

与胡适相比,陈独秀身上的宗教气质显然更为突出。这从他喜欢结交宗教界朋友,称赞佛教戒律精严、基督教信与爱的根本教义等等,可以清晰地看出来。1932年,陈独秀被囚南京,他的老友章士钊入狱探视,欲为辩护,但陈却责备他"不识本末",且言现已无家,"为团体人类奋斗了十余年,从此有一个交代,可以撒手不管,个人乐得借此作一个安身立命的归宿"。章士钊后来回忆说,他当时好像面对一个禅宗大师,深被其安详的灵魂所震撼。[1] 而且像一切具有宗教气质的人一样,陈独秀特别反感国人的世故与庸俗,屡次批判传统文学的市侩气,"所目注心营者,不越帝王,权贵,鬼怪,神仙,与夫个人之穷通利达"[2],对国人升官发财的人生哲学更是极为不屑,"充满吾人之神经,填塞吾人之骨髓,虽尸解魂消,焚其骨,扬其灰,用显微镜点点验之,皆各有'做官发财'四大字。做官以张其威,发财以逞其欲。一若做官发财为人生唯一之目的。人间种种善行,凡不利此目的者,一切牺牲之而无所顾惜;人间种种罪恶,凡有利此目的者,一切奉行之而无所忌惮。此等

---

[1] 转引自谭桂林:《陈独秀与佛教文化》,《青海师范大学学报》1994年第4期。
[2] 陈独秀:《文学革命论》,《陈独秀著作选编》(第一卷),上海人民出版社2010年版,第291页。

卑劣思维,乃远祖以来历世遗传之缺点(孔门即有干禄之学)与夫社会之恶习,相演而日深。无论若何读书明理之青年,发奋维新之志士,一旦与世周旋,做官发财思想之触发,无不与日俱深。浊流滔滔,虽有健者,莫之能御"[1]。正是这种高洁的心志,使他在新文化运动高潮期间曾在致友人的信中坦率地表示,"吾之社会,倘必需宗教,余虽非耶教徒,由良心判断之,敢曰推行耶教胜于崇奉孔子多矣"[2]。

另一方面,由于陈独秀前期对宗教的批判主要是从迷信的角度即知性的立场出发的,因此,在情感上,在超验的层面上,他的批判对解构宗教又是极其有限的。众所周知,宗教虽然有迷信的成分,但主要却是一种超验的信仰,宗教的存在与人的形而上追求密切相关,这种人性的的根据使得宗教虽然在经验的层面,有可能被科学打倒,但在超验的层面,它却从来就没有被科学真正击垮。现代西方社会科学如此发达,但宗教始终有自己稳定的信众,就是明证。"五四"以后,陈独秀也逐步意识到了这个问题,在1920年《新文化运动是什么?》一文中,他曾对此做过深刻的反省:

> 宗教在旧文化中占很大的一部分,在新文化中也自然不能没有他。人类底行为动作,完全是因为外部的刺激,内部发生反应。有时外部虽有刺激,内部究竟反应不反应,反应取什么方法,知识固然可以居间知道,真正反应进行底司令,最大的部分还是本能上的感情冲动。利导本能上的感情冲动,叫他浓厚、真挚、高尚,知识上的理性,德义都不及美术、音乐、宗教底力量大。知识和本能倘

---

[1] 陈独秀:《新青年》,《陈独秀著作选编》(第一卷),上海人民出版社2010年版,第209页。
[2] 陈独秀:《答刘竟夫》(孔教),《陈独秀著作选编》(第一卷),上海人民出版社2010年版,第341页。

不相并发达，不能算人间性完全发达。所以詹姆士不反对宗教，凡是在社会上有实际需要的实际主义者都不应反对。因为社会上若还需要宗教，我们反对是无益的，只有提倡较好的宗教来供给这需要，来代替那较不好的宗教，才真是一件有益的事。罗素也不反对宗教，他预言将来须有一新宗教。我以为新宗教没有坚固的起信基础，除去旧宗教底传说的附会的非科学的迷信，就算是新宗教。有人嫌宗教是他力；请问扩充我们知识底学说，利导我们情感底美术、音乐，那一样免了他力？又有人以为宗教只有相对价值，没有绝对的价值，请问世界上什么东西有绝对价值？现在主张新文化运动的人，既不注意美术、音乐，又要反对宗教，不知道要把人类生活弄成一种什么机械的状况，这是完全不曾了解我们生活活动的本源，这是一桩大错，我就是首先认错的一个人。[1]

1920年前后，陈独秀写了两篇涉及如何认识和评价宗教的重要文章，一篇是《新文化运动是什么？》，另一篇是《基督教与中国人》，在后面这篇文章中，他明确表示虽然从知识论的角度看，宗教（迷信）具有禁锢思想、泯灭灵智的负面作用，但从价值论角度看，宗教（信仰）又不乏提供意义、维系人心的正面功能，即所谓"利导本能上的感情冲动，叫他浓厚、真挚、高尚，知识上的理性，德义都不及美术、音乐、宗教底力量大"[2]。他认为西方文明偏于"美的宗教的纯情感"，中国传统文化偏于"伦理的道义"，而这正是导致中国人麻木不仁和堕落颓废

---

[1] 陈独秀：《新文化运动是什么？》，《陈独秀著作选编》（第二卷），上海人民出版社2010年版，第218—219页。
[2] 同上书，第218页。

的一个重要原因。"现在要补救这个缺点,似乎应当拿美与宗教来利导我们的情感。离开情感的伦理道义,是形式的不是里面的;离开情感的知识是片段的不是贯串的,是后天的不是先天的,是过客不是主人,是机器、柴炭,不是蒸汽与火。美与宗教的情感,纯洁而深入普遍我们生命源泉底里面。我主张把耶稣崇高的、伟大的人格和热烈、深厚的情感,培养在我们的血里,就是因为这个理由。"[1]

二、走向马克思主义信仰

但是,"五四"以后,陈独秀并没有变成基督教的信徒,而是由对抽象的"科学"的崇拜走向对具体的马克思主义的信奉。从1920年4月写完肯定宗教的《新文化运动是什么?》到1920年5月在上海秘密成立马克思主义研究会成为马克思主义理论家,陈独秀的这种变化,在外人看来是不可思议的。众所周知,马克思主义是一种无神论,陈独秀怎么可能既肯定宗教又信仰马克思主义呢?其实原因并不复杂。打动陈独秀的正是因为马克思主义同时具备的科学性和弥赛亚性的双重特质。

在西方,有不少学者和哲学家将马克思主义与宗教相比。20世纪美国神学家和哲学家保罗·蒂里希就曾以"基督教与马克思主义"为题论述过基督教与马克思主义的关系。[2] 英国哲学家罗素也认为,马克思主义是一种无神的宗教。[3] 在我国,最早宣传十月革命和传播马克思主

---

[1] 陈独秀:《基督教与中国人》,《陈独秀著作选编》(第二卷),上海人民出版社2010年版,第178页。
[2] 参见〔美〕保罗·蒂里希著,何光沪等译:《政治期望》,《蒂里希选集》,上海三联书店1999年版,第11—148页。
[3] 参见〔英〕罗素著,马元德译:《西方哲学史》(下),商务印书馆1991年版,第344页。

义的李大钊也曾从宗教的角度肯定过马克思主义,"Bolshevism 在今日的俄国,有一种宗教的权威,成为一种群众的运动。岂但今日的俄国,二十世纪的世界,恐怕也不免为这种宗教的权威所支配,为这种群众的运动所风靡"[1]。后来在反驳胡适的《问题与主义》时,李大钊又从"根本解决"的角度对马克思主义思想进行了全面的说明:"依马克思的唯物史观,社会上法律、政治、伦理等精神的构造,都是表面的构造。他的下面,有经济的构造作他们一切的基础。经济组织一有变动,他们都跟着变动。换一句话说,就是经济问题的解决,是根本解决。经济问题一旦解决,什么政治问题、法律问题、家族制度问题、女子解放问题、工人解放问题,都可以解决。可是专取这唯物史观(又称历史的唯物主义)的第一说,只信这经济的变动是必然的,是不能免的,而于他的第二说,就是阶级竞争说,了不注意,丝毫不去用这个学理作工具,为工人联合的实际运动,那经济的革命,恐怕永远不能实现。"[2] 这个思路显然与陈独秀所谋求的"最后解决"一拍即合。对于长期以来一直生活在乌托邦的幻境中而又急欲改变现状的中国知识分子来说,马克思主义不仅为他们设计了人类奋斗的最终目标共产主义,而且为他们指明了实现这一目标的途径和手段。特别重要的是,所有这一切都不是毫无根据的凭空想象,而是有着严密的科学依据,它是根据客观规律推算出来的,尤其是马克思主义的唯物史观和剩余价值说以自然科学的精确性和不容置疑的客观性使先觉的知识分子相信,这就是最高的科学。正如陈独秀在《马克思学说》中所说:"马克思社会主义所以称为科学的不是空想的,正因为他能以唯物史观的见解,说明资本主义的生产方法和资本主

---

[1] 李大钊:《Bolshevism 的胜利》,《李大钊选集》,人民出版社 1959 年版,第 115 页。
[2] 李大钊:《再论问题与主义》,《李大钊选集》,人民出版社 1959 年版,第 233—234 页。

义的社会制度所以成立所以发达所以崩坏,都是经济发展之自然结果,是能够在客观上说明必然的因果,不是在主观上主张当然的理想,这是马克思社会主义和别家空想的社会主义不同之要点。"[1]

另外,据据胡适回忆,1919年陈独秀被捕期间通过阅读《圣经》对基督教产生了极大好感,而这对他出狱后转向共产主义、组建共产党产生了很大影响。"独秀在拘禁期中,没有书报可读,只有一本基督教的《旧约》、《新约》……他本是一位很富于感情的人,这回读了基督教的圣经,很受感动","大概独秀在那八十多天的拘禁期中,曾经过一种精神上的转变。他独自想过一些问题,使他想到他向来不曾想过的一条路上去,使他感到一种宗教的需要。他出狱之后,就宣传这个新得来的见解,主张要有一个新宗教。……抱着这种新宗教热忱的陈独秀,后来逐渐的走进那二十世纪的共产主义新宗教"。[2]

从1920年4月称赞罗素"将来须有一新宗教"[3]的预言,到1920年11月明确地表示要走俄国的路,非要"跟着俄国的共产党一同试验新的生产方法不可"[4],马克思主义迅速取代抽象的"科学"成为陈独秀心目中新的"救世菩萨"。

值得注意的是,这一时期的陈独秀从不讳言自己的宗教气质,在《答张崧年》的信中他说:"罗素谓此时俄人列宁等行事有些宗教性,此话诚然不差;但无论什么事若不带点宗教性,恐怕都不能成功。"[5]显

---

[1] 陈独秀:《马克思学说》,《陈独秀著作选编》(第二卷),上海人民出版社2010年版,第446页。
[2] 转引自唐宝林、林铁健:《陈独秀与瞿秋白》,中国青年出版社1997年版,第27—28页。
[3] 陈独秀:《新文化运动是什么?》,《陈独秀著作选编》(第二卷),上海人民出版社2010年版,第218页。
[4] 陈独秀:《〈共产党〉月刊短言》,《陈独秀著作选编》(第三卷),上海人民出版社2010年版,第298页。
[5] 陈独秀:《答张崧年》,《陈独秀著作选编》(第二卷),上海人民出版社2010年版,第391页。

然，对于共产主义事业的宗教性，建党初期的陈独秀并不认为是一种缺点，只是到了晚年，在反省苏联革命教训时，他才真正意识到自己的局限，并沉痛地告诫同仁，要引以为戒："宗教式的迷信时代应当早点过去，大家醒醒罢！"[1] 其次，更值得注意的是，随着马克思主义信仰的确立，陈独秀对基督教的态度又开始变得十分理性，而且严厉，如他从阶级论的角度批评基督教的反动，"综观基督教教会底历史，过去的横暴和现在的堕落，都足以令人悲愤而且战栗，实在没有什么庄严神圣之可言"，"博爱，牺牲，自然是基督教教义中至可宝贵的成分；但是在现在帝国主义、资本主义的侵略之下，我们应该为什么人牺牲，应该爱什么人，都要有点限制才对，盲目的博爱、牺牲反而要造成罪孽"。[2] 又如他认为，站在马克思主义立场，宗教完全没有存在之必要，"照历史进化观念来研究这个宗教问题，便可以说宗教在现在的世界，已没有成立的必要了"[3]。其措辞之尖锐和全盘否定之偏颇与新文化运动时期因为提倡科学而彻底否定宗教如出一辙。

由此，我们发现，陈独秀对宗教态度的宽严与宗教本身并没有直接的关系，而与他自己是否有信仰密切相关。一旦他建构了自己的信仰，作为终级的、一元的真理的拥有者，他就要取消或否定一切宗教存在的必要性，反之亦然，而这正是在准宗教心态者中常见的一种现象。

---

[1] 陈独秀：《给西流的信》，《陈独秀著作选编》（第五卷），上海人民出版社2010年版，第356页。
[2] 陈独秀：《基督教与基督教会》，《陈独秀著作选编》（第二卷），上海人民出版社2010年版，第430页。
[3] 陈独秀：《宗教问题——在交大的讲演》，《陈独秀著作选》（第二卷），上海人民出版社1993年版，第345页。

第三节　现代中国的先知书

一、先觉者的"传教"激情

先知书是基督教文学中一个十分有特色的文类。所谓先知，从神学上讲，是指最先领受上帝旨意的人。作为上帝在世间的代言人，先知大都疾恶如仇，刚直不阿，他们不怕牺牲，为了信仰，赴汤蹈火亦在所不惜。据孙毅先生研究[1]，产生于内忧外患年代的先知书，在内容上主要包含责备警告、呼吁悔改、安慰劝勉、预言希望四个方面的内容。

陈独秀不是基督徒，但是潜在的宗教激情也使他"五四"时期为宣传启蒙思想而撰述的大量文章明显地体现出先知书的风格。究其原因，主要有以下三点。

一是本质上他有传教的激情，他对自己选择的道路和信仰十分坚定，而且充满自信。如他认为，一国之进步总是仰赖于少数的先知首开风气，所谓"多数人之觉悟，少数人可为先导"[2]，"社会国家之进步，其道万端，而始终赖为必要者，乃有大众信仰之人物，为之中枢为之表率"[3]。他坚信在一个保守、落后、不觉悟的社会里，必须有不愿同流合污的先觉哲人挺身而出，力挽狂澜，否则，社会进步与国家发展都是不

---

[1] 参见孙毅：《〈圣经〉导读》，中国人民大学出版社 2005 年版，第 125—133 页。
[2] 陈独秀：《吾人最后之觉悟》，《陈独秀著作选编》（第一卷），上海人民出版社 2010 年版，第 202 页。
[3] 陈独秀：《时局杂感》，《陈独秀著作选编》（第一卷），上海人民出版社 2010 年版，第 353 页。

可能的。"自社会言之：群众意识，每喜从同；恶德污流，惰力甚大；往往滔天罪恶，视为其群道德之精华。非有先觉哲人，力抗群言，独标异见，则社会莫由进化。"[1] 在他看来，近代中国民风不振，与社会上没有大众信仰之人物为之表率密切相关，"吾民之德敝治污，其最大原因，即在耳目头脑中无高尚纯洁之人物为之模范，社会失其中枢，万事循之退化"[2]，所以，他不仅以先知自任，而且对先知寄予厚望，"欲救此病，非太息咨嗟之所能济，是在一二敏于自觉勇于奋斗之青年，发挥人间固有之智能，抉择人间种种之思想——孰为新鲜活泼而适于今世之争存，孰为陈腐朽败而不容留置于脑里——利刃断铁，快刀理麻，决不作迁就依违之想，自度度人，社会庶几其有清宁之日也"[3]。

二是敢于奋斗，不怕牺牲，富于献身的热情。为了民族和国家的前途，陈独秀甘愿奉献自己的一切，杀头、流血，在所不惜。他指出，"西洋人因为拥护德、赛两先生，闹了多少事，流了多少血，德、赛两先生才渐渐从黑暗中把他们救出，引到光明世界。我们现在认定只有这两位先生，可以救治中国政治上道德上学术上思想上一切的黑暗。若因为拥护这两位先生，一切政府的压迫，社会的攻击笑骂，就是断头流血，都不推辞"[4]。他告诫觉醒的青年："世界文明发源地有二：一是科学研究室，一是监狱。我们青年要立志出了研究室就入监狱，出了监狱就入研究室，这才是人生最高尚优美的生活。从这两处发生的文明，才

---

[1] 陈独秀：《抵抗力》，《陈独秀著作选编》（第一卷），上海人民出版社2010年版，第179页。
[2] 陈独秀：《驳康有为致总统总理书》，《陈独秀著作选编》（第一卷），上海人民出版社2010年版，第239—240页。
[3] 陈独秀：《敬告青年》，《陈独秀著作选编》（第一卷），上海人民出版社2010年版，第158—159页。
[4] 陈独秀：《〈新青年〉罪案之答辩书》，《陈独秀著作选编》（第二卷），上海人民出版社2010年版，第11页。

是真文明,才是有生命有价值的文明。"[1] 正是这种殉道的精神使得陈独秀始终以高昂的激情献身于民族解放事业,无私无畏,大义凛然。

三是陈独秀为人十分坦率真诚,无论作为普通人,还是身居高位,他从不玩弄手段,欺人牟利,而是疾恶如仇,敢作敢当,眼里容不得一粒沙子,有诗人的真率和革命家的赤子之心。纵观他"五四"时期的文章著述,可以看到,几乎篇篇都充满了真挚的情感,说是论文,其实更像是一篇篇燃烧着激情的诗篇。如他的名篇《敬告青年》这样激励青年:"青年如初春,如朝日,如百卉之萌动,如利刃之新发于硎,人生最可宝贵之时期也。青年之于社会,犹新鲜活泼细胞之在人身。新陈代谢,陈腐朽败者无时不在天然淘汰之途,与新鲜活泼者以空间之位置及时间之生命。人身遵新陈代谢之道则健康,陈腐朽败之细胞充塞人身则人身死;社会遵新陈代谢之道则隆盛,陈腐朽败之分子充塞社会则社会亡。……予所欲涕泣陈词者,惟属望于新鲜活泼之青年,有以自觉而奋斗耳!"[2] 真是一字一句都发自肺腑,饱含深情,殷殷属望之心跃然纸上,感人至深。

二、启蒙者的"先知"书写

从责备警告、呼吁悔改到安慰劝勉、预言希望,先知书的四大内容在陈独秀的启蒙文章中随处可见,不同的是,《圣经》中的先知是占在上帝的立场向民众呼告,而陈独秀是站在觉悟的思想家的立场向尚不觉悟的民众疾呼。与《圣经》中的先知书相比,陈独秀的这种先知文体主

---

[1] 陈独秀:《随感录》,《陈独秀著作选编》(第二卷),上海人民出版社2010年版,第112页。
[2] 陈独秀:《敬告青年》,《陈独秀著作选编》(第一卷),上海人民出版社2010年版,第158页。

要有以下三个特色。

一是感情激越，鼓动性极强。如他批评中国受教育之青年，手无缚鸡之力，心无一夫之雄，白面纤腰，柔弱似病夫，"以如此心身薄弱之国民，将何以任重而致远乎？他日而为政治家，焉能百折不回，冀其主张之贯彻也？他日而为军人，焉能戮力疆场，百战不屈也？他日而为宗教家，焉能投迹穷荒，守死善道也？他日而为实业家，焉能思穷百艺，排万难，冒万险，乘风破浪，制胜万里外也？纨绔子弟，遍于国中；朴茂青年，等诸麟凤；欲以此角胜世界文明之猛兽，岂有济乎？茫茫禹域，来日大难。吾人倘不以劣败自甘，司教育者与夫受教育者，其速自觉觉人，慎毋河汉吾言，以常见虚文自蔽也！"[1] 反问的句式，重之以联翩的排比，既批评了中国青年的柔弱无力，又寄以改过的厚望，使人读后顿感重任在肩，发奋之情油然而生。又如他谴责宗法道德，违背人情，祸害国家："分别尊卑，课卑者以片面之义务，于是君虐臣，父虐子，姑虐媳，夫虐妻，主虐奴，长虐幼。社会上种种之不道德，种种罪恶，施之者以为当然之权利，受之者皆服从于奴隶道德下而莫之能违，弱者多衔怨以殁世，强者则激而倒行逆施矣。以此种道德，支配今日之社会，维系今日之人心，欲其不浇漓堕落也，是扬汤止沸耳，岂但南辕北辙而已哉！"[2] 既晓之以理，又动之以情，再保守的人读后也不得不叹服作者的目光锐利。

二是是非分明，态度坚决，语言干净利落，简洁明快，决无拖泥带水或模棱两可之风。如"近世文明，东西洋绝别为二"[3]，"真能决疑，

---

[1] 陈独秀：《今日之教育方针》，《陈独秀著作选编》（第一卷），上海人民出版社2010年版，第175页。
[2] 陈独秀：《答傅桂馨》（孔教），《陈独秀著作选编》（第一卷），上海人民出版社2010年版，第305页。
[3] 陈独秀：《法兰西与近世文明》，《陈独秀著作选编》（第一卷），上海人民出版社2010年版，第164页。

厥惟科学"[1],"东西洋民族不同,而根本思想亦各成一系,若南北之不相并,水火之不相容也"[2],"吾敢断言曰:伦理的觉悟,为吾人最后觉悟之最后觉悟"[3]等,喜欢用短小的句式和判断的语气,直截了当地表达思想是陈独秀文章中一个十分突出的特点,但这种好作短文、好下断语的行文方式有时候也会显得过于主观、片面和偏激。如他以绝对肯定的语气和不容置疑的态度说:"一切宗教,无裨治化,等诸偶像,吾人可大胆宣言者也"[4],"一切宗教,都是一种骗人的偶像"[5],"吾人倘以新输入之欧化为是,则不得不以旧有之孔教为非。倘以旧有之孔教为是,则不得不以新输入之欧化为非。新旧之间,绝无调和两存之余地"[6],"我敢说:若不经过阶级战争,若不经过劳动阶级占领权力阶级地位底时代,德谟克拉西必然永远是资产阶级底专有物,也就是资产阶级永远把持政权抵制劳动阶级底利器"[7]等,均给人一种说一不二的印象。陈独秀写文章喜欢单刀直入,肉搏问题之中心,而不是多方设想、反复讨论,严谨周密地论证或迂回曲折地阐明自己的观点。他的文章大多篇幅不长,但大多观点集中,立场鲜明,语言锋利,见解新颖,正如鲁迅所评价,陈独秀不设防,也没有城府。[8]

[1] 陈独秀:《再论孔教问题》,《陈独秀著作选编》(第一卷),上海人民出版社2010年版,第278页。
[2] 陈独秀:《东西民族根本思想之差异》,《陈独秀著作选编》(第一卷),上海人民出版社2010年版,第193页。
[3] 陈独秀:《吾人最后之觉悟》,《陈独秀著作选编》(第一卷),上海人民出版社2010年版,第204页。
[4] 陈独秀:《宪法与孔教》,《陈独秀著作选编》(第一卷),上海人民出版社2010年版,第248页。
[5] 陈独秀:《偶像破坏论》,《陈独秀著作选编》(第一卷),上海人民出版社2010年版,第422页。
[6] 陈独秀:《答佩剑青年》(孔教),《陈独秀著作选编》(第一卷),上海人民出版社2010年版,第311页。
[7] 陈独秀:《谈政治》,《陈独秀著作选编》(第二卷),上海人民出版社2010年版,第256页。
[8] 鲁迅:《忆刘半农君》,《鲁迅全集》(第六卷),人民文学出版社1981年版,第72页。

三是富于道义的力量和乌托邦的激情。犹太先知的道义感来自他是上帝在人间的代言人,而陈独秀的道义感则来自对真理的发现和信奉。他坚信真理在自己这边,所以作为真理的代言人,他通常不会给持不同意见的人留下辩论或商讨的余地。如他断言"欧洲输入之文化,与吾华固有之文化,其根本性质极端相反"[1],"吾人倘以新输入之欧化为是,则不得不以旧有之孔教为非。倘以旧有之孔教为是,则不得不以新输入之欧化为非。新旧之间,绝无调和两存之余地。吾人只得任取其一"[2]。将复杂多样的文化问题简化为东与西、新与旧、真理与俗见、先进与落后、传统与现代的二元对立,使陈独秀的主张异常鲜明尖锐,富有震撼力,但也反映出急躁、激进和功利的文化心态和急欲"导吾人出黑暗而入光明"[3]的乌托邦情结。对现实社会的无比憎恨和对光明未来的无比渴望,使陈独秀就像恨铁不成钢的犹太先知一样渴望带领民众摆脱困境,重获新生。他毫不容情地批评和警告沉沦的同胞,如果不忏悔、不改过,就没有前途。另一方面,他又无比激动地劝解并安慰正在苦海中挣扎的同胞,不要因眼前的不幸而沮丧,黑暗、混乱、疯狂、是非颠倒的日子即将过去,光明美好充满希望的新世界就要来临。如他在《一九一六年》中写道:"从前种种事,至一九一六年死;以后种种事,自一九一六年生。吾人首当一新其心血,以新人格;以新国家;以新社会;以新家庭;以新民族;必迨民族更新,吾人之愿始偿,吾人始有与晰族周旋之价值,吾人始有食息此大地一隅之资格。青年必怀此希望,

---

[1] 陈独秀:《吾人最后之觉悟》,《陈独秀著作选编》(第一卷),上海人民出版社 2010 年版,第 201 页。
[2] 陈独秀:《答佩剑青年》(孔教),《陈独秀著作选编》(第一卷),上海人民出版社 2010 年版,第 311 页。
[3] 陈独秀:《袁世凯复活》,《陈独秀著作选编》(第一卷),上海人民出版社 2010 年版,第 271 页。

始克称其为青年而非老年；青年而欲达此希望，必扑杀诸老年而自重其青年；且必自杀其一九一五年之青年而自重其一九一六年之青年。"[1] 在这里，时间被划分为两大段：1916年以前的时代和1916年以后的时代，它们之间不单纯是时间维度上的先后之分，而且具有鲜明的价值色彩：新与旧、光明与黑暗、拯救与堕落、新生与沉沦……这既是先知式的精神领袖对这个被罪恶、痛苦、不义纠缠的现世的彻底否定，也是他们对深陷在现实苦海中迷茫无助的青年的深情抚慰，更是他们对一个被神恩眷顾的新世界的殷切吁求。可以说，蕴含在启蒙话语的底层的这种启示录式的乌托邦激情，是陈独秀散文在"五四"时期特别具有感召力的一个重要原因。

---

[1] 陈独秀：《一九一六年》，《陈独秀著作选编》（第一卷），上海人民出版社2010年版，第198页。

第二章 儒教与中国现代知识分子的"宗教气"
——以"非宗教运动"研究为中心

所谓"宗教气"是指并不信仰某一宗教,但由于把人间的某一精神价值体系或意识形态视为终极的、绝对的、无条件、绝不能质疑的真理,而在信仰的方式、心态及行为等方面表现得比真正的教徒还要狂热、武断、霸道、偏执盲从的一种精神气质。

在中国现代文学史上,周作人是为数不多的始终对知识分子的"宗教气"和教士人格予以高度重视的启蒙思想家之一。周作人认为,中国虽然没有基督教式的宗教,但现代中国知识分子的宗教意识和宗教情绪并不比民众更少,尤其是在独断地相信自己或自己所在的群体掌握了超绝的客观真理、狂热地要求获得关于事物本质的绝对知识、随时准备接受一切宗教的或准宗教的意识形态教条以及对偶像崇拜等缺少应有的警惕等方面,教训十分沉重。在"五四"作家中,周作人对宗教问题最为关注。周作人所理解的宗教既包括像基督教、佛教,也包括道教、民间宗教和"不具宗教之名,却有宗教之实"[1]的儒教以及广义上的准宗教

---
[1] 任继愈:《论儒教的形成》,《中国社会科学》1980年第1期。

意识形态，尤其是在后两方面，他发现了现代中国思想文化建设上许多重大的、深层的、复杂的、隐蔽的问题，对后人的启发相当深刻。本章以"非宗教运动"研究为中心所论述的知识分子的"宗教气"就是其中一个至今仍未引起人们足够重视的问题。

第一节　专制迷信与国人的非理性宗教情绪

一、专制统治与专制主义迷信

也许是受"老和尚转世"说的影响，周作人一生对宗教充满了浓厚的兴趣。据他回忆，早在 1904 年，他在南京水师学堂读书时就已开始看《大乘起信论》、《楞严经》、《诸佛要集经》、《投身饲饿虎经》，并曾专门拜访过杨仁山居士。留学日本时期，他一面师承章太炎学习梵语，一面还试图以典雅的佛经文体重译《圣经》，佛教的价值观念、思维方式对他的生命意识、思维方式、人生理念、心理情感以及生活方式产生了复杂而深远的影响。

佛教吸引周作人的最根本的地方是它的理性精神。佛者，即觉者，与多数主要依靠感情、需要信赖神灵救赎的宗教不同，佛教始终以自我觉悟为本，否定外在的神而重自身的净化。它既不主张神秘的偶像崇拜，也不建构虚无缥缈的神学大厦，更不把人的心灵引向难以捉摸的天国彼岸，而是立足现世，以智慧究明自身为主旨，强调生命个体的自我觉悟与自我意识的高度作用，而非天启神谕的神秘力量，这不仅使它"在合乎理性与现实主义方面,优越于西方宗教"[1],而且也与追求个性解放、反对偶像崇拜的"五四"时代精神相契合,所以,直到晚年周作人仍劝人读点佛经。"五四"时期,周作人也曾对基督教一度充满好感,甚至希望用能够容纳科学的基督教来一新国民精神,但不久他就意识到基督教独尊一神,有一种先天的排外性和专横的不宽容性,并不适合专制主义精神毒素尚未肃清的中国,"传教式的科学运动是没有用的,最好的方法还只是普及教育,诉诸国民的理性"[2]。相对而言,周作人更喜欢的是理智的孔子和释迦牟尼,而不是耶稣,"耶稣何尝赞成独立,只看山上的垂训已很了然"[3],对于主要接受佛教产生以前的印度教影响的泰戈尔,他也持保留意见,认为与耶稣区别不大,而反对偶像崇拜、容得下异端、宽容、理性而富人情的释迦牟尼,周作人却对他始终抱有好感。

民国以来,帝制被推翻,但长期的封建专制统治造成的精神奴役,使国人尊圣从上,奴性十足。在中国,不仅老百姓容易妥协、顺从,对生活没有热烈的爱,也没有真挚的抗辩,容易与权威的意志妥协,即使是读书人也是唯上是从,除了奉命说话,按谱填词外,缺少自己的独立思想和独立人格。

为了打破国人思想中的专制主义迷信,周作人在倡导新文化时特别致力于建设价值多元的现代理性精神,以解构传统的定于一尊的一元化思维方式和偶像崇拜心理。首先,他指出,"世间并无绝对的真理"[4];"文化与思想的统一,不但是不可能,也是不能堪的"[5],在他看来,中

---

[1] 〔美〕弗洛姆等著,王雷泉、冯川等译:《禅宗与精神分析》,贵州人民出版社1998年版,第97页。
[2] 周作人:《乡村与道教思想》,《谈虎集》,河北教育出版社2002年版,第225页。
[3] 周作人:《太戈尔与耶稣》,《晨报副刊》1924年6月30日。
[4] 周作人:《新文学的要求》,《艺术与生活》,河北教育出版社2002年版,第19页。
[5] 周作人:《新村的理想与实际》,《艺术与生活》,河北教育出版社2002年版,第216页。

国传统知识分子之所以容易流入"狂信"、"盲从"和"独断"的怪圈，显得偏狭霸道，便在于他们"相信世间有一种超绝的客观的真理，足为万世之准则，而他们自己恰正了解遵守着这个真理，因此被赋裁判的权威"[1]，这不但是讲文以载道或主张文学为劳农而作的人容易如此，固守一种学院的理论或主义的批评家或信徒也都免不了这个弊病。周作人指出，世间没有生而圣明的人。社会如此复杂，人不可能掌握所有的知识，任何人及其思想学说都是自己时代的产物，不可能具有超绝时空的永恒价值，也没有理由成为统一思想的依据，因此，一切的至尊至上、终极目的的设想，以及一切绝对、完全、永恒的要求都是虚妄不实，应该抛弃的，"我觉得世界无论变到那个样子，争斗，杀伤，私通，离婚这些事总是不会绝迹的，我们的高远的理想境到底只是我们心中独自娱乐的影片"[2]。周作人的这种否认终极、绝对、至尊的思想是与佛教缘起论思想相通的。佛教缘起论认为，一切事物皆因缘和合而生，所以都没有自性，也即是空，这里的"空"不是一无所有，而是指宇宙间的所有的事物都是相对的、暂时的、有条件的存在。因此，佛教在世界观上否认有至高无上的"神"或"造物主"，在思维方式上否认有任何终极本体存在于事物之前或之后并主宰其发展，即使佛也要受因果律的支配，虽然他有超人的智慧和能力，但并不能主宰人间的吉凶祸福。尽管在佛教的发展过程中，由于宗教解脱的需要，出现了把佛神化和以"真如""实相"为本体的佛性论思想，但是从作为整个佛教理论基础的缘起论来看，佛教（尤其是原始佛教）是反对本体论或一元实体论的，这也是它区别于一般宗教或哲学的地方所在，正因此，在西方学术界中有

---

[1] 周作人：《文艺批评杂话》，《谈龙集》，河北教育出版社 2002 年版，第 5 页。
[2] 周作人：《与友人论性道德书》，《雨天的书》，河北教育出版社 2002 年版，第 106 页。

人称佛教是唯一的"无神论"宗教。这也是周作人认为佛教思想透彻而与之亲近的一个重要原因。他反复声明自己是一个"无信的人","宗教的信仰，有如佛教基督教的那一类信仰，我是没有","我的意见大概可以说是属于神灭论的"[1]，因此，他之学佛也与一般人走的路径不一样，既不关心佛教中属于高深的学理的本体论玄思，也没有参禅悟道的兴趣，对于描写安养乐土弘扬信仰的《阿弥陀经》更是觉得隔膜，他只是把佛经当做普通的书来看，喜欢的是佛教戒律中所体现的对于现世的一种广大厚重的态度，对于废名学佛，终至于谈玄论道，走火入魔，他认为是很可惜的事情。

二、承认差异，反对非理性宗教狂热

打破了对于"一尊"和"绝对真理"的迷信的周作人始终强调差异是永远存在的，统一是不可能的。承认差异、保护少数、容忍异端是周作人思想中的一个显著特色。他认为"大同小异是最好的事"，并且"深信将来世界进步，最好的成绩是一个大同小异的世界"[2]，他反对以任何名义，无论是天地鬼神还是君王主义强制进行思想统一，"思想自由的压迫不必一定要用政府的力，人民用了多数的力来干涉广数的异己者也即是压迫"[3]，尤其是对于人们的信仰，他认为只能启发他的知识，使他自主地转移，而不能用外部社会势力去裁判，强行干涉。对于"五四"时期出现的一切唯群众之意是从的统一思想运动，周作人明确

---

[1] 周作人：《凡人的信仰》，《过去的工作》，河北教育出版社2002年版，第49页。
[2] 周作人：《"工学主义"与新村的讨论》，《工学》1920年3月25日第1卷第5号。
[3] 周作人：《信教自由的讨论——致陈独秀》，《晨报》1922年4月1日。

表示反对,并特别提醒人们注意那些假群众之名进行的对异己者的专制迫害。他指出,世上没有唯一正确的路,通往自由原有许多条路,只要同能达到目的,便不妨走不同的路,即使走同一条路,也可以或走或跑。

承认差异,使周作人坚决反对思想的"奴隶统一化"而力倡宽容,"我相信西洋近代文明之精神只是宽容,我们想脱离野蛮也非从这里着力不可"[1]。宽容并不意味着必须赞同他人或团体的信仰、价值观或行为方式,也不意味着不能批评,宽容只是表明不应当阻止或否认他人有表达信仰、价值观或行为方式的权利。不宽容则意味着你或你所属的团体掌握着绝对真理或者你的思想已达到了终极完满的境界,而这在周作人看来是不可能的。他认为对于不同意见或相反意见持宽容态度,不仅可以使自己的信仰在争论与辨析中得到检验,而且也可以使我们基于恐惧的盲目信仰和偶像崇拜转变为基于理智的真正的忠诚,正因此,他说"怀疑与宽容是必要的精神,不然便是狂信者的态度"[2],而狂信是靠不住的,它只会使人刚脱离了旧的专断便又落入新的专断。周作人之所以说自己抱有"宗教之恐怖"[3],即是因为宗教以神祇崇拜为终极目的。作为一种强制性的信仰活动,它更多地诉诸人的情感,而排斥理性和思考,它以谦卑与服从为最大的美德,以怀疑与反抗为最大的罪恶,它使人与外在的他者建立起一种非平等的精神奴役和精神压迫关系,因此,宗教并不能给人带来真正的福音。周作人指出宗教徒为信仰而献身的殉道精神是可贵的,但是他同时也指出那些独居沙漠中,绝食苦祷,或牛皮裹身,或革带鞭背,但其目的在于救济灵魂得遂永生的宗教徒"其热

---

[1] 周作人:《黑背心》,《雨天的书》,河北教育出版社 2002 年版,第 79 页。
[2] 周作人:《济南道中之三》,《雨天的书》,河北教育出版社 2002 年版,第 155 页。
[3] 周作人:《关于祭神迎会》,《药堂杂文》,河北教育出版社 2002 年版,第 111 页。

狂实在与在都市中指挥君民焚烧异端之大主教无以异也"[1]。这种非理性的宗教狂热是周作人所最反感,也最忧惧的。在他看来,中国虽不是宗教国,但是封建的专制迷信实质上和原始的图腾崇拜、精灵信仰以及宗教的一神论并无二致,只是它把这种超自然意识更加精致化、人间化、制度化了而已,因此,中国人的"宗教的狂热则未必更少"[2]。

应该说,周作人的思考是深刻的。在传统中国,虽然儒家文化确实具有注重人生实际的唯理倾向,尤其是孔子不重鬼神而重现世宗法关系,但是儒学并没有完全否定鬼神的存在及其主宰现世的力量,也没有在世界的本原、人的存在及其与世界的关系等理论层面说明宗教信仰的本质和意义,而仅是从鬼神的存在与否对宗法关系和社会系统究竟孰利孰弊这一实用立场出发决定自己的取舍,因此,从根本上说,儒学对民间宗教的鬼神信仰的否定是很有限的,它不过是以对现世的世俗权威的崇拜取代了对鬼神的迷信。孔子本人就是一个笃信天命的人,他说:"君子有三畏:畏天命,畏大人,畏圣人之言。小人不知天命而不畏也,狎大人,侮圣人之言。"(《论语·季氏》)孔子三畏中,天命是虚,大人(天子、诸侯、长上)、圣人之言是实的,所谓"畏天命"归根到底不过是教人对头上的"大人"命令和书上的"圣人"教训绝对服从,反之就是"不知命"、"不畏天命"的小人,所以对于殷周以来传统的天命、鬼神观念,孔子实际上是保持着的。正因此台湾学者韦政通认为,中国虽然没有基督教式的宗教,"但就宗教意识,宗教情绪言,中国人自古以来,并不稍逊于任何民族"[3]。尤其是在民间,由于两千多年的专制愚民

---

[1] 周作人:《〈论语〉小记》,《苦茶随笔》,河北教育出版社2002年版,第18页。
[2] 周作人:《托尔斯泰的事情》,《雨天的书》,河北教育出版社2002年版,第84页。
[3] 韦政通:《儒家与现代中国》,上海人民出版社1990年版,第68页。

统治，中国民间宗教始终未能彻底超越原始状态，民众的信仰心理在很大程度上仍然集中在上古以来的祈年求雨、驱鬼祛病以及鬼神崇拜、精灵信仰上，尽管后来的佛教有许多高级精致的宗教观念和思辨哲学，然而广大民众却始终是把它拉到与自己的需要和观念相适应的文化层次来接受的，正如周作人所说："平常讲中国宗教的人，总说有儒释道三教，其实儒教的纲常早已崩坏，佛教也只剩了轮回因果几件和道教同化了的信仰还流行民间，支配国民思想的已经完全是道教的势力了。"[1] 他列举了大量现实生活中"道教思想的恶影响"，诸如教案、假皇帝、烧洋学堂、打拳械斗、炼丹种蛊、符咒治病等，这些都是相信鬼神魔术奇迹等事所造成的恶果，因此，他一再提示人们注意："中国人是——非宗教的国民。他与别国人的相差只在他所信奉的是护符而非神，是宗教以前的魔术，至于宗教的狂热则未必更少。"[2]

一般来说，这种非理性的宗教情绪在社会稳定、皇权强大、生活平和的年代，大都处于潜在的隐伏抑制状态，但是到了皇权衰落、社会动荡不安的时代，随着社会秩序的失范、天灾人祸的加剧以及官方意识形态的破产和人们信仰危机的加强，这时处于文化底层的民间信仰便会喷涌而出，填补意识形态中的真空，并提供一种原始的整合社会各阶层的精神力量。因此，每当皇权衰落和社会动荡时期，民间宗教中非理性情绪不仅风行社会底层，同时也会影响到社会上层。辛亥革命推翻了几千年的帝制，但是在帝制下形成的"主奴关系的宗教观念十分坚固地存着"[3]，因此，不仅一大批封建遗老感觉精神恐慌，使同善社一类东西

---

[1] 周作人：《乡村与道教思想》，《谈虎集》，河北教育出版社2002年版，第222页。
[2] 周作人：《托尔斯泰的事情》，《雨天的书》，河北教育出版社2002年版，第84页。
[3] 周作人：《求雨》，《谈虎集》，河北教育出版社2002年版，第234页。

重新勃兴，也造成了老百姓思想的真空。周作人深刻地指出，对于遗老，这其实正是他们"对于帝制的追慕之非意识的表现，因复辟绝望，只能于现世以外去求满足，从天上去找出皇帝及其所附属的不测的恩威来"[1]；对于老百姓来说，"习惯了的迫压与苦痛，比不习惯的自由，滋味更为甜美"[2]。因此，只有觉醒的知识者从中获得了打破偶像的解放感。当此之时，觉醒者重要任务之一即是以现代理性精神去启蒙民众，普及教育，推广科学，彻底打破民众心中根深蒂固的偶像意识和权威主义性格，从此自己做主，既不依赖神灵的保佑，也不仰仗任何权威的护持，从迷失已久的兽道鬼道中步入"人道"。但是，1922年春爆发的"非基督教运动"却使周作人对中国知识阶层思想之偏激与狭隘深感悲哀。

第二节 "信教自由"与"东方式的攻击异端"[3]

一、"非基督教运动"

"非基督教运动"起因于世界基督教学生同盟决定于1922年4月4日在中国北京清华学校举行第十一届大会，消息传出后，引起国内学生的极大反感。3月9日上海的一些左派学生率先发表《上海非基督教同盟宣言及通电》，并通告全国学界：

---

[1] 周作人：《求雨》，《谈虎集》，河北教育出版社2002年版，第234页。
[2] 周作人：《新诗》，《谈虎集》，河北教育出版社2002年版，第27—28页。
[3] 周作人：《济南道中之三》，《雨天的书》，河北教育出版社2002年版，第155页。

> 基督教及基督教会在历史上曾制造了许多罪恶……凡我有血性，有良心，不甘堕落的人，决不能容忍宽恕彼。我们知道：现代的社会组织，是资本主义的社会组织，这些资本主义的社会组织，一方面有不劳而食的有产阶级；他方面有劳而不得食的无产阶级。而现代的基督教及基督教会，就是"帮助前者掠夺后者，挟持前者压迫后者"的恶魔。我们认定：这种残酷的压迫的悲惨的资本主义社会是不合理的、非人道的，非另图建造不可。所以我们认定这个"助纣为虐"的恶魔——现代的基督教及基督教会，是我们底仇敌，非与彼决一死战不可。……各国资本家在中国设立教会，无非要诱惑中国人民欢迎资本主义；在中国设立基督教青年会，无非要养成资本家底良善走狗。简单一句，目的即在于吮吸中国人民底膏血，因此我们反对资本主义，同时必须反对这拥护资本主义欺骗一般平民的现代基督教及基督教会。[1]

宣言最后呼吁："学生诸君！青年诸君！劳动者诸君！我们谁不知道资本主义底罪恶？我们谁不知道资本家底残酷无情？现在眼见这些资本家走狗在那里开会讨论支配我们，我们怎能不起而反对！起！起！！起！！！"[2]

由于宣言把基督教及基督教会的活动与帝国主义文化侵略直接联系起来，点燃了国人反帝爱国的热情，因此，各地知识界反应十分强烈。1922年3月21日，北京率先成立了非宗教大同盟，并在《晨报》上发

---

[1] 《非基督教学生同盟宣言》，《晨报》1922年3月17日。
[2] 同上。

表宣言及第一次通电,他们批判宗教是"施毒的麻醉药,催眠术"[1],既与科学真理不相容,又与人道主义完全违背,可笑可恶之极,"我们自誓要为人类社会扫出宗教的毒害。我们深恶痛绝宗教之流毒于人类社会,十倍千倍于洪水猛兽。有宗教可无人类,有人类应无宗教,宗教与人类,不能两立"[2]。宣言最后号召国人速起"扫除宗教之毒害"[3]。不怕牺牲,政治因素的参与使人们的情绪渐趋激烈。据《晨报》报道,该报自"非宗教运动"爆发后,即不断接到声明、电报、宣言,"日必数起乃数十起"[4]。据笔者粗略统计,仅3月20日到4月20日,在《晨报》上发表或转载的宣言、通电即有30余份,几乎日均一封。除北京、上海外,广州、南京、杭州、长沙、武汉、厦门、福州、太原、天津等地学生亦闻风而动,纷纷成立了非基督教同盟。许多著名学者和政界名流如蔡元培、陈独秀、胡适、丁文江、吴虞、梁启超、李大钊、胡汉民、汪精卫、吴稚晖等或发表讲演或撰写文章,对运动表示支持或肯定。这种群情激愤,几乎一面倒的非宗教浪潮很快引起了周作人的注意,他认为学生的反宗教情绪是可以理解的,但是运动中的有些做法和说法却实为不妥,尤其是"非宗教大同盟"所采用的陈旧威严的声讨语气很容易使人误解,并"感到一种压迫与恐怖"[5],因此,3月31日他与北大四教授联合发表了《主张信教自由者的宣言》,表示"不赞成挑战的反对任何宗教"[6]。宣言一出,舆论大哗,有人嘲笑它迂腐、糊涂,也有人认为

---

[1] 《非宗教大同盟公电及宣言》,《晨报》1922年3月20日。
[2] 同上。
[3] 同上。
[4] 《非宗教同盟之东电及应声》,《晨报》1922年4月2日。
[5] 周作人:《报应》,《晨报副刊》1922年3月29日。
[6] 周作人等:《主张信教自由者的宣言》,《晨报》1922年3月31日。

这是别有用心，或居心不良。吴虞批评周作人所说的信教自由是受法律保护的人的基本权利的看法过于书生气，因为信教自由虽然载在《中华民国临时约法》，但中国的法律早已被军阀政客腰斩凌迟，约法的本体及精神早已抛之大海，因此，拿《中华民国临时约法》来拥护宗教，实在是无聊[1]。陈独秀则针锋相对地指出宗教并非神圣不可侵犯，青年人"发点狂思想狂议论"也许正是青年"去迷信而趋理性的好现象"，他还特别强调，现在非基督教青年开会，"已被捕房禁止"，这说明基督教自有"强有力的后盾"，用不着他人去为之要求自由，如果吴虞教授真的尊重自由，就应该"尊重弱者的自由，勿拿自由人道主义许多礼物向强权者献媚"[2]。蔡元培也认为非宗教同人的行为完全正当，因此"用不着什么顾忌"[3]。为此，周作人亦先后发表了《拥护宗教的嫌疑》、《信教自由的讨论——致陈独秀》、《思想压迫的黎明》、《小杂感》、《卑劣的男子》、《太戈尔与耶稣》、《宽容之难》、《非宗教运动》、《关于非宗教》等文章予以反击和辩驳。

二、"孔教复兴之前兆"[4]

综观周作人这一时期的论述，可以看到，他对非宗教（基督教）运动的批评主要集中在以下几个方面：

---

[1] 参见吴虞：《"信教自由"是什么》，罗章龙编：《非宗教论》，巴蜀书社1989年版，第124—128页。
[2] 参见陈独秀：《致周作人、钱玄同诸君信》(《觉悟》1922年4月7日)、《再致周作人先生信》(《觉悟》1922年4月23日)。
[3] 蔡元培：《非宗教运动》，《觉悟》1922年4月3日。
[4] 周作人：《非宗教运动》，《谈虎集》，河北教育出版社2001年版，第246页。

首先，他认为非宗教大同盟不用理性剖析基督教的优劣得失和是非正误，不用客观的态度探讨宗教产生的原因、存在的问题及历史上的贡献，而一味地诉诸感情上的指责和漫骂，态度偏激、思想笼统，用语武断，不足为训。如《北京新华大学学生非宗教宣言》云：

> 耶教之恶，尽人皆知，笼络人类为资本家之走狗，诱制青年，牺牲真理，不法横行，恶难枚举。幸热心诸公组织非宗教大同盟，抵制恶魔之耶教，发挥科学上之真理，保全人类之人格，同人等虽不敏，敢不随诸同志与彼恶魔决死以战，并希各界，速起共谋以期魔障肃清。[1]

又如《工人周刊社电》云：

> 宗教为害，事实昭然。影响尤烈者，首推基督教。自资本主义东渐以来，基督教徒甘为走狗，四方遗毒，其罪已深于洪水猛兽。[2]

这种不讲逻辑，没有论证，仿佛绝对真理在手，不容他人置疑的申讨挞伐和攻击漫骂，不管它在鼓动群众，增加运动声势等方面有多么巨大的功效，在周作人看来，其武断专横本身一点也不亚于宗教对异端的讨伐攻击。正因此，周作人把这种离开了理性批判和客观分析，专想"把全国舆论去制裁他"的挑战姿态，视为"中国思想界的压迫要起来

---

[1]《北京新华大学学生非宗教宣言》，《晨报》1922年3月31日。
[2]《工人周刊社电》，《晨报》1922年4月4日。

了"[1]的预兆。

其次，周作人认为，宗教是个人的事情，信仰也是个人自由的行动之一，与别的行为一样既受到法律的约束，也受到法律的保护。一个人的信仰只要不触犯法律，不危害他人的自由与安全，就应该给其自由。非宗教大同盟逸出法律的框架强行干涉他人的信仰自由，这种做法不仅违背法律的精神，而且与人道主义精神相抵触。周作人强调法律是现代文明成果之一，它从制度上对人身自由提供了基本的保障，不是轻易可以诋毁或拆除的，而非宗教同盟的人士大多认为法律根本不能代表民意，它只是各党政客或权势人物手中的玩物和阶级压迫的工具，只能愚民而不能保民，因此，在对信仰自由、思想独立与法律关系的理解和认识上，双方的分歧很大。

再次，周作人认为非宗教运动存在一种盲目排外的倾向和非理性的民族主义情绪。他指出，在当时的中国，除了宣传鬼神迷信的佛教密宗及同善社的道教外，强迫学生读经的孔教也在跃跃欲试，至于民间各种愚昧落后的鬼神迷信及巫术更是难以数计。但是非宗教大同盟运动对此视而不见，单把批判的矛头和火力对准外来的基督教身上，即使有特殊的政治背景，这种"只非一派的宗教，而且又以中外新旧为界"[2]的做法，也是片面和狭隘的。

同时，在非基督教运动中，各团体竭力鼓动国人的民族主义情绪，如恽代英称非基督教运动中发生的教会学校风潮是一种民族精神的怒潮，号召人们起来打倒作为帝国主义侵略工具的教会教育[3]，国民党人

---

[1] 周作人：《思想压迫的黎明》，《晨报》1922年4月11日。
[2] 周作人：《非宗教运动》，《谈虎集》，河北教育出版社2002年版，第245页。
[3] 恽代英：《打倒教会教育》，《中国青年》第60期，1925年3月。

徐谦认为反基督教的基本信念，就是反帝国主义，以及1924年8月上海知识界重新组建的"非基督同盟"指责传教士到中国来"破坏中国的民族觉悟与爱国心"[1]等，无不表达了强烈的民族主义情绪。正如有论者所指出，民族主义在非基督教运动中扮演了举足轻重的角色，在这场运动中，不论是信奉马克思主义的陈独秀、恽代英等共产党人，信奉无政府主义的李石曾，还是信奉自由主义的胡适、蔡元培等，都在用民族主义的声音说话，"如果说在非基督教运动中存在着一种起支配作用的力量，那么，这种力量就是民族主义"[2]。但是，民族主义是一把双刃剑，在现代中国反抗外来侵略、争取民族解放和国家独立的斗争中，它既能鼓动民心，形成凝聚力，也有可能使一些原本合理的思想文化运动带上浓厚的非理性倾向，从而难以引导群众，给运动指明正确的方向，甚至误入歧途，使运动的性质发生变异，尤其是那种在狭隘的民族主义情绪作用下，把本国的一切神圣化，凡本国的必好，凡别国的必坏，不能容忍任何善意的批评和指斥的狭隘作风，在周作人看来，其实无异于"精神上的义和拳"[3]。周作人指出，我们既要反抗外来的侵略，同时也要看到基督教与资本主义制度毕竟不是一回事，不能一锅煮，基督教的历史固然充满了血腥，但基督教并不就等于宗教，更不等于帝国主义，多数的非宗教大同盟成员对此不加分析或视而不见，只是一味地鼓动、刺激民众的仇外情绪，是不明智的。如《北京高等师范宣言书》云：

近代科学昌明，宗教早已根本颠覆，不意欧西基督教之余孽，

---

[1] 秋人：《反对基督教运动的怒潮》，《中国青年》第66期，1925年5月。
[2] 杨天宏：《中国非基督教运动历史考察》，《中国近代转型与传统制约》，贵州人民出版社2000年版，第423页。
[3] 周作人：《读京华碧血录》，《雨天的书》，河北教育出版社2002年版，第187页。

竟敢率其丑类,治其本国战胜之余威,东面而侵入华土……近百年来,中华人民,所感之痛苦,所受之损失,何莫非彼辈为直接间接之造因。今吾华以四万万黄裔之胃声嘶力竭,脂尽胶绝,青岛一隅,尚未收复,余痛未定,追恶思源,乃彼复明目张胆,招其丑类,席卷而来,以牧师为资本家之间谍,以信徒为侵略者之走狗,值吾华新文化之萌芽,敢穿凿新说,附望旧意,捏造黑白,混乱是非,阻害人类之进步,妨害科学之发达,岂将施其黑暗欧西中古之惯技,移诸中华,而遂其扑灭人国之野心乎?[1]

又如长沙湘乡中学的宣言中说:

我国素无宗教,自从基督教传入以来,光明灿烂之中华,倏然变色,天昏地暗,日色无光。教会呀,祈祷呀,茶会呀,英文班呀,慈善事呀,电影呀,平民教育呀……凡此种种,卑污手段,孰非引人入迷。今日宣言欲将全国"基督教化",践其居心,非至吾人耳无闻目无见心无觉,冥顽不灵,足供彼辈之任其奴役宰割不止,是可忍孰不可忍。同人等依其良心之鞭策,受科学之感觉,特组织非宗教同盟,为真理争一线光明,为人类存一分人格,誓必扫尽妖魔,辟除邪说。[2]

凡此种种都使周作人闻之骇然,以至于寝食难安,认为是"孔教复

---

[1]《非宗教之声浪日高·北京高等师范宣言书》,《晨报》1922年3月30日。
[2]《非宗教之声浪日高·长沙湘乡中学非宗教同盟宣言》,《晨报》1922年3月30日。

兴之前兆"[1]。

三、"科学的"非宗教运动与"宗教的"非宗教运动

周作人坚持理性的反抗是一切革命的精神的本原，现代社会必须建立在理性的基础上，"单凭本能与经验是不中用的"[2]。在他看来，非宗教运动中所表现出来的情绪化、非理性特征与"五四"以后思想界和知识界过于迷信群众运动，幻想用群众运动的方式来代替艰苦、细致、复杂以至于有些迂缓的思想革命的倾向密切相关。他指出，五四运动最大的流弊即在于"使中国人趋于玄学的感情发动，而缺乏科学理知的计划"，因此，这样下去"实在很是危险"。[3]

应该说，在五四运动中，先觉者以及少数激进分子的宣传鼓动对于激发群众的"情绪"起到了重要的作用。以"五四"前夕北京大学的学生大会为例，据许德珩先生回忆："5月3日（星期六）晚七时在北河沿北大法科大礼堂召开全体学生大会，并约北京十三个中等以上学校学生代表参加……会开得很紧张的时候，有一位十八九岁的同学刘仁静，拿出一把菜刀来要当场自杀，以激励国人。法科学生谢绍敏悲愤填膺，当场中指啮破，断裂衣襟，血书'还我青岛'四字，揭示于众，这就更激励了全体学生的情绪。"[4] 该举以至于鼓掌声、"万岁"声相继而起，全场顿现一种凄凉悲壮之气象。在全国各地响应北京学生的行

---

[1] 周作人：《非宗教运动》，《谈虎集》，河北教育出版社2002年版，第246页。
[2] 周作人：《论做鸡蛋糕》，《谈虎集》，河北教育出版社2002年版，第271页。
[3] 周作人：《五四运动之功过》，《京报副刊》1925年6月29日。
[4] 许德珩：《五四运动六十周年》，《五四运动回忆录》（续），中国社会科学出版社1979年版，第51—52页。

动,进行群众发动的过程中,这种以激烈的行为来激发群众的现象屡见不鲜。如上海市松江第三中学,"学生赵福基演说国耻,声泪俱下,遽啮破食指,血书'勿忘国耻'四字,以激动人心云"[1];江西女师范学生程素芬"发起女子救国团,断指血书:'提倡国货,用日货就是冷学动物'十余字",她的行为使"校长惭愧,同学激发","赣省各界因之大为感动"[2]等等。"五四"时期爱国青年不惜以自己的鲜血和生命来激发愚昧落后群众的行为,表现了现代青年不甘屈辱的决心和强烈的历史责任感,但是也不能否认在他们对群众情绪的激发和鼓动中带有一定的非理性成分。[3]与五四运动相比,爆发于20世纪20年代的非宗教运动,更明显地暴露出中国现代知识分子情绪高于理性,冲动多于慎思的性格弱点。尤其是那种武断地把科学与真理、宗教与迷信划上等号,宣称"二十世纪,科学昌明,宗教势力,何能存在","知识与迷信,绝对不能相容,迷信日盛,真理日泯,事理昭然,不待深辩"等[4],更使得这场以科学的名义进行的"非宗教运动"令人遗憾地带上了"非科学"的宗教气息。正如当时的北京大学哲学系教授傅铜所坦言:"这种非宗教运动是一种非科学的'宗教运动'。罗素说俄国的共产主义是一种宗教,因为第一,他们的感情色彩太重,第二,他们排外的意见太深。如果罗素的话不错,我们可以同样的理由说现在的非宗教运动是宗教的非宗教运动。"[5]罗素曾说,当两个科学家见解不一的时候,他们不是乞灵于世

---

[1] 参见龚振黄:《青岛潮》,《五四爱国运动》(上),中国社会科学出版社1979年版,第200页。
[2] 同上书,第234页。
[3] 参见邹兆辰:《五四时期爱国精神的形成及其影响》,郝彬、欧阳哲生主编:《五四运动与二十世纪中国》,社会科学文献出版社2001年版。
[4] 参见周作人:《非宗教大同盟之应声》(《晨报》1922年3月24日)、《非宗教之声浪日高》(《晨报》1922年3月30日)。
[5] 傅铜:《科学的非宗教运动与宗教的非宗教运动》,《哲学》第6期,1922年6月出版。

俗的权力,而是等待更多的证据来决定结果,因为他们作为研究科学的人,知道双方都不可能一贯正确。但当两个神学家意见相左的时候,除了彼此仇视或或明或暗地乞灵于武力之外,便无法可想了,因为没有双方都能信赖的判断标准。[1] 从新文化运动早期林琴南欲借政府的武力来摧毁异己者,到接受过现代文明教育的新青年动辄要"请王命",进行"思想剿匪",周作人深切地意识到,在没有宗教传统的现代中国,"上流社会的教会精神之复活"[2]同样是令人忧虑和可怕的。

应该说,科学固然包含了人的主体对客体的真实正确的认识,具有真的本质,但科学并不等于真理。在某种意义上,真理只是科学追求的一个对象,科学与真理的关系就像猎手和猎物的关系一样,把猎手和猎物相等同,这显然是荒谬的。其次,从科学本质的内在规定性上讲,尽管科学作为人类特有的一种认识形式和知识形态,它是人类社会发展到一定阶段所形成的一种高级认识活动和由这种活动所获得的一种高级的认识结果,但是由于一切认识主体都不可避免地具有强烈的历史性、时代性,他们所利用的表述工具、概念、术语、原理、法则、方法、推理、论证的方式、表达命题、理论公式等,作为语言的符号和具体形式,也不可避免地具有约定性和静态性,而科学研究的对象作为一个不断流动、变化和发展的具体的存在,也具有复杂性、连续性、无限性、多样性和不可穷尽的层次性等特点,因此,当人类使用一定的概念和一定的推理形式去解释说明外部世界时,也必然存在僵死凝固的缺陷。可以说,尽管人们热烈地追求真理,但人类的认识特点决定了人类不可能在某一点上完成对绝对真理的认识,即使在科学知识中,谬误也不会彻

---

[1] 〔英〕罗素著,沈海康译:《为什么我不是基督徒》,商务印书馆1982年版,第174页。
[2] 周作人:《读经之将来》,《谈虎集》,河北教育出版社2002年版,第99页。

底清除。换句话说，任何科学中都不可避免地包含着非科学的成分，我们一般说一种理论或一门学科是科学的还是非科学的，主要是根据作为一种逐渐完善的认识过程的科学本身所包含的真理与谬误之间的矛盾的主要方面和次要方面的辩证关系来进行说明。如果一种理论或科学所含的真理成分占据矛盾的主导方面，就可以说它是科学的，反之，就不是科学的。[1]

非宗教运动中，当人们以"知识与迷信，绝对不能相容"，"科学与宗教，决不能两立"来反对宗教，批判宗教时，其潜在的理论前提已经把"科学"神话为绝对真理的化身，可以说，这种认识本身是非科学的或反科学的。周作人批评"非耶者还是一种教徒"[2]，实际上，正是看到了被知识界从前门赶出去的宗教迷信思想，正在被人们不自觉地从后门又迎了回来，只不过这时候它已经改头换面为符合时代潮流的"科学"。而当"科学"被宗教化、神秘化、神圣化的时候，尽管人人都在倡言科学，但与科学相伴而生的"宽容"、"谦和"却不会在中国大地上生根。周作人之所以一再慨叹："我以前总以为科学最能养成宽容之德，岂知事实上——至少在中国并不尽然"；"宽容或者永久只是一个理想，即使不是空想，大抵人都是感情用事，理智不大有什么力量。中国人据说缺少热狂，其实也不尽然，我觉得他们所缺的倒是冷静的理性。宗教思想的宽容是没有的，政治思想的宽容是更没有的了……至于道德思想的宽容尤其不会有了。"[3] 原因正在此。

罗素曾把科学的威信逐步上升和教会威信的逐步衰落视为近代文化

---

[1] 本段论述参见张之沧编著：《科学哲学原理》，南京大学出版社1990年版。
[2] 周作人：《济南道中之三》，《雨天的书》，河北教育出版社2002年版，第155页。
[3] 参见周作人：《〈谁能宽荣〉按》《语丝》第37期，1925年7月27日）、《宽容之难》（《语丝》第34期，1925年7月6日）。

最主要的两个根本特点。从本质上看,科学的威信与宗教的威信大不相同。首先,科学要求理性裁断,而不是凭借统治威信。其次,科学的威信是一种片段不全的威信,它不像天主教的那套教义,设下一个完备的体系,概括人间道德、人类的希望以及宇宙的过去和未来的历史,它只对当时似乎已由科学判明的事情表示意见,而这在无知的茫茫大海中只不过是个小岛。另外,科学威信还有一点与教会威信不同,教会威信宣称自己的论断绝对确实,万年更改不了,科学的论断却只是在盖然性的基础上,按尝试的方式提出来,认为随时难免要修正,因此近代学者有一种与中世纪教义学者截然不同的少独断、多宽容的心理素质,"显示科学家本色的,并不是他所信的事,而在于他抱什么态度信它,为什么理由信它,科学家的信念不是武断信念,是尝试性的信念,它不依据权威,不依据直观,而建立在证据的基础上"[1],站在科学的立场上,自古就信而不疑的东西也可能是错的。在周作人看来,这种"无证不信"的怀疑、批判的理性精神和实事求是的态度,正是西方近代文明的精华所在,"我们没有宗教家那样的坚信,以为自己的正信必然可以说服全世界的异端,我们实在只是很怯弱地承认感化别人几乎是近于不可能的奇迹,最好还是各走各的,任其不统一的自然,这是唯一可行的路"[2];"我对于什么民有民享,什么集会言论自由,都没有多大兴趣,我所觉得最关心的乃是文字狱信仰狱等思想不自由的事实。在西洋文化史里中古最牵引我的注意,宗教审问所的'信仰行事'(Anto da fe)喽,满画火焰与鬼的黑背心(Sambenito)喽,是我所顶心爱的事物"[3]。从历史上

---

[1] 〔英〕罗素著,马元德译:《西方哲学史》(下),商务印书馆1991年版,第46页。
[2] 周作人:《中国戏剧的三条路》,《艺术与生活》,河北教育出版社2002年版,第50页。
[3] 周作人:《黑背心》,《雨天的书》,河北教育出版社2002年版,第76页。

看，在西方中世纪，正是那些宗教狂热分子打着保卫"真正的宗教"的旗帜把在教义上持有不同意见的个人打成异端，掀起了一次又一次的"圣道战争"。为了迫使他人放弃原来的信仰，他们以火与剑的残酷手段，或抄掠他们的财产，或把他们关进恶臭的牢房，直至夺走他们的生命。这些惨痛的历史教训，使周作人对现实的思想文化和社会运动中新出现的偶像崇拜及其造成的狂信趋势极度敏感。

"五四"时期，要求思想文化的独立自由、宽容异己、保护少数，并非周作人所独有的思想和主张，与他同时代的许多思想家包括参加论战的陈独秀、蔡元培等也都信仰自由主义、人道主义，反对帝国主义的侵略势力，但是在这场声势浩大的非宗教运动中只有周作人、傅铜等少数人比较清醒地意识到宗教与科学关系的复杂，看出了问题的关键与潜在的危害："自以为是科学思想与西方化，却缺少怀疑与宽容的精神，其实仍是东方式的攻击异端：倘若东方文化里有最大的毒害，这种专制的狂信必是其一"[1]，这是极其难得的。通过"非宗教运动"，周作人更深地认识到，在中国，如果说下层群众非理性的宗教狂热主要是由于知识的匮乏、精神的愚昧所造成的话，那么知识阶层的非理性宗教情绪，则更多的与他们独断地"相信世间有一种超绝的客观的真理，足为万世之准则，而他们自己恰正了解遵守着这个真理，因此被赋裁判的权威"[2]分不开。在某种意义上，周作人认为这种一无所知，"单有着一个'素朴的信仰'"教士人格[3]，比没有信仰的人更可怕，因为它更容易使中国知识分子流入"狂信"、"盲从"和"偏狭霸道"的怪圈而不自觉，而他

---

[1] 周作人：《济南道中之三》，《雨天的书》，河北教育出版社2002年版，第155页。
[2] 周作人：《文艺批评杂话》，《谈龙集》，河北教育出版社2002年版，第5页。
[3] 周作人：《马太神甫》，《谈虎集》，河北教育出版社2002年版，第211页。

之所以一再强调现在最要紧的不是培养花样繁多的信徒，而是"唤起个人的与国民的自觉"[1]，原因也正在于此。周作人指出，现代中国所最缺少的就是"澈底的个人主义，虽然尽有利己的本能"[2]；"以为个人的意见以至其苦乐是无足轻重的，必须是合唱的呼噪始有意义，这种思想现在虽然仍有势力，却是没有道理的"[3]；"现在最要紧的是提倡个人解放，凡事由个人自己负责去做，自己去解决，不要闲人在旁吆喝叫打"[4]。尽管周作人的这种主张不可能被激动的人们所接受，但他提醒世人不要蔑视个人却是值得我们重视的。

1926年，周作人曾深有感触地说："一个人在某一时期大抵要成为理想派，对于文艺与人生抱着一种什么主义。我以前是梦想过乌托邦的，对于新村有极大的憧憬，在文学上也就有些相当的主张。我至今还是尊敬日本新村的朋友，但觉得这种生活在满足自己的趣味之外恐怕没有多大的觉世的效力，人道主义的文学也正是如此。"[5] 不过正因为人的宗教情绪可能是天生的，正如他本是"不信宗教的，也知道宗教乃是鸦片，但不知怎的总还有点迷恋鸦片的香气，以为它有时可以医病"[6]，所以倘不提高警惕，随时自警，宗教的"香气"是很容易迷住理性的双眼的。应该说，经历了这场"宗教梦"的教训后，20世纪30年代，周作人对个人主义和自由主义的信念变得更加坚定了。

---

[1] 周作人：《与友人论国民文学书》，《雨天的书》，河北教育出版社2002年版，第112页。
[2] 周作人：《潮州畲歌集序》，《谈龙集》，河北教育出版社2002年版，第46页。
[3] 周作人：《文艺的统一》，《自己的园地》，河北教育出版社2002年版，第26页。
[4] 周作人：《一封反对新文化的信》，《谈虎集》，河北教育出版社2002年版，第107页。
[5] 周作人：《自序》，《艺术与生活》，河北教育出版社2002年版，第2页。
[6] 周作人：《文学与宗教》，《知堂回想录》（下），河北教育出版社2002年版，第452页。

第三节 "不可有宗教气而变成教徒"[1]

一、罗素的影响

在周作人宗教梦的清醒过程中,罗素起到了不可忽视的作用。罗素是"五四"时期影响中国知识界最大的思想家之一。罗素访华前,他的一些主要著作如《哲学问题》、《政治理想》、《自由之路》等都已在中国的一些重要报刊上译载和介绍。1920年10月12日罗素来华后更是受到中国知识界的热烈欢迎。在华期间,罗素作了一系列的讲演,范围涉及哲学、数学、逻辑、社会政治、宗教文化等诸多方面。1921年1月6日应"少年中国学会"和北京大学"哲学研究社"的邀请,罗素还就宗教问题做了《宗教的要素及其价值》的专场演讲,其中重点剖析了"宗教信仰"的危害。罗素指出,宗教的主要危害有二:一是由宗教狂热带来的迫害与纷争,一是盲目迷信妨害了人类心智与社会的进步。在这次演讲中,罗素最引人注目的地方是他指出马克思主义在苏俄已经被宗教化,这对当时关注苏俄社会主义革命的激进知识分子来说是颇具震撼性的。罗素访华前不久曾到苏俄实地考察,虽然赴俄之前,罗素的社会主义倾向十分明显,但这次苏俄之行却引发了他对社会主义理论与实践的深刻反思。在反思中,罗素特别批评了布尔什维克将指导社会革命的马

---

[1] 周作人:《谈笔记》,《秉烛谈》,河北教育出版社2002年版,第131页。

克思主义理论宗教化的倾向，正因此，曾有人说，罗素是第一个指出共产主义是一种宗教形式的人。其实，早在1896年出版的《德国社会民主》一书中罗素就曾思考过马克思主义与宗教的关系，他认为，马克思的社会主义为德国工人带来了一种强烈的宗教式的激情，并使他们迸发出"只有宗教和爱国主义才能激发出来的那么一种集合力和战斗力"[1]，但也使他们产生对一切新宗教的不宽容和宗派的偏执。对于这种不惜以宽容的丧失为代价来获取力量的做法是否应该提倡，罗素当年是持保留态度的。[2] 罗素始终认为，确立教条的绝对权威无异于人类理智的自杀，苏俄之行使他更深切地意识到布尔什维克主义者不允许人们对其理论有任何怀疑，更不管这些怀疑是否正确，是否有事实根据，这种教条主义的态度在实践中只会带来灾难，正因此，他坦率承认这次苏俄之行带给他"可怕的心灵痛苦"[3]。

考虑到周作人亦曾加入"少年中国学会"发起的"宗教问题"大讨论以及罗素的影响，应该说，周作人对罗素的观点是不会陌生的。[4] 而

---

[1] 参见〔英〕艾伦·伍德著，孙乃修译：《罗素：热烈的怀疑者》，辽宁人民出版社1988年版，第196页。
[2] 同上书，第49页。
[3] 〔英〕罗素著，秦悦译：《中国问题》，学林出版社1996年版，第12页。
[4] 周作人对罗素的思想是比较认同的，除了"非宗教"的观点外，"五四"时期在谈教育问题和反抗专制的性道德时他也曾将罗素等人引为同道，如"卫道者之烧书毁像，革命党之毁王朝旧迹，见于中外历史；他们的热狂虽然也情有可原，但总是人类还未进步的证据。罗素说，'教育的目的在使心地宽广，不在使人心地狭隘。'人只为心地狭隘，才有这些谬误"（《自己的园地·镖百姿》）；"我们不妨再自夸一句，除了罗素，蔼理斯，果尔蒙……你，我，（中国或者还有一两位？）谁配谈这些话？除了极少数人之外，中国人谁能说起两性关系而不含有善恶的判断？"（《答张菘年先生书》，《京报副刊》1925年8月21日）此外，20世纪30年代，在为小品文辩护的时候，他亦曾将罗素1935年新出的《闲散礼赞》（In Praise of Idleness）赫然列为自己最爱读的书目之中。（参见周作人：《三十四年我的爱读书》，《宇宙风》第8期，1936年1月）

且，可以看到，"五四"以后，周作人在文章中亦多次谈到共产主义与宗教的关系，如"照我想来，凡真正宗教家应该无一不是共产主义者。宗教的目的是在保存生命，无论这是此生的或是当来的生命；净土，天堂，蓬莱，乌托邦，无何有之乡，都只是这样一个共产社会，不过在时间空间上有远近之分罢了。共产主义者正是与他们相似的一个宗教家，只是想在地上建起天国来，比他们略略性急一点"[1]。周作人欣赏共产主义的理想，但同时也认为进化无止境，地上不可能建立天国，天国只是人心造的幻境，这个世界永远不会绝对光明，没有阴影，我们所能做的永远不过是把灾难减少到最低限度，"文明是什么？我不晓得，因为我不曾研究过这件东西。但文明的世界是怎样，我却有一种界说，虽然也只是我个人的幻觉。我想这是这样的一个境地，在那里人生之不必要的牺牲与冲突尽可能地减少下去"[2]。对于那些过于理想、浪漫的空想，过于苛刻不近人情的批评以及过于求全责备的完美主义心态，他总要泼些冷水，提出自己看似平庸凡俗却更合乎情理的看法，诸如"成熟那自然是好事，不过不可强求，也似乎不是很可羡慕的东西，——成熟就是止境，至少也离止境不远"[3]；"批评家希望得见永久价值的作品，这原是当然的，但这种佳作是数年中难得一见的；现在想每天每月都遇到，岂不是过大的要求么？"[4]；"我并非绝对不信进步之说，但不相信能够急速而且完全地进步"[5]；"照理想说来，我们也希望世界大同，有今天下书同文的一天，但老实说这原来只是理想，若在事实上则统一的万国语

---

[1] 周作人：《外行的按语》，《谈虎集》，河北教育出版社2002年版，第169—170页。
[2] 周作人：《关于妖术》，《永日集》，河北教育出版社2002年版，第111页。
[3] 周作人：《自序》，《艺术与生活》，河北教育出版社2002年版，第1页。
[4] 周作人：《论小诗》，《自己的园地》，河北教育出版社2002年版，第49页。
[5] 周作人：《与友人论性道德书》，《雨天的书》，河北教育出版社2002年版，第106页。

之下必然自有各系的国语,正如统一的国语之下必然仍有各地的方言一样"[1];"我们要把一切的鬼或神全数打出去,这是不可能的事,更无论他们只是拍令牌,念退鬼咒,当然毫无功效,只足以表明中国人术士气之十足,或者更留下一点恶因。我们所能做,所要做的,是如何使玄学鬼或直脚鬼不能为害"[2];"无我的爱,纯粹的利他,我以为是不可能的"[3]等等。

二、悬置终极,回归凡俗

跳出乌托邦梦境之后,周作人的思想、主张越来越趋向实际、平凡、中庸甚至悲观的一面。他多次谈到,普通、平常和凡俗亦是生活的一部分,忽视它,蔑视它或否定它都是没有道理的,"我并不以为人可以终日睡觉或用茶酒代饭吃,然而我觉得睡觉或饮酒喝茶不是可以轻蔑的事,因为也是生活之一部分"[4];"我们于日用必需的东西以外,必须还有一点无用的游戏与享乐,生活才觉得有意思。我们看夕阳,看秋河,看花,听雨,闻香,喝不求解渴的酒,吃不求饱的点心,都是生活上必要的——虽然是无用的装点,而且是愈精练愈好"[5]。

但是,20世纪的中国正如他自己所说却是一个"信仰的时代"[6],一方面驱除外来侵略势力以实现民族独立和国家的繁荣富强以及救民于水

---

[1] 周作人:《国语改造的意见》,《艺术与生活》,河北教育出版社2002年版,第61页。
[2] 周作人:《济南道中》,《雨天的书》,河北教育出版社2002年版,第148页。
[3] 周作人:《人的文学》,《艺术与生活》,河北教育出版社2002年版,第12页。
[4] 周作人:《上下身》,《雨天的书》,河北教育出版社2002年版,第74页。
[5] 周作人:《北京的茶食》,《雨天的书》,河北教育出版社2002年版,第52页。
[6] 周作人:《自己所能做的》,《秉烛后谈》,河北教育出版社2002年版,第4页。

火等迫在眉睫的政治任务,迫使中国思想界强烈地渴望一种包罗万象而又简明扼要的意识形态,另一方面传统价值——信仰体系的崩溃所带来的思想失调,也使重构价值——信仰体系成为知识界无法回避的时代课题,正是这种时代遭遇使得置身其中的现代青年常常不自觉地在一种潜在的、形而上的宗教诉求的作用下陷入苦闷、焦灼而浮躁的境地,不能自拔。他们害怕平凡,厌恶平庸,渴望奇迹,梦想一劳永逸地解决所有的问题,一步跨入尘世的天堂。以瞿秋白为例,为了求得人生问题的根本解决,他毅然决然地远赴苏俄,并在苏俄由于对共产主义社会主义的终极理想的信仰,迅速而坚定地成为一名忠诚的共产主义战士。瞿秋白是一个富有诗人气质的革命家,他曾在《饿乡纪程》中这样解释自己的赴俄动机:"思想不能这样再紊乱下去","我自念我的内力,实际所有的才能,在当时实无一有利于社会,同时于我个人的生活意趣,有极不安宁的状态……所以我冒险而旅俄,并非是什么'意志坚强',也不是计较利害有所为——为社会而行,仅只本于我的好奇心而起适应生活,适应实际精神生活的冲动"。瞿秋白的思想在当时是比较有代表性的,但在周作人看来,现代青年的这种"玄学的"浪漫情绪固然是令人鼓舞的,但也不是没有危险的,因为"宗教的政治论与诗人的文化观总是不很靠得住的"[1]。他批评现代青年"总喜欢知道一切,不肯存疑,于是对于不知的事物只好用空想去造出虚构的解说,结果自然走到玄学里去了"[2]。他指出,信仰与梦本质上都是一种麻醉品,虽然可以给人生带来色彩和定力,但终究不能代替人生本身。现代青年迷信"信仰",以为没有信仰就活不下去,这是不理智的。周作人希望现代青年能从这种前

---

[1] 周作人:《太戈尔与耶稣》,《晨报副刊》1924 年 6 月 30 日。
[2] 周作人:《新旧医学科学斗争与复古》,《永日集》,河北教育出版社 2002 年版,第 93 页。

现代的"信仰心态"中摆脱出来,不必急于皈依什么信仰,最好能先从科学训练入手,等到疑而后信、无证不信的实证精神确立后,再来解决信仰问题。现代实证主义哲学的代表人物孔德曾在《论实证精神》一书中谈到,无论是个人、各门学科还是整个人类社会的发展都必然经历三个不同的阶段:神学阶段、形而上学阶段、科学阶段(又名实证阶段)。在神学阶段,人们自由幻想,企图探索万物的内在本性,寻找现象的根源,追究事物的最后原因,获得绝对的知识,但这是办不到的事,于是人们便求助于超自然的力量——神——来解释,因此,这时宗教在各种思想体系中占主导地位。形而上学阶段是神学阶段的变相,这时人们以形而上学(超经验)的抽象概念代替超自然的神力来解释一切,要求获得关于事物的本质的绝对知识,并独断地把这些抽象概念当作绝对知识,例如各种独断的哲学体系和被认为是绝对真理的理论就是由这类概念构成的。直到实证阶段人们才认识到不可能获得绝对的概念,于是人们不再探索宇宙的起源和目的,不再求知各种现象的内在原因,而只是借助于观察和推理,以便发现现象之间的不变的先后关系和相似关系,把对一切事物的研究和解释都局限于现象世界的范围,对事物和世界的这种态度正是实证科学的态度。在孔德看来,实证阶段也就是科学阶段,实证哲学的方法也就是科学的方法。

周作人受实证主义哲学影响很大,因此,从悬置终极,强调实证的立场出发,他认为"科学思想的养成"实为现今思想改革中最应重视的一件事[1]。在他看来,传统的儒家文化虽然以理性、早熟著称,但是儒家的理性思想并不彻底,尤其是在天道观方面,尽管孔子从不侈谈天道鬼神,但是孔子并未否定天的神秘性和人格性,被天道所束缚的儒家

---

[1] 周作人:《妇女问题与东方文明等》,《永日集》,河北教育出版社2002年版,第98页。

人道思想也远未达到以人为本的境界。在《苦竹杂记·畏天悯人》一文中，周作人曾从对比的角度谈到儒道之间的思想差异：

> 天就是"自然"。生物的自然之道是弱肉强食，适者生存。河里活着鱼虾虫豸，忽然水干了，多少万的生物立即枯死。自然是毫无感情的，《老子》称之曰天地不仁。人这生物本来也受着这种支配，可是他要不安分地去想，想出不自然的仁义来。仁义有什么不好，这是很合于理想的，只是苦于不能与事实相合。不相信仁义的有福了，他可以老实地去做一只健全的生物。相信的以为仁义即天道，也可以圣徒似地闭了眼祷告着过一生，这种人虽然未必多有。许多的人看清楚了事实却又不能抛弃理想，于是唯有烦闷。这有两条不同的路，但觉得同样地可怜。一是没有法。正如巴斯加耳说过，他受了自然的残害，一点都不能抵抗，可是他知道如此，而"自然"无知，只此他是胜过自然了。二是有法，即信自然是有知的。他也看见事实打坏了理想，却幻想这是自然用了别一方式去把理想实现了。说来虽似可笑，然而滔滔者天下皆是也，我们随便翻书，便可随时找出例子来。[1]

事实上，不否认人格化的"天"正是儒家思想先天地具有宗教气质的根源所在。但是，由于儒学的宗教性品格长期以来不被人们所重视，世人对儒教传统影响下的知识分子的玄学气质及其潜在的宗教诉求的认识和分析严重不足[2]，因此，尽管"五四"时期科学与理性受到普

---

[1] 周作人：《畏天悯人》，《苦竹杂记》，河北教育出版社 2002 年版，第 94—95 页。
[2] 参见任继愈：《论儒教的形成》，《中国社会科学》1980 年第 1 期。

遍的推崇和信仰，但现实生活中各种宗教的、准宗教的主义和学说仍然具有很大的魅惑力。很多人几乎从未意识到知识与信仰、经验与价值、实然与应然的界线，以至于在现实生活中随处可以见到把可能等同于应该、视理想为现实的现象，正如周作人所多次指出，现代人不肯睁眼看世界，太过浪漫化和理想化，"现在的人太喜欢凌空的生活，生活在美丽而空虚的理论里，正如以前在道学古文里一般，这是极可惜的，须得跳到地面上来，把土气息泥滋味透过了他的脉搏，表现在文字上，这才是真实的思想与文艺"[1]；"我说，现在中国刮刮叫地是浪漫时代，政治上的国民革命，打倒帝国主义，都是一种表现，就是在文学上，无论自称那一派的文士，在著作里全显露出浪漫的色彩，完全是浸在'维特热'——不，更广泛一点，可以说'曼弗勒德（Manfred）热'里面"[2]；"在这个年头儿，社会上充满着时新，正如忽而颓废，忽而血泪一般，也会忽而歌谣地欢迎起来，但那是靠不住的"[3]；"总之，现在还是浪漫时代，凡浪漫的东西都是会有的。……现在高唱入云的血泪的革命文学，又何尝不是浪漫时代的名产呢？"[4] 在《妇女运动与东方文明等》一文中，周作人对那些致力于社会革命、民族解放、妇女运动和民众教育的进步人士亦不能冷静地正视社会、人生的真相的思想弱点提出了严肃的批评，"中国近来讲主义与问题的人都不免太浪漫一点，他们做着粉红色的梦，硬不肯承认说帐子外有黑暗。譬如谈革命文学的朋友便最怕的是人生的黑暗，有还是让它有着，只是没有这勇气去看，并且没有勇气去说，他们尽嚷着光明到来了，农民都觉醒了，明天便是世界大革命！

---

[1] 周作人：《地方与文艺》，《谈龙集》，河北教育出版社2002年版，第12页。
[2] 周作人：《海外民歌译序》，《谈龙集》，河北教育出版社2002年版，第43页。
[3] 周作人：《潮州畲歌集序》，《谈龙集》，河北教育出版社2002年版，第46页。
[4] 周作人：《答芸深先生》，《谈龙集》，河北教育出版社2002年版，第94页。

至于农民实际生活是怎样的蒙昧，卑劣，自私，那是决不准说，说了即是有产阶级的诅咒"[1]。

应该说，周作人的观察是准确的，20世纪30年代胡适亦认为，"中国近世思想的趋势在于脱离中古的宗教，而走上格物致知的大路"[2]。从思维方式的现代转型的角度来说，打破那种妄求"最后之因"的思想传统，立定清醒的、实证的、科学的现实主义立场，把一切主义、一切学理都看做参考的材料、待证的假设，而不是天经地义的信条，是现代中国知识分子在思想上真正走出中世纪的希望所在。费尔巴哈在探讨人的宗教心理时曾指出："是什么东西使一个对象成为宗教对象呢？像我们所见的那样，只是人类的幻想或想象以及人心。"[3] 费尔巴哈认为，诸神在现实世界里是没有位置的，因为现在是最平淡无奇的，而且是完成了的，决定了的，难以改变的，所以"现在"是无神的，在"现在"中诸神没有立足之处和用武之地，但是，"将来"是诗的领域，是无限可能与偶然的领域，因为它还没有堕入不可变更的顽强的命运，它还高悬在平凡的实际与现实之上，而飘摇于有无之间，它还属于另外一个"不可见"的世界，一个不被重力定律约束只被头脑定律支配的世界，这个世界便是"神的世界"，所以费尔巴哈说："现在属于我，但将来则属于神"[4]。周作人之所以一再强调自己的头脑是散文的，唯物的，而不是诗的[5]，一再说自己不懂得诗，也不喜欢戏剧小说，与他这种"神灭论者"的实证主义态度密切相关。在他看来，天下佳妙之事多在寻常中，

---

[1] 周作人：《妇女问题与东方文明等》，《永日集》，河北教育出版社2002年版，第98页。
[2] 胡适：《几个反理学的思想家》，《胡适文集》（第4卷），北京大学出版社1998年版，第85页。
[3] 〔德〕费尔巴哈著，王太庆译：《宗教的本质》，人民出版社1999年版，第80页。
[4] 同上。
[5] 周作人：《桃园跋》，《永日集》，河北教育出版社，2002年版，第72页。

所以，他写文章，最重的是事实，而不是诗。他多次谈到自己的文章中"只有事实而无诗"[1]，"我平常不懂得诗，也就不能赞成这样的做法，我写这回忆录，也同从前写《鲁迅的故家》一个样子，只就事实来作报道，没有加入丝毫的虚构，除了因年代久远而生的有些遗忘和脱漏，那是不能免的，若是添加润色则是绝对没有的事"[2]；"只知道据实直写，不会加添枝叶，去装成很好的故事"[3]；"我这部回想录根本不是文人自叙传，所以够不上和他们的并论，没有真实与诗的问题，但是这里说明一声，里边并没有什么诗，乃是完全只凭真实所写的。这是与我向来写文章的态度全是一致，除了偶有记忆不真的以外，并没有一处有意识地加以诗化，即是说过假话"[4]。周作人很看重"事实"，认为它虽然多是平淡无奇的，不足以满足读者的窥视欲，但一个人的平淡无奇的事实却是传记中最好的资料，"唯一的条件是要大家把他当做'人'去看，不是当做'神'，——即是偶像或傀儡，这才有点用处，若是神则所需要者自然别有神话与其神学在也"[5]。正是本着这一原则，他所写的大量关于鲁迅的回忆文章从来都以事实为主，"我所有的资料都是事实"[6]；"我写这篇文章，唯一的目的是报告事实。如果事实有不符，那就是原则上有错误，根本的失了存在的价值了"[7]；"我在这里所讲的都是事实，是我所亲自闻见，至今还有点记忆的，这才记录，若是别人所说，即便是

---

[1] 周作人：《后记》，《知堂回想录》（下），河北教育出版社2002年版，第797页。
[2] 周作人：《从不说话到说话》，《知堂回想录》（下），河北教育出版社2002年版，第646页。
[3] 周作人：《后记》，《知堂回想录》（下），河北教育出版社2002年版，第797页。
[4] 周作人：《后序》，《知堂回想录》（下），河北教育出版社2002年版，第802页。
[5] 周作人：《关于鲁迅之二》，《瓜豆集》，河北教育出版社2002年版，第161页。
[6] 同上。
[7] 周作人：《再是东京》，《鲁迅的青年时代》，河北教育出版社2002年版，第40页。

母亲的话,也要她直接对我说过,才敢相信"[1]。

三、疾虚妄的"神灭论"

反对神化、圣化等形形色色的现代迷信是周作人一贯的立场,如"五四"时期,他坚决反对神化孙中山,"我不把孙中山先生当作神人,所以我承认他也有些缺点,——就是希腊的神人也有许多缺点,且正因此而令人感到亲近"[2]。20世纪30年代他更是对思想界神化鲁迅的倾向保持了高度的警惕性,即使在新中国成立后,他亦认为神化鲁迅的新迷信大可不必,"现在人人捧鲁迅,在上海墓上新立的造像——我只在照相上看见,是在高高的台上,又坐椅上,虽是尊崇他,其实也是在挖苦他的一个讽刺画,即是他生前所谓思想界的权威的纸糊高冠是也"[3]。在写于50年代中期的《鲁迅的青年时代》一书中,周作人特意地指出,鲁迅思想之难能可贵与不同凡俗处正是他的"神灭论",可惜世人大多不理解。面对新中国成立后愈演愈烈的个人迷信和汹涌而至的造神运动,周作人曾想作一本《畸人所知录》,"因为我知道有不少的人,在社会上很有点声名,当作是个奇人,但是据我所知的事实,却实在是平平常常的,觉得有说明的必要"[4]。在《木片集·希腊神话》中,他借题发挥地写道:"普罗米修斯上天去给人类偷火,为宙斯所恨,以致受极大的苦难,是人类的极大恩人。但说也奇怪,在古希腊却自古并无他的庙

---

[1] 周作人:《名字与别号》,《鲁迅的青年时代》,河北教育出版社2002年版,第3页。
[2] 周作人:《孙中山先生》,《谈虎集》,河北教育出版社2002年版,第175页。
[3] 周作人1962年5月16日致鲍耀明书信,黄开发编:《知堂书信》,华夏出版社1995年版,第328页。
[4] 周作人:《钱玄同》,《木片集》,河北教育出版社2002年版,第13页。

宇，他的名字只留存于言语文字，这实是最好的纪念，比任何仪式崇拜更为永久可靠。这是希腊神话的光辉的一页，胜过《旧约》，虽然有《失乐园》等替它摆门面。"[1]

对神圣事物的信仰和崇拜，可以说是一切宗教中最核心、最本质的因素之一。瑞典宗教学家瑟德布罗姆甚至认为"神圣"是比上帝概念更为基本的东西，现实的宗教可以没有一个明确的上帝概念存在，但没有神圣和世俗的区别，就没有任何现实的宗教。[2] 不难发现，作为"神灭论者"的周作人，自"五四"以来做得最多也最重要的工作之一即是"圣像破坏"，所谓群众、国家、社会、国语、英雄、圣徒、进化、大同、礼教、死等光照一时的偶像无不在他的观照中现出虚妄的色彩。正如他自己所说："不佞不幸为少信的人，对于信教者只是敬而远之，况吃教者耶。……我自己知道有特别缺点，盖先天的没有宗教的情绪，又后天的受了科学的影响，所以如不准称唯物也总是神灭论者之徒"[3]；"我的学问根柢是儒家的，后来又加上些佛教的影响，平常的理想是中庸，布施忍辱度的意思也颇喜欢，但是自己所信毕竟是"神灭论"与"民为贵论"，这便与诗趣相远，与先哲疾虚妄的精神合在一起，对于古来道德学问的传说发生怀疑"[4]；"鄙人本为神灭论者，又尝自附于唯理主义，生平无宗教信仰之可言，唯深信根据生物学的证据，可以求得正当的人生观及生活的轨则，三十年来，此意未有变更"[5]。因此，20世纪30年代以后，他更是将批判的矛头指向了历史文化的深处，对长期以来

---

[1] 周作人：《希腊神话》，《木片集》，河北教育出版社2002年版，第34页。
[2] 转引自金泽：《宗教禁忌》，社会科学文献出版社1998年版，第87页。
[3] 周作人：《后记》，《苦竹杂记》，河北教育出版社2002年版，第220—221页。
[4] 周作人：《两个鬼的文章》，《过去的工作》，河北教育出版社2002年版，第90页。
[5] 周作人：《〈老虎桥杂诗〉题记》，《老虎桥杂诗》，河北教育出版社2002年版，第7页。

人们视为天经地义的偶像、教条，诸如作为圣人的孔子，作为圣书的四书五经，作为民间偶像的关羽、岳飞，作为官方楷模的诸葛亮、海瑞、文天祥以及学界的权威韩愈、顾亭林、方苞、姚鼐等，无不进行了深入的解剖和犀利的批判。他精辟地指出："孔子压根儿只是个哲人，不是全知全能的教主，虽然后世的儒教徒要奉他做祖师，我总以为他不是耶稣而是梭格拉底之流亚。《论语》二十篇所说多是做人处世的道理，不谈鬼神，不谈灵魂，不言性与天道，所以是切实，但是这里有好思想也是属于持身接物的，可以供后人的取法，却不能定作天经地义的教条，更没有什么政治哲学的精义，可以治国平天下，假如从这边去看，那么正是空虚了。平淡无奇，我凭了这个觉得《论语》仍可一读，足供常识完具的青年之参考，至于以为圣书则可不必，太阳底下本无圣书，非我之单看不起《论语》也。"[1]

不过，由于宗教作为社会的一种象征，它能以自己以特殊的方式来神话社会实在，为社会的合法性提供终极的、神性的证明，所以，在社会生活中要彻底取消宗教也是很困难的，正如宗教社会学家涂尔干所说，作为宗教之象征物的神圣事物几乎是无所不在的，任何一块岩石、一棵树、一泓泉水、一枚卵石、一段木头、一座房子等几乎都可以成为神圣的事物，直到今天社会依然不断地在从普通事物中创造神圣事物，而且越是在社会变革时期或革命时期，社会造神或把自己神化的倾向也表现得越明显，如法国大革命时期，"在普遍狂热的影响下，实际上具有纯粹世俗性质的事物也被公众舆论转变成了神圣事物，那就是'祖国'、'自由'和'理性'"[2]。也许正是意识到宗教具有神化各种传统、

---

[1] 周作人：《论语小记》，《苦茶随笔》，河北教育出版社2002年版，第14—15页。
[2] 〔法〕涂尔干著，渠东、汲喆译：《宗教生活的基本形式》，上海人民出版社1999年版，第284页。

社会规范和精神偶像的神奇功能,周作人一再提醒人们应保持理性的清明和精神的独立,不要被群众运动的洪流席卷而去。不仅如此,周作人还注意到,社会在神化某些人物或观念时,另一方面也在不断地丑化或妖魔化一些会给它带来冲击的所谓危险的思想和观念。以李卓吾为例,"李卓吾为什么是妖人及异端呢?其一在行为。他去发,讲学根佛说,与女人谈道,其一在思想。……这些话大抵最犯世间曲儒之忌,其实本来也很平常,只是因为懂得物理人情,对于一切都要张眼看过,用心想过,不肯随便跟了人家的脚跟走,所得的结果正是极平常实在的道理,盖日光之下本无新事也,但一班曲儒便惊骇的了不得,以为非妖即怪,大动干戈,乃兴诏狱"[1]。周作人认为,李卓吾的思想看似激烈,其实倒是颇为和平公正的,只不过因为喜欢独立思考,不愿随波逐流,凡事要都问个为什么,因此被视为"非圣无法"的异端,成为社会打击的主要对象,并招来杀身之祸。应该说,在政教合一的时代,这种"宗教的杀人"比"政治的杀人"更残忍更野蛮,因为它更隐蔽,更具有欺骗性,周作人之所以特别强调现代知识分子"不可有宗教气而变成教徒"[2],主要原因正在此。

周作人曾把李卓吾与王充、俞理初并称为中国思想界不灭之三盏灯,对于他们那种疾虚妄、重真理的唯理精神极表赞赏。在他看来,"现代新文学如无此精神也是不能生长的"[3]。但问题是当科学和启蒙为世界除魅之后,现代人又该以什么来填充业已空虚的心灵呢?从科学的角度看,现代生活当然已经没有任何神或先知立足的余地,但是人的形

---

[1] 周作人:《谈文字狱》,《秉烛后谈》,河北教育出版社2002年版,第110—112页。
[2] 周作人:《谈笔记》,《秉烛谈》,河北教育出版社2002年版,第131页。
[3] 周作人:《关于近代散文》,《知堂乙酉文编》,河北教育出版社2002年版,第58页。

而上的精神需求也不是科学本身所能给予满足的，既不能从根本上完全拒斥形而上学，又不能在科学精神找到安身立命的驻足点，这是现代人所不得不面对的两难困境。在《沉沦》、《啍辞》、《山中杂信》、《麻醉礼赞》、《伟大的捕风》等文章中，周作人亦曾多次探讨过这个问题，"不满足于现实，而复不肯遁于空虚，仍就这坚冷的现实之中，寻求其不可得的快乐与幸福。现代人的悲哀与传奇时代的不同者即在此"[1]。丧失了"单纯的信仰"是狼狈而又痛苦的，不过，作为受过现代文明洗礼的现代知识分子，周作人认为理智的思考与观照比单纯的信仰更重要，所以他既不想重蹈李卓吾等明季思想家打破了固有的虚妄却又走进佛教里去的覆辙，更不想在那已经颓废败坏的神殿里再人为地虚设一个什么偶像。"唯其无奈何，所以也就不必多自扰扰，只以婉而趣的态度对付之"[2]。以落寞的心情做庄严的事情，沉默顽强地走自己该走的路，不问前景如何，不管得失大小，到了终点处把手中的火炬传给后来者，归于虚无而无怨尤，这种略带苦涩的大闲适、大幽默是作为现代"神灭论者"的周作人最欣赏也最佩服的，在某种意义上，这也是他一生的形象写照。

---

[1] 周作人：《沉沦》，《自己的园地》，河北教育出版社2002年版，第60页。
[2] 周作人：《自己的文章》，《瓜豆集》，河北教育出版社2002年版，第173页。

第三章 儒教与中国现代作家的"罪感"意识
——以鲁迅研究为中心

在中国现代文学史上,鲁迅对封建礼教和家族文化的批判影响了一代又一代人,但在现实生活中,传统的家族伦理也极大地束缚着他的思想和生活,尤其是在事母至孝、爱弟至切和永不分家这三个方面,带有准宗教色彩的儒家孝道思想给鲁迅带来了无尽的痛苦和重负。从儒教的角度,透视鲁迅与传统文化的关系,不仅可以使我们对中国现代作家与儒教的关系有更深入的了解,而且有助于我们更准确地把握中国现代文学的现代性与宗教性的复杂关系。

第一节 "吃人的老谱"与《狂人日记》的经典性

一、揭露"吃人的老谱"

《狂人日记》是中国现代文学史上第一篇白话小说,也是第一篇猛烈抨击"吃人"的封建礼教的白话小说。在这部作品里,鲁迅以一种全新的、震撼心灵的形式,对中国几千年来的"文明"做出了惊世骇俗的裁定。

> 凡事总须研究,才会明白。古来时常吃人,我也还记得,可是不甚清楚。我翻开历史一查,这历史没有年代,歪歪斜斜的每叶上都写着"仁义道德"几个字。我横竖睡不着,仔细看了半夜,才从字缝里看出字来,满本都写着两个字是"吃人"![1]

作为一种对中国传统文化和制度彻底否定的命题,"吃人"的结论是令人惊心动魄的,但也有学者认为,小说里找不到"吃人"的充分根据,因为狂人讲的"吃人",大多来自于错觉或幻觉,而错觉和幻觉是不足以支持狂人所说的中国历史全是"吃人"的主题的。[2] 作为一篇忧

---

[1] 鲁迅:《狂人日记》,《鲁迅全集》(第1卷),人民文学出版社1981年版,第424—425页。
[2] 孙绍振:《礼教的三重矛盾和悲剧的四层深度》,《解读语文》,福建人民出版社2010年版,第95—96页。

愤深广且具有浓厚象征意味的小说，这篇作品最精彩的地方其实是对"吃人术"的揭露和艺术表现。小说艺术地告诉我们，传统社会对于危险人物或异端思想的打压通常在以下四个层面进行：

首先是冷淡、孤立，借助舆论和环境的力量迫使你反省、改过。小说的第一、二节告诉我们，当狂人从"吃人"的文化中觉悟过来时，虽然他没有伤害任何人，他却发现自己变成了所有人的敌人，人们以异样的眼光打量他，像躲避瘟疫一样与他保持距离，甚至连自家的大哥也这样。"从顶上直冷到脚跟"[1]，就是狂人对这种异化的环境的最形象的感受。

其次是提出警告，发出威胁。"不要乱想。静静的养几天，就好了。"[2]这是医生给狂人的处方，也是他对狂人的严肃警告。为了免遭牵连，也为了转化和改造狂人，以大哥为代表的家族力量和以医生为代表的社会力量企图以恐吓与威胁的手段逼迫狂人悔罪自新，回归旧的阵营里，也就是以"静养"来去掉身上的"病毒"，成为和大家一样的"正常人"。

再次，是逼你自戕。狂人拒绝了大哥的好意，也否定了医生的建议，这时，他发现，人们对他的迫害也变换了新花样："我晓得他们的方法，直捷杀了，是不肯的，而且也不敢，怕有祸祟。所以他们大家联络，布满了罗网，逼我自戕。试看前几天街上男女的样子，和这几天我大哥的作为，便足可悟出八九分了。最好是解下腰带，挂在梁上，自己紧紧勒死；他们没有杀人的罪名，又偿了心愿，自然都欢天喜地的发出一种呜呜咽咽的笑声。"[3]

---

[1] 鲁迅：《狂人日记》，《鲁迅全集》（第1卷），人民文学出版社1981年版，第424页。
[2] 同上书，第425页。
[3] 同上书，第427页。

最后，对于绝不悔改的狂人，这个社会终于使出了最后的"杀手锏"，那就是预备名目，制造借口，冠冕堂皇地将你"吃"掉。在小说的第十节，当狂人劝大哥不要再干"吃人"的勾当时，门外围观的人越来越多，大哥忽然显出凶相，高声喝道："都出去，疯子有什么好看！"已经觉悟的狂人立刻意识到，这就是他们"吃人"的"老谱"！

  这时候，我又懂得一件他们的巧妙了。他们岂但不肯改，而且早已布置；预备下一个疯子的名目罩上我。将来吃了，不但太平无事，怕还会有人见情。佃户说的大家吃了一个恶人，正是这方法。这是他们的老谱！[1]

为什么"吃人"要罩上"疯子"或"恶人"的名目呢？因为只有这样的名目，才能使"吃人者"在"为社会除害"的幌子下将自己阴暗、不可告人的残暴的行为合理合法化。正如鲁迅所说，在中国杀人的一个最好的办法就是首先宣布你不是人："皇帝所诛者，'逆'也，官兵所剿者，'匪'也，刽子手所杀者，'犯'也"[2]，"譬如，杀人，是不行的。但杀掉'杀人犯'的人，虽然同是杀人，又谁能说他错？打人，也不行。但大老爷要打斗殴犯人的屁股时，皂隶来一五一十的打，难道也算是犯罪么？"[3]"或者要说，我们现在所要使人愤恨的是外敌，和国人不相干，无从受害。可是这转移是极容易的，虽曰国人，要借以泄愤的时候，只要给与一种特异的名称，即可放心剚刃。先前则有异端，妖

---

[1] 鲁迅：《狂人日记》，《鲁迅全集》（第1卷），人民文学出版社1981年版，第430页。
[2] 鲁迅：《"抄靶子"》，《鲁迅全集》（第5卷），人民文学出版社1981年版，第205页。
[3] 鲁迅：《新月社批评家的任务》，《鲁迅全集》（第4卷），人民文学出版社1981年版，第159页。

人,奸党,逆徒等类名目,现在就可用国贼、汉奸,二毛子,洋狗或洋奴"[1]。《狂人日记》第三节说,"他们一翻脸,便说人是恶人"[2]等等,也是这样的逻辑。

从孤立到警告、到逼迫、到制造名目消除异己,鲁迅以天才的笔力揭示出"吃人"的逻辑是以怎样的一种隐晦而又残酷的力量,不动声色却又惊心动魄地一步步地置人于死地的。这篇小说写得十分深刻,但是由于"吃人"的主题是借助狂人的口直接说出来,而不是通过生动饱满的艺术形象和情节构思自然而然地流露出来的,因此,从艺术上来说,这部作品确实在一定意义上存在着思想大于形象的不足,这也可能是时过境迁以后,它让很多读者觉得晦涩、深奥、难懂的一个原因。

二、从《狂人日记》到《祝福》

在鲁迅的小说中,将"礼教吃人"的主题表现得更艺术也更震撼人心的是六年以后写作的《祝福》。虽然《祝福》中没有"吃人"这样的字眼,但是从祥林嫂的形象显示,她就是被封建礼教的观念以及社会对女人特别是寡妇的成见、偏见"吃"掉的。在祥林嫂的悲剧中,除了外在的不幸和压迫,最令人揪心的就是她的自我折磨、自我摧残和自我戕害。可以说,祥林嫂不仅死在别人头脑中的封建礼教观念,而且也死在自己头脑中的封建礼教观念里。

礼教规定,寡妇必须守节,不能改嫁。祥林嫂对此笃信不疑,她不

---

[1] 鲁迅:《杂忆》,《鲁迅全集》(第1卷),人民文学出版社1981年版,第225页。
[2] 鲁迅:《狂人日记》,《鲁迅全集》(第1卷),人民文学出版社1981年版,第424页。

想改嫁,是婆婆把她卖掉,强逼着她改嫁到山坳里。但是当她第二次死了丈夫又丢了孩子回到鲁镇时,柳妈却告诉她,像她这样的女人死后要被劈成两半。这是一种很荒谬的说法,但祥林嫂却没有任何质疑、争辩或抗议的行为,更没有想一想阴间里的两个丈夫每人分得她一半的身体又有什么用?她只有恐怖,一种说不清道不明却又如天罗地网般地包裹着她的令人窒息的恐怖。为了赎罪,她花了将近两年的工钱去"捐门槛",但是,当她端起福礼的时候,鲁四奶奶阻止了她,轻轻的一句:"你放着罢,祥林嫂!"[1] 就使她像被滚烫的铜柱子烫了一下,从此脸色发灰,精神受到了致命的打击,不仅记忆力衰退,而且体力也不行了,刚叫她做的事情转身就忘记了。鲁迅这样描述:

> 这一回她的变化非常大,第二天,不但眼睛窈陷下去,连精神也更不济了。而且很胆怯,不独怕暗夜,怕黑影,即使看见人,虽是自己的主人,也总惴惴的,有如在白天出穴游行的小鼠;否则呆坐着,直是一个木偶人。[2]

一个当代读者,可能很难理解为什么祥林嫂会这么老实?也很难理解礼教在中国为什么会有这么大的道德神力,以至于不动声色地就可以使一个身强体健的人自己把自己搞到不能活的程度?而这正是鲁迅深刻的地方。他让我们看到,虽然祥林嫂对外部暴力的反抗是很顽强的,在抢亲时候她拼命抗争,脑袋都被打破了,但内心深处,她认同的还是社会的主流观念和偏见,不仅认同,还把它作为绝对价值,所以一旦不能

---

[1] 鲁迅:《祝福》,《鲁迅全集》(第2卷),人民文学出版社1981年版,第20页。
[2] 同上。

遵从，就有很深的罪恶感。中国没有宗教传统，但是这种有中国特色的"礼教"罪感却可以使一个原本无罪的人在沉重的"心罚"中走向死亡，且得不到任何同情和怜悯。这是鲁迅继《狂人日记》对"吃人的老谱"的揭露后，再一次对"吃人"文化的深度发掘，其意义绝不在《狂人日记》之下。

第二节 "罪"与"吃人"的深刻性

一、"礼教"罪感意识

在宗教学里，逾越一个人的信仰所决定的道德价值必定会带来"罪感"。所谓"罪"，就是指违背自己对神圣者所作的信仰委身。[1]如果说在基督教文化里，"罪感"是与不服从上帝的戒律或律法相联系的，那么，在中华文化圈里，有中国特色的"罪感"则与不服从礼教密切相关。梁漱溟先生在《中国文化要义》一书中所指出："中国自有孔子以来，便受其影响，走上了以道德代宗教之路。"[2]作为宗教的"代用品"，礼教在传统中国一直享有神圣的、绝对的崇高地位，它一方面给信奉者以终极的精神安慰和圣洁的归属感，另一方面也使那些违背礼教律令的人背负沉重的十字架，而当这种"罪感"无法通过忏悔或救赎来减轻或

---

[1] 〔美〕罗伯特·C.蒙克等著，朱代强等译：《宗教意义探索》，四川人民出版社2011年版，第342页。
[2] 梁漱溟：《中国文化要义》，上海人民出版社2003年版，第125页。

缓解的时候，被罪恶感折磨的人就会觉得生不如死，甚至会盼望死亡。

《雷雨》中的"周萍"痛恨父亲周朴园，甚至希望他死，但是当他怀着极大的勇气与继母蘩漪私通后，他不仅没有得到复仇的快乐，反而陷入了无穷无尽的悔恨和恐惧的深渊。他觉得父亲再冷酷，做儿子的以这样的方式报复他，也是可耻的。他诅咒自己，也埋怨父亲不该生他，内心深处充满了克制不住的悔恨和恐惧。他之所以追求四凤，是因为四凤纯洁，干净，没有"罪"。他之所以逃避蘩漪，是因为一见到蘩漪，他就会想起自己的"罪"。蘩漪不了解周萍的苦衷和心结，一心想赶走四凤，她没有想到，即使没有四凤，周萍也很难维持与她的关系，周萍离开她绝非见异思迁，因此她越是不断地向他提起他们的过去，企图唤起他的温情，周萍就越是恐惧，最后也越是逃离得坚决。周萍的痛苦在于他认为儿子孝顺父母是天经地义的，与父亲好不好没有关系，而自己的乱伦行为恰恰违背了这一绝对的道德律令，所以，他就像遭了"天谴"一样，被乱伦的"罪感"折磨得了无生机，最后只能用手枪结束自己短暂、痛苦、屈辱而又压抑的一生。可以想象，如果不是这种带有宗教色彩的"罪感"，他完全有可能像他的父亲周朴园一样在伪善的、自欺欺人的生活中度过一生。周朴园的罪恶比他深重得多，也比他坏得多，但无论是三十年前包修江堤时故意淹死二千二百个小工然后从每个小工身上骗取三百块的黑心钱，还是大年三十的晚上为了赶娶门当户对的小姐导致刚生下孩子才三天的侍萍离开周家跳河而死，等等，所有这些罪恶，因为都没有和礼教的神圣价值挂钩，所以，虽然有时候他也会心有不安，但在社会上，他还是场面上人物，并不觉得自己有多么坏。

无独有偶，《家》中的"觉新"，之所以一面信服新的理论，一面又顺应旧的环境，躬行他所反对的那一切，原因也正在于此。觉新原先是一个相貌清秀、聪慧好学、前途无量的青年,但他的聪明才智在这个家里只能被用来做三亲六故的婚娶、丧葬、陪客、庆典的主持或帮手,他想不到反抗,也没有抗争的精神准备。他无怨无悔地接受和执行来自家族长辈的一切指令,父亲要他结婚,他就结婚,父亲要他上班,他就上班,一切听人安排,"不大用思想,也不敢多用思想"[1]。他没有勇气反抗祖父,也没有勇气阻止家族里其他长辈的"胡闹"。为了避开不孝的罪名,他居然顺从陈姨太"血光之灾"的鬼话,狠心让瑞珏搬到城外去分娩。正如小说中所写:"这些话对觉新虽然是一个晴天霹雳,但是他和平地接受了,他没有说一句反抗的话。他一生就没有对谁说过一句反抗的话。无论他受到怎样不公道的待遇,他宁可哭在心里,气在心里,苦在心里,在人前他绝不反抗。他忍受一切。他甚至不去考虑这样的忍受是否会损害别人的幸福。"[2] 为了自己良心上的安稳,觉新牺牲了妻子的幸福,可以说,对瑞珏,他是有罪的。"血光之灾"如一道强光照出了觉新灵魂深处的自私和冷酷。不过与触犯礼教的"原罪"相比,这种"罪"更接近"过失",所以,觉新在瑞珏死后还可以接纳其他的女性走进他的生活。仔细研究,我们发现,对于视"孝"为绝对价值的觉新来说,这种逆来顺受、苦不堪言的家庭生活深处有一种隐秘的、几乎说不出口的安慰和快乐,那是一种因为顺从了神圣价值(礼教)所带来的终极的快乐和精神平衡。觉新之所以一再表示"我不反抗,因为我不愿意反抗,我自己愿意做一个牺牲者"[3],"同时我也觉得我除了牺牲外,再也没有别的路。我愿意做一个牺牲者"[4] 等,绝不是偶然的。正因为在

---

[1] 巴金:《家》,《巴金全集》(第1卷),人民文学出版社2000年版,第39页。
[2] 同上书,第381页。
[3] 同上书,第106页。
[4] 同上书,第107页。

荆棘上放着桂冠,所以虽然一路走来,步步滴血,觉新仍然以极大的韧性和顽强的意志,坚持到了最后。

二、"礼教"悲剧背后的宗教色彩

为了一个空洞、抽象的名词,牺牲自己一生的幸福,在当代人看来是极其荒谬的,但是在20世纪中国,这样的心灵悲剧和精神悲剧可以说层出不穷。

1927年6月2日,国学大师王国维自沉于颐和园昆明湖,留下遗言:"五十之年,只欠一死。经此世变,义无再辱。"[1]王国维之死震动了整个学术界,王东明在解释父亲之死时说父亲死于传统的忠孝观念:"先父性内向耿介,待人诚信不贰,甚至被人利用,亦不置疑。……对朋友,对初入仕途所事奉的长官和元首,一经投入,终身不渝。他不是政治家,更非政客。他所效忠的只是他心目中的偶像。就历史言,在他脑海中,仍是数千年来忠君报国的观念,不管中华民族任何族姓建立政权,如被中国人事奉已久,其为君上则一。……凡了解先父的性格及操守者,当知他心目中所秉持的道和志,儒者所学本是要经世致用的,从政的目的,亦不过在维护他心目中的纲常,以求治平之道。"[2]

纲常伦理是中国传统文化之精髓所在,当这种观念内化为神圣的道德义务时,它就有了近似宗教的的控制力量,使信奉者把保持信念的纯洁性视为最高的责任,并坦然地接受这种信念带来的一切,包括牺牲自

---

[1] 王贞明:《父亲之死及其他》,陈平原、王风编:《追忆王国维》,生活·读书·新知三联书店2009年版,第383页。
[2] 王东明:《先父王公国维自沉前后》,陈平原、王风编:《追忆王国维》,生活·读书·新知三联书店2009年版,第389页。

己的生命。所谓"君虽不仁,臣不可不忠;父虽不慈,子不可以不孝;夫虽不贤,妻不可不顺"[1]。王国维生活在民国时代,却偏要对丧权辱国腐败无能的清朝政府从一而终,对王国维之死与传统文化的深刻联系,陈寅恪的分析一针见血,堪称经典。

> 凡一种文化值衰落之时,为此文化所化之人,必感苦痛,其表现此文化之程量愈宏,则其所受之苦痛亦愈甚;迨既达极深之度,殆非处于自杀无以求一己之心安而义尽也。吾中国文化之定义,具于白虎通三纲六纪之说,其意义为抽象理想最高之境,犹希腊柏拉图所谓 Idea 者。若以君臣之纲言之,君为李煜亦期之以刘秀;以朋友之纪言之,友为郦寄亦待之以鲍叔。其所殉之道,与所成之仁,均为抽象理想之通性,而非具体之一人一事。……劫尽变穷,则此文化精神所凝聚之人,安得不与之共命而同尽!此观堂先生所以不得不死,遂为天下后世所极哀而深惜者也。[2]

与基督教相比,儒教不是以人格神的上帝来管辖人的心灵,而是用被圣化为绝对律令的纲常伦理来全面掌控人的身心。任继愈先生说,中国的儒教"不具宗教之名,却有宗教之实"[3],可以说,正是这种宗教式的精神控制使王国维这样学贯中西、头脑明晰、视野开阔、洁身自好的现代学者成了儒教的牺牲品。也正是这种宗教式的精神控制使国民党政府中为数不多的"清官"和才子一生清正廉洁,不愿同流合污的陈布

---

[1] 曾国藩:《谕纪泽》,《曾国藩全集·家书》(二),岳麓书社1985年版,第936页。
[2] 陈寅恪:《王观堂先生挽词·序》,《陈寅恪学术文化随笔》,中国青年出版社1996年版,第4—5页。
[3] 任继愈:《论儒教的形成》,《中国社会科学》1980年第1期。

雷，自杀身亡，走上了不归之路。陈布雷是在中国现代史上的一个十分特殊的政治人物。他青年时期就投身反对封建帝制、支持北伐的革命斗争，在上海新闻界颇有影响力，因此得到蒋介石的赏识，1927年后，成为蒋介石的重要幕僚，为其撰写了大量讲话、文书和文稿，人称蒋介石的"文胆"。陈布雷痛恨蒋介石政权的腐败无能，但对蒋介石个人却忠贞不二，日记中自称为"只知愚忠自效之大愚人"[1]。作为一个具有自由思想和独立人格的现代知识分子，"愚忠"使他在人格分裂、自我异化的悲剧性困境越陷越深，最终只能以自杀了断尘缘和精神深处的负疚意识。细读《陈布雷日记》，我们就能清晰地看出，控制他心灵的最大杀手，就是传统的纲常伦理。

从《雷雨》中的"周萍"、《家》中的"觉新"到现实生活中的王国维、陈布雷，可以看到，儒教伦理在20世纪中国有着异常强大的生命力，即使是鲁迅，虽然在小说中犀利地揭露和批判了"礼教吃人"的残酷性，但在现实生活中亦难逃儒教的束缚和折磨。

第三节　家族伦理与鲁迅的"罪感意识"

一、根深蒂固的家族情结

吴俊在《暗夜里的过客》一书中指出，构成鲁迅内心冲突和个性悲

---

[1]　王泰栋：《陈布雷日记解读》，作家出版社2011年版，第13页。

剧的核心因素，就是他的心理中的罪恶感和"负罪"意识。[1] 而鲁迅的负罪意识，应该说，主要来自于对家族伦理的叛逆和批判。

在鲁迅的家族意识中，有三点十分突出，首先是事母至孝。祖父入狱，父亲病重，家道中落，使作为长子长孙的鲁迅很早就承担起了家庭的重负，他特别能体谅母亲的苦衷和家庭的难处。母亲鲁瑞晚年在谈到鲁迅时曾对人说："他最能体谅我的难处；特别是进当铺典当东西，要遭受到多少势利人的白眼，甚至奚落；可他为了减少我的忧愁和痛苦，从来不在我面前吐露他难堪的遭遇。而且，对于这些有损自尊心的苦差使，他从没有推托过，每次都是默默地把事情办好，将典当来的钱如数交给我，不吐半句怨言。"[2] 弟弟周建人也说："大哥在做这些事情的时候，从不推托，没有怨言，不叫苦，不喊累。母亲吩咐他做什么，他就把事情办妥帖，把钱、当票、药包，如数交给母亲，清清楚楚，缺什么药引，他再去找。这副样子，俨然是个大人了。俗话说：'国有大臣，家有长子。'他真是一个和母亲分忧的好帮手。直到后来，我从他的作品中，才知道他受到的侮蔑、歧视和欺凌。但他从没有吐露过半句，他向谁吐露呢？祖母老迈，父亲病重，母亲忧愁，弟弟年幼。他把所有一切都由自己承担起来了。"[3]

1912年鲁迅到教育部任职，七年以后，将母亲等家眷全部接到北京供养。1923年7月鲁迅与二弟周作人闹翻，迁至砖塔胡同61号暂居，母亲虽仍住八道湾，但鲁迅在砖塔胡同仍给母亲留出一个房间，供母亲来看望时居住。1924年5月25日，鲁迅与朱安移入新购置的阜成门新

---

[1] 吴俊：《暗夜里的过客》，东方出版中心2006年版，第4页。
[2] 俞芳：《我记忆中的鲁迅先生》，《鲁迅回忆录（专著）》（下册），北京出版社1999年版，第1542页。
[3] 周建人：《鲁迅故家的败落》，福建教育出版社2001年版，第105页。

居,同样把最好朝向的房间留给母亲。据同住在砖塔胡同61号的俞芳在《我记忆中的鲁迅先生》一书中回忆,鲁迅对母亲十分孝敬,每次离家,都要到母亲房里说一声:"姆娘,我出去哉!"每次回家,也必到母亲房里说一声:"姆娘,我回来哉!"然后问问有什么事。每月开工资,鲁迅都买回各种点心,先送到母亲房里,要母亲挑选,合意的留在母亲的点心盒里,然后再给朱安一份,最后挑剩的给自己。

1926年8月,鲁迅南下厦门大学任教,1927年10月与许广平定居上海。离开北京后,鲁迅不仅经常给母亲写信,而且还不断地把自己的近照寄给母亲,以慰母亲的思念之情。鲁迅写给母亲的信,字迹工整,语气恭敬,对母亲的饮食起居关怀备至,使母亲十分欣慰。1929年和1932年,母亲生病,鲁迅得悉后,两次赴京探望,亲为延医取药,直到母亲转愈才回上海。母亲爱吃火腿,鲁迅在上海期间经常寄火腿给母亲。母亲爱读通俗言情小说,鲁迅也多次从世界书局、北新书店购张恨水、程瞻庐的小说寄给母亲。据荆有麟回忆,鲁迅在日常生活中,对母亲极为迁就,虽然在思想上,母子二人相距甚远,但因为不愿意伤老母的心,所以在家事方面鲁迅对母亲可以说是"百依百从"。[1]

当然,鲁迅对母亲的孝顺和迁就,最典型的还是服从母命与自己所不爱的朱安结婚。众所周知,鲁迅对这次婚姻很不满,认为这是母亲娶媳妇,朱安是母亲的太太,不是自己的太太,"我只能好好地供养她,爱情是我所不知道的"[2],但对母亲他却从未口吐怨言。恰如周建人所回忆:"我大哥对婚姻虽然失望,但他丝毫也没有责备母亲,对她的态度还是和以前一样,既亲切又尊重,有什么事情总愿意和母亲说说。但他

---

[1] 荆有麟:《鲁迅回忆断片》,《鲁迅回忆录(专著)》(上册),北京出版社1999年版,第124页。
[2] 许寿裳:《亡友鲁迅印象记》,人民文学出版社1978年版,第62页。

那种压抑忧郁的神情，使我母亲感到极大的苦恼，木已成舟，她要改悔或挽回，都是不可能的了。"[1]周作人后来回忆此事时也说："母亲也有她自己旧的看法，她常说道，一家的主妇如不替子女早点解决婚事，那就失了主妇的资格。"[2]或许正因为考虑到母亲的难处，鲁迅默默地吞咽了这枚苦果。

其次是爱弟至切。为了大家庭，鲁迅宁愿牺牲自己照顾两个弟弟，力尽长子长兄之责。1909年二十八岁的鲁迅从日本留学回国，用他的话来说，即是"我底母亲和几个别的人很希望我有经济上的帮助，我便到中国来"[3]。1917年鲁迅又通过蔡元培的关系，把二弟周作人从绍兴介绍到北京大学任教，后又努力介绍三弟周建人去上海商务印书馆工作。鲁迅对二弟周作人有着极其深厚的情谊，鲁迅的挚友许寿裳回忆说，"他对于作人的事，比自己的还要重要，不惜牺牲自己的名利统统来让给他"[4]。而鲁迅之所以在北洋军阀政府的教育部苦熬着"寻一点糊口的小生计，度灰色的生涯"[5]，在某种意义上，也是为了报答母爱和养家。鲁迅的所作所为得到了母亲的高度赞赏，她多次对人说过，"你们的大先生很重情谊，特别是对待自己的兄弟，真是爱护备至。他从小就担负起长孙、长子、长兄的责任，对长辈尊敬，对兄弟友爱，在他离开绍兴去南京的途中，他还惦记着老亲、弱弟，写书寄怀。他初到北京，每从报上或同乡人处听到绍兴发生事故的消息，就连连写快信来问我们

---

[1] 周建人：《鲁迅故家的败落》，福建教育出版社2001年版，第219—220页。
[2] 周作人：《知堂回想录》（下），河北教育出版社2002年版，第345页。
[3] 鲁迅：《鲁迅自传》，《鲁迅全集》（第8卷），人民文学出版社1981年版，第305页。
[4] 许寿裳：《亡友鲁迅印象记》，人民文学出版社1978年版，第61页。
[5] 鲁迅：《书信 250411 致赵其文》，《鲁迅全集》（第11卷），人民文学出版社1981年版，第442页。

的安危","你们的大先生说到做到,在他身上,真是没有半点私心;一切棘手的事,他总是上前,虽然,他比老二只大四岁。比如卖去绍兴的房子,买进北京八道湾的房子,到绍兴接我们一家人到北京等等烦琐的事,都由他一人承担。他早年写的文章,有的就以老二的名字发表,他总是把享受、荣誉让给兄弟,吃力的事由自己背起来","再比如拟定修建八道湾房屋的规划,他首先考虑的是孩子们的游戏场地,那时你们的大先生自己并没有孩子,你们看他的心思多好!又如分配房间,他把最好的留给我和老二、老三们住,自己去住较差的。他的薪金,除留少数零用外,全部交出,作为家用。家用不够了,他四出奔走,向朋友们借贷。他总是处处替别人着想,成全别人,委曲自己"[1]。

第三是永不分家。据周建人回忆,早年他也曾想和两个哥哥一样离家求学深造,但母亲不同意。后来鲁迅从日本回来探亲,与母亲商量后,便劝说周建人留在家里自学,"将来我们学成回国,赚一个钱,都是大家合用","我们兄弟很友爱,将来永远生活在一起,不要分家"。[2]周建人的说法得到了母亲鲁瑞的证实,"三兄弟十分友爱,他们曾经不止一次当着我的面说,将来他们三兄弟永不分家"[3]。另据许广平回忆,1919年卖出绍兴老屋时,周作人曾表示要把钱分开来用,但"鲁迅坚持不肯"[4]。

---

[1] 俞芳:《我记忆中的鲁迅先生》,《鲁迅回忆录(专著)》(下册),北京出版社1999年版,第1544页。
[2] 周建人:《鲁迅故家的败落》,福建教育出版社2001年版,第184页。
[3] 俞芳:《我记忆中的鲁迅先生》,《鲁迅回忆录(专著)》(下册),北京出版社1999年版,第1547页。
[4] 许广平:《所谓兄弟》,《鲁迅回忆录(专著)》(下册),北京出版社1999年版,第1129页。

二、无法摆脱的罪感意识

不过,鲁迅所维护的大家庭并没有给他带来永久的和平与安宁。1923年7月,在北京住了不到四年,鲁迅和周作人一家即因种种原因闹得不欢而散。兄弟反目的原因很多,从目前的研究看,最大的可能是因为经济问题以及彼此迁就而积累的矛盾所致。在《野草》中的《颓败线的颤动》中鲁迅曾借老女人的悲剧抒发自己的激愤。老女人年轻时为了养家活口付出了一个女人所能做出的最大限度的自我牺牲,但是多年以后,当孩子长大成人并建立起自己的新家时却对她口吐怨言,女儿埋怨:"使我委屈一世的就是你!"女婿责怪:"我们没有脸见人,就只因为你","你还以为养大了她,其实正是害苦了她,倒不如小时候饿死了好!"最后,老女人在至亲骨肉的冷骂和毒笑中走出。

> 她在深夜中尽走,一直走到无边的荒野;四面都是荒野,头上只有高天,并无一个虫鸟飞过。她赤身露体地,石像似的站在荒野的中央,于一刹那间照见过往的一切:饥饿,苦痛,惊异,羞辱,欢欣,于是发抖;害苦,委屈,带累,于是痉挛;杀,于是平静。……又于一刹那间将一切并合:眷念与决绝,爱抚与复仇,养育与歼除,祝福与咒诅……。她于是举两手尽量向天,口唇间漏出人与兽的,非人间所有,所以无词的言语。[1]

---

[1] 鲁迅:《颓败线的颤动》,《鲁迅全集》(第2卷),人民文学出版社1981年版,第205—206页。

这里值得注意的是，愤怒之极的老妇人最后发出的是无言的诅咒和悲叹。为什么"无言"？因为这种献身和牺牲也是她自愿的。牺牲反被诅咒，这实在不是常人所能承受的，正如作品中所描写："她那伟大如石像，然而已经荒废的，颓败的身躯的全面都颤动了。这颤动点点如鱼鳞，每一鳞都起伏如沸水在烈火上；空中也即刻一同振颤，仿佛暴风雨中的荒海的波涛。"[1] 在老妇人"无词言语"的诅咒中，我们可以强烈地感受到鲁迅的愤怒与悲苦。

"五四"时期，陈独秀在提倡以新式小家庭代替旧式大家庭时说："吾国大家族合居制度，根据于儒家孔教之伦理见解，倘欲建设新式的小家庭，则亲去其子为不慈，子去其亲为不孝，兄去其弟为不友，弟去其兄为不恭。此种伦理见解倘不破坏，新式的小家庭，势难生存于社会酷评之下。此建设之必先以破坏也。"[2] 但对作为长兄和长子的鲁迅来说，"亲情"恰恰是最难以克服或摆脱的。关于兄弟失和的事，知己、好友包括母亲鲁瑞都认为主要责任在周作人而不是鲁迅，"和老二一家分开，完全是老二夫妇的过错，他是没有责任的。我说句实在话，分开倒是对你们大先生有利"[3]，但这似乎并没有减轻鲁迅内心深处的愧疚和不安，这从他此后不断向周作人发出求和的信号，写出小说《兄弟》以及被周作人理解为是在"哀悼兄弟恩情的断绝"[4] 的《伤逝》等，均可看出儒教伦理对他影响之深。

---

[1] 鲁迅：《颓败线的颤动》，《鲁迅全集》（第2卷），人民文学出版社1981年版，第206页。
[2] 陈独秀：《三答常乃惪（儒教与家庭）》，《陈独秀著作选》（第1卷），上海人民出版社2010年版，第306页。
[3] 俞芳：《我记忆中的鲁迅先生》，《鲁迅回忆录（专著）》（下册），北京出版社1999年版，第1544页。
[4] 周作人：《知堂回想录》（下），河北教育出版社2002年版，第485页。

第三章　儒教与中国现代作家的"罪感"意识

鲁迅常说:"我自己总觉得我的灵魂里有毒气和鬼气,我极憎恶他,想除去他,而不能。"[1] 这里的"毒气和鬼气"应该也包括了不能摆脱儒家的孝道思想及其家族伦理的潜在影响。"孝"是中国传统伦理的最基本范畴之一。传统孝道除了要求子女赡养父母外,还要求子女对父母绝对顺从,所谓"从命不忿,微谏不倦,劳而不怨,可谓孝矣"(《礼记·坊记》);"见父之执,不谓之进不敢进,不谓之退不敢退,不问,不敢对。此孝子之行也"(《礼记·曲礼上》);"子之事亲也,三谏而不听,则号泣随之"(《礼记·曲礼下》);"父母在,不敢有其身,不敢私其财,示民有上下也。父母在,馈献不及车马,示民不敢专也"(《礼记·坊记》)等。在历史上,孝道的合法性,主要来源于血缘关系,因为父母生之、育之、教之,所以子女应养之、敬之、孝之。孝的伦理在中国根深蒂固,与它的政治功能是分不开的,正如孔子所说:"其为人也孝悌,而好犯上者,鲜矣,不好犯上而好作乱者,未之有也。君子务本,本立而道生。孝悌也者,其为仁之本与!"(《论语·学而》)在漫长的封建社会,由于"孝"的理论可以最大限度地促进和维护宗法家庭和宗法社会的秩序和稳定,因此,秦汉以后,历代统治者无不提倡孝道。成于汉初的《孝经》更是把"孝"抬到了天经地义的高度,《孝经》也因此成为流传最广的儒家经典之一。

据鲁迅回忆,他从小就不喜欢《二十四孝图》,"因为我请人讲完了二十四个故事之后,才知道'孝'有如此之难,对于先前痴心妄想,想做孝子的计划,完全绝望了"[2]。对于提倡孝道的孔子,鲁迅也始终没有

---

[1] 鲁迅:《书信 250411 致赵其文》,《鲁迅全集》(第11卷),人民文学出版社1981年版,第431页。
[2] 鲁迅:《二十四孝图》,《鲁迅全集》(第2卷),人民文学出版社1981年版,第254页。

什么好印象，他多次讥讽"孔丘先生是深通世故的老先生"[1]，"孔老先生说过：'毋友不如己者。'其实这样的势利眼睛，现在的世界上还多得很"[2]，"孔子和孟子确曾大大的宣传过那王道，但先生们不但是周朝的臣民而已，并且周游历国，有所活动，所以恐怕是为了想做官也难说"[3]等。他揭露中国传统理想的家庭关系、父子关系之类，其实早已崩溃，"历来都竭力表彰'五世同堂'，便足见实际上同居的为难；拼命的劝孝，也足见事实上孝子的缺少"[4]。鲁迅认为，父子之间的血缘关系并不必然导致父母对子女的绝对支配权和控制权，那种认为只须父母生养了子女这一件事，子女的全部便为长者所有，并因此责望报偿，以为幼者的全部，理该做长者的牺牲的观点，十分荒谬，因为"父子间没有什么恩"[5]。

作为觉醒的现代人，鲁迅对封建家族制度和礼教的弊端洞察极深，在小说《狂人日记》中，他以极其犀利的语言和敏锐的目光将儒家伦理"吃人"的奥秘一语道破，即它不是不让你活，而是要你在忠实地履行为人父、为人子、为人臣的人生模式中完全忘记自己的存在，将自己的一生消泯在"忘我"的角色扮演中，因此，"这历史没有年代"。但是，另一方面，作为长房长孙长子，在探求新的人生道路时，家庭的重负和现实的困境又使他顾虑重重，难以决然前行。以他的婚姻问题为例，"五四"时期，鲁迅多次对压抑人性的封建礼教和婚姻制度提出控诉，比如他在《我之节烈观》中质疑不节烈的女子如何害了国家，在《论雷

---

[1] 鲁迅：《再论雷峰塔的倒掉》，《鲁迅全集》（第1卷），人民文学出版社1981年版，第192页。
[2] 鲁迅：《杂忆》，《鲁迅全集》（第1卷），人民文学出版社1981年版，第224页。
[3] 鲁迅：《关于中国的两三件事》，《鲁迅全集》（第6卷），人民文学出版社1981年版，第10页。
[4] 鲁迅：《我们现在怎样做父亲》，《鲁迅全集》（第1卷），人民文学出版社1981年版，第138页。
[5] 同上书，第132页。

峰塔的倒掉》中诅咒法海是干涉婚姻自由的横暴者,在《寡妇主义》中强调爱情对人生的重要和不可或缺,"即使是贤母良妻,即使是东方式,对于夫和子女,也不能说可以没有爱情。爱情虽说是天赋的东西,但倘没有相当的刺戟和运用,就不发达。譬如同是手脚,坐着不动的人将自己的和铁匠挑夫的一比较,就非常明白。在女子,是从有了丈夫,有了情人,有了儿女,而后真的爱情才觉醒的;否则,便潜藏着,或者竟会萎落,甚且至于变态"[1]等,但是,在反抗无爱婚姻的行动上,鲁迅却十分犹疑。这里既有对朱安的同情,也有对母亲的顾虑。

母亲是鲁迅一生中对他影响最大的人物,虽然鲁迅并没有专门写文章谈自己的母亲,但在他的小说中,不时出现的母亲形象或偶尔闪过的母亲面影仍然给世人留下了深刻的印象。无论是《药》中的华大妈、夏四奶奶,《明天》中的单四嫂子,《祝福》中的祥林嫂,还是《铸剑》中"含着无限悲哀"的母亲,以及《社戏》、《故乡》、《在酒楼上》"我的母亲",母爱在鲁迅笔下的"母亲"形象中表现得十分突出,也十分感人。不过,相比之下,鲁迅笔下的母子关系更耐人寻味。以小说《在酒楼上》为例,主人公吕纬甫原是一个十分敏捷精干的青年,在新思潮影响下,他敢于到城隍庙里去拔掉神像的胡子,并连日议论些改革中国的方法,勇敢坚决,意气风发,但他同时也是一个孝子。回到S城,他所做的两件无聊的事都与母亲有关。首先,母亲要他给三岁时就死掉的小兄弟迁坟,虽然他早已忘记小兄弟的模样,也认为迁坟没有任何意义,但还是趁着年假的闲空回来在城里买了一口小棺材,认认真真给死去多年的小兄弟迁坟,"本已可以不必再迁,只要平了土,卖掉棺材,就此完事了的,……但我不这样,我仍然铺好被褥,用棉花裹了些他先前身

---

[1] 鲁迅:《寡妇主义》,《鲁迅全集》(第1卷),人民文学出版社1981年版,第264页。

体所在的地方的泥土，包起来，装在新棺材里，运到我父亲埋着的坟地上，在他坟旁埋掉了。因为外面用砖墩，昨天又忙了我大半天；监工。但这样总算完结了一件事，足够去骗骗我的母亲，使她安心些"[1]。其次，是按照母亲的心愿给从前的邻居阿顺送红绒花。事实上阿顺早已死去，但为了不让母亲伤心，吕纬甫还是把花送给了阿顺的妹妹，然后哄骗、安慰母亲说"阿顺见了喜欢的了不得"[2]。小说对吕纬甫作为孝子不愿违拗母亲的心理描写十分生动。

正如任继愈先生所指出，"儒教的孝道除了伦理意义外，还有宗教性质"[3]。而且和中世纪的一切宗教一样，儒教的孝道同样强调内心的自觉、动机的纯洁和行为上的绝对服从、无怨无悔。正因此，尽管吕纬甫十分清楚自己对母亲无非做了些无聊的事情，等于什么也没有做，但另一方面，为了求得心安，却又竭力表白所有这一切"也是我自己愿意做的"，"我现在就是这样子，敷敷衍衍，模模糊糊。我有时自己也想到，倘若先前的朋友看见我，怕会不认我做朋友了"，"这实在很可笑，也可怜"。[4] 而这在某种意义上，其实也是鲁迅自己的真实写照。他多次谈到，"我不爱看人们的失望的样子。倘使我那八十岁的母亲，问我天国是否真有，我大约是会毫不踌躇，答道真有的罢。然而这一天的后来的心情却不舒服。好像是又以为孩子和老人不同，骗她是不应该似的"[5]，"我不大愿意使人失望，所以对于爱人和仇人，都愿意有意骗之，

---

[1] 鲁迅：《在酒楼上》，《鲁迅全集》（第2卷），人民文学出版社1981年版，第28—29页。
[2] 同上书，第33页。
[3] 任继愈：《论儒教的形成》，《中国社会科学》1980年第1期。
[4] 鲁迅：《在酒楼上》，《鲁迅全集》（第2卷），人民文学出版社1981年版，第29页。
[5] 鲁迅：《我要骗人》，《鲁迅全集》（第6卷），人民文学出版社1981年版，第487—488页。

亦即所以慰之，然而仍然各处都弄不好"[1]，"我曾经觉得，失望无论大小，是一种苦味，所以几年以来，有人希望我动动笔的，只要意见不很相反，我的力量能够支撑，就总要勉力写几句东西，给来者一些极微末的欢喜。人生多苦辛，而人们有时却极容易得到安慰，又何必惜一点笔墨，给多尝些孤独的悲哀呢？"[2]

但是，对亲人、朋友、同事的眷顾、敷衍和妥协，难免要以牺牲自己的独立性为代价，所以我们在鲁迅著作中又多次看到他诅咒这种眷顾、爱恋、同情等人间力量的牵扯与羁绊。"同我有关的活着，我倒不放心，死了，我就安心"[3]，"我敢赠送你一句真实的话，你的善于感激，是于自己有害的，使自己不能高飞远走。我的百无所成，就是受了这癖气的害"[4]，"凡有富于感激的人，即容易受别人的牵连，不能超然独往。感激，那不待言，无论从那一方面说起来，大概总算是美德罢。但我总觉得这是束缚人的。譬如，我有时很想冒险，破坏，几乎忍不住，而我有一个母亲，还有些爱我，愿我平安，我因为感激他的爱，只能不照自己所愿意做的做，而在北京寻一点糊口的小生计，度灰色的生涯。因为感激别人，就不能不慰安别人，也往往牺牲了自己，——至少是一部分……我以为绝望而反抗者难，比因希望而战斗者更勇猛，更悲壮。但这种反抗，每容易蹉跌在'爱'——感激也在内——里，所以那过客得了小女孩的一片破布的布施也几乎不能前进了"[5]。

---

[1] 鲁迅：《书信 240924 致李秉中》，《鲁迅全集》（第11卷），人民文学出版社1981年版，第431页。
[2] 鲁迅：《写在〈坟〉后面》，《鲁迅全集》（第1卷），人民文学出版社1981年版，第282页。
[3] 鲁迅：《两地书》，《鲁迅全集》（第11卷），人民文学出版社1981年版，第79页。
[4] 鲁迅《书信 250408 致赵其文》，《鲁迅全集》（第11卷），人民文学出版社1981年版，第440页。
[5] 鲁迅《书信250411致赵其文》，《鲁迅全集》（第11卷），人民文学出版社1981年版，第442页。

鲁迅坦言自己"怕受到母亲的爱抚"[1],他甚至在给知己许寿裳的信中写道:"人有恒言:'妇人弱也,而为母则强。'仆为一转曰:'孺子弱也,而失母则强。'此意久不语人,知君能解此意,故敢言之矣。"[2] 许寿裳后来在回忆鲁迅的文章中提到这一点时曾说:"其言极有理致,但是也只有鲁迅能够写出这样措辞的唁信。"[3] 事实上,类似意见在鲁迅在 30 年代文章亦可看到,如"我向来的意见,是以为倘有慈母,或是幸福,然若生而失母,却也并非完全的不幸,他也许倒成为更加勇猛,更无挂碍的男儿"[4] 等。

同时,对永不分家的大家庭生活,鲁迅事实上也有很多怨言,比如他多次在文章或书信中说,"中国的家族制度,真是麻烦,就是一个人关系太多,许多时间都不是自己的"[5],"一个人活到五六十岁,在中国实在做不出什么事情来"[6],"负担亲族生活,实为大苦,我一生亦大半困于此事,以至头白"[7],"我一生的失计,即在向来不为自己生活打算,一切听人安排,因为那时豫料是活不久的。后来豫料并不确中,仍能生活下去,遂至弊病百出,十分无聊。再后来,思想改变了,但还是多所顾忌,这些顾忌,大部分自然是为生活,几分也为地位,所谓地位者,就是指我历来的一点小小工作而言,怕因我的行为的剧变而失去力量。

---

[1] 鲁迅:《琐记》,《鲁迅全集》(第 2 卷),人民文学出版社 1981 年版,第 292 页。
[2] 鲁迅:《书信 180820 致许寿裳》,《鲁迅全集》(第 11 卷),人民文学出版社 1981 年版,第 353 页。
[3] 许寿裳:《我所认识的鲁迅》,人民文学出版社 1978 年版,第 63 页。
[4] 鲁迅:《前记》,《鲁迅全集》(第 5 卷),人民文学出版社 1981 年版,第 4 页。
[5] 鲁迅:《书信 350319 致萧军》,《鲁迅全集》(第 13 卷),人民文学出版社 1981 年版,第 86 页。
[6] 鲁迅:《书信 350410 致曹聚仁》,《鲁迅全集》(第 13 卷),人民文学出版社 1981 年版,第 107 页。
[7] 鲁迅:《书信 320605 致台静农》,《鲁迅全集》(第 12 卷),人民文学出版社 1981 年版,第 89 页。

这些瞻前顾后，其实也是很可笑的，这样下去，更将不能动弹"[1]。鲁迅晚年还写了一篇杂文《家庭为中国之基本》，讽刺中国人千变万化不离其宗，就是舍不得家，离不开家，"一个人变了鬼，该可以随便一点了罢，而活人仍要烧一所纸房子，请他住进去，阔气的还有打牌桌，鸦片盘。成仙，这变化是很大的，但是刘太太偏舍不得老家，定要运动到'拔宅飞升'，连鸡犬都带了上去而后已，好依然的管家务，饲狗，喂鸡。我们的古今人，对于现状，实在也愿意有变化，承认其变化的。变鬼无法，成仙更佳，然而对于老家，却总是死也不肯放"，鲁迅最后得出的结论是，"家是我们的生所，也是我们的死所"。[2]

一面是爱恋，一面又在怨恨；一面是祝福，一面又在诅咒；一面在顺从，一面又在反抗，换句话说，对于感情上觉得"应该"的很多东西，鲁迅在理性上进行了坚决的抵制和否定，而他在文章中批判得越彻底、越激烈，心灵深处的忏悔意识也越突出。

三、情不自已的忏悔写作

仔细考察鲁迅的创作可以发现，他既写了一大批以"牺牲者"的被弃和愤怒为主题的作品［如《颓败线的颤动》、《药》、《复仇》（一）、《复仇》（二）、《孤独者》］，也创作了大量的充满负疚心理和忏悔意识的作品（如《风筝》《奔月》《在酒楼上》《伤逝》《父亲的病》等），而他的忏悔、负疚、不安，又几乎都与家族伦理有关。如《狂人日记》里

---

[1] 鲁迅：《两地书》，《鲁迅全集》（第11卷），人民文学出版社1981年版，第221页。
[2] 鲁迅：《家庭为中国之基本》，《鲁迅全集》（第4卷），人民文学出版社1981年版，第619—620页。

的"狂人"之所以绝望和苦闷,正因为他难以面对自己"是吃人的人的兄弟"[1]这一残酷的事实。如果革命的对象是与自己没有血缘和亲缘关系的人,对"狂人"来说,一切也许会轻松和简单很多。现在,革命"革"到了自己家里,所以,明白真相的"狂人"最后大声疾呼的是"救救孩子",而不是"救救没有吃人的人"或者"救救国人"。散文《父亲的病》抒写的是作为长子在父亲弥留之际,由于扰乱了父亲死亡的安宁,并给他增加了死亡的痛苦而产生的歉疚和负罪感。"我现在还听到那时的自己的这声音,每听到时,就觉得这却是我对于父亲的最大的错处。"[2]鲁迅对父亲是有看法的,但是,父亲年仅36岁便病逝人间,因此,一想到自己对父亲的"腹诽",成年后的鲁迅仍然被难以排遣的愧疚和负罪感所折磨。小说《奔月》则写了作为丈夫的后羿因为不能给妻子带来富足的生活致使妻子偷吃仙丹弃他而去的狼狈。在这部小说中,分明是嫦娥不守妇道,不耐清贫,但是小说的重心仍然落在后羿的自责上:"乌老鸦的杂酱面确也不好吃,难怪她忍不住。"[3]

在这些作品中,比较特殊的是《兄弟》和《伤逝》。两部作品都写在兄弟失和之后。周建人认为前者实际上是鲁迅通过小说"向周作人伸出热情的手,表示周作人如有急难,他还愿意像当年周作人患病时那样救助"[4]。而后者,据周作人说,其主题也是借男女之情来伤悼兄弟手足之情的丧失,"《伤逝》不是普通恋爱小说,乃是假借了男女的死亡来哀悼兄弟恩情的断绝的,我这样说,或者世人都要以我为妄吧,但是我有

---

[1] 鲁迅:《狂人日记》,《鲁迅全集》(第1卷),人民文学出版社1981年版,第426页。
[2] 鲁迅:《父亲的病》,《鲁迅全集》(第2卷),人民文学出版社1981年版,第289页。
[3] 鲁迅:《奔月》,《鲁迅全集》(第2卷),人民文学出版社1981年版,第368页。
[4] 周建人:《鲁迅和周作人》,《周作人印象》,学林出版社1997年版,第15页。

我的感觉，深信这是不大会错的"[1]。

在鲁迅的忏悔写作中，最成功也最深刻感人的是散文《风筝》。作品描写了自己因为扼杀了弟弟热爱风筝的天性而感到的惭愧与自责。但是他的小兄弟周建人却说并无此事："鲁迅有时候会把一件事特别强调起来，或者故意说着玩，例如他所写的关于反对他的兄弟糊风筝和放风筝的文章就是这样。实际上，他没有那么反对得厉害，他自己的确不放风筝，可是并不严厉地反对别人放风筝，这是写关于鲁迅的事情的作者应当知道的。"[2]二弟周作人晚年在谈及《风筝》时也认为鲁迅"在《野草》中说曾把小兄弟的风筝折毁，那却是没有的事"[3]，"这所说的小兄弟也正是松寿，不过《野草》里所说的是'诗与真实'和合在一起，糊风筝是真实，折断风筝翅骨等乃是诗的成分了。松寿小时候爱放风筝，也善于自糊风筝，但那是戊戌（一八九八）年以后的事，鲁迅于那年春天往南京，已经不在家里了。而且鲁迅对于兄弟与游戏，都是很有理解，没有那种发怒的事，文章上只是想象的假设，是表现一种意思的方便而已"[4]。这些回忆应该是可信的。其实从常理上讲，既然这件事并没有造成不可饶恕的恶果，而且当事人也早已"全然忘却"，并且"毫无怨恨"，作者完全可以摆脱心灵的重负，重新生活。但是，在这篇散文里，早年的一次小小的过失，却被鲁迅渲染成了一笔永远无法还清的感情债，那种无以复加的绝望和难以理喻的自我折磨，如果不从"原罪"的角度，很难得到合理的解释。

---

[1] 周作人：《知堂回想录》（下），河北教育出版社2002年版，第485页。
[2] 周建人：《略讲关于鲁迅的事情》，《鲁迅回忆录（散篇）》（中），北京出版社1999年版，第743页。
[3] 周作人：《知堂回想录》（上），河北教育出版社2002年版，第261页。
[4] 周作人：《鲁迅的青年时代》，河北教育出版社2002年版，第18页。

其实，根据周建人的回忆，鲁迅在这篇散文中很可能是把自己对祖父的愧疚情感移植到了弟弟的故事上。1919年鲁迅回绍兴老家搬家，因为有些东西因不便带走，也不再需要了，如账目、书信、课本和其他一些书籍等，便一股脑儿放在火中烧掉了，但烧到祖父的日记时，周建人表示希望能留下来做纪念，因为祖父临终前发着高烧还在记日记，但鲁迅不加理会，以日记中记的都是一些"买姨太太"和"姨太太之间吵架"的事，"没多大意思"为由，执意将之烧成了灰烬。[1] 周建人认为祖父的日记不可能只写姨太太，所以直到晚年提及此事仍然惋惜地说，祖父的日记"是用红条十行纸写的，线装得很好，放在地上，有桌子般高的两大叠，字迹娟秀"，"这两大叠日记本，就足足烧了两天"。[2] 由于祖父在家十分霸道，且为人苛刻严峻，经常指桑骂槐，弄得鸡犬不宁，使家人感到痛苦不堪，加之由他引发的科场案不仅使全家人蒙受耻辱，而且直接导致了家族的败落，所以鲁迅不喜欢祖父，也很少在作品中提及祖父，但对祖父的怨恨，也使他心里留下了一道阴影："我还能希求什么呢？""我倒不如躲到肃杀的严冬中去吧。"[3] 无法挣脱的负罪感使《风筝》的结尾十分含蓄，也分外沉重、冷峻。

对于鲁迅不是基督徒，却常有类似基督徒的原罪感和忏悔心理，最早提出这个问题的吴俊先生是这样分析的：

> 鲁迅不是基督徒，要想在鲁迅身上找到并且证明那种完全基督教式的"原罪"证据是荒谬的。鲁迅根本没有面对上帝的那种"原罪"感和宗教感情。……但是，我有这样的感觉，在许多时候，在

---

[1] 周建人：《鲁迅故家的败落》，福建教育出版社2001年版，第12页。
[2] 同上书，第11—12页。
[3] 鲁迅：《风筝》，《鲁迅全集》（第2卷），人民文学出版社1981年版，第184页。

鲁迅的灵魂深处，特别是在他深刻地面对自我的时候，他却身不由己地表现出了一种执着而明显的"负罪"意识，即认定自己原有一种不可饶恕的罪恶，这罪恶是与生俱来，无法改变的。或许，只有通过毁灭自身、牺牲自己才有可能使自己的灵魂得到安慰和拯救。这种意识在鲁迅的心理中是如此的强烈和顽固，它虽然并没有丝毫的宗教色彩，但鲁迅对这一意念的执着与虔诚，却使我几乎往往只能用"原罪"意识来比拟它。[1]

正因为鲁迅的"负疚"不是普通意义上的惭愧和不安，而是与叛逆礼教相关的带有原罪性质的"罪"，所以，一般的安慰、宽恕或原谅对他是不起作用的，这一点，鲁迅比任何人都清楚，他之所以在文章中无奈地慨叹"长辈的训诲于我是这样的有力"[2]，一个重要的原因也正在于此。纵观鲁迅的一生，可以发现，虽然他最终冲破了家族伦理的束缚，和许广平组织了新家庭，但他一生都在为"负罪意识"而困惑。如果说，他笔下的祥林嫂是不知道不该负疚却被负疚意识折磨得毫无生趣，那么，他的痛苦则在于明知道不该负疚却难逃负疚意识的折磨，正因此，每当这种意识压迫得他喘不过气来的时候，自虐意识、自杀倾向等便会如压不住的喷泉似的奔泻而出，用他在《野草》中的话来说就是，"我对于这死亡有大欢喜"[3]。也正是在这个意义上，笔者认为，负罪意识——忏悔写作——自杀倾向和自虐意识，是我们理解和认识鲁迅作品的一个十分重要的线索。

---

[1] 吴俊：《暗夜里的过客》，东方出版中心2006年版，第4页。
[2] 鲁迅：《忽然想到》，《鲁迅全集》（第3卷），人民文学出版社1981年版，第42页。
[3] 鲁迅：《题辞》，《鲁迅全集》（第2卷），人民文学出版社1981年版，第159页。

第四节 "我以我血荐轩辕"

一、渴望复仇

在儒教伦理的束缚下,鲁迅一生都为自己不能大踏步前进和无所顾忌地做事而困惑。从本质上说,鲁迅是一个干脆直接爽快、敏于行动的人,"我自己,是什么也不怕的,生命是我自己的东西,所以我不妨大步走去,向着我自以为可以走的路;即使前面是深渊,荆棘,狭谷,火坑,都由我自己负责。然而向青年说话可就难了"[1],他喜欢"任意而谈,无所顾忌"[2],他认为"艺术之宫里有这么麻烦的禁令,倒不如不进去;还是站在沙漠上,看看飞沙走石,乐则大笑,悲则大叫,愤则大骂,即使被沙砾打得遍身粗糙,头破血流,而时时抚摩自己的凝血,觉得若有花纹,也未必不及跟着中国的文士们去陪莎士比亚吃黄油面包之有趣"[3]。他指出想有所作为而又过于矜持的人,在这个时代,最终是没有出路的,因此,他盼望中国的青年站出来,对于中国的社会、文明,都毫无忌惮地加以批评,敢说,敢笑,敢哭,敢怒,敢骂,敢打,在这可诅咒的地方击退了可诅咒的时代。鲁迅一生痛恨"中庸"和"卑怯",但是传统的说教却如宗教的教条一样束缚在他灵魂深处,并时时制约他的行为,使他常感愧疚、不安,也使他从心灵深处渴望反抗,渴望复仇,渴望冲出绝境。或许正因此,在他的笔下,叛逆的绝叫才是那么激

---

[1] 鲁迅:《北京通讯》,《鲁迅全集》(第3卷),人民文学出版社1981年版,第51页。
[2] 鲁迅:《我和〈语丝〉的始终》,《鲁迅全集》(第4卷),人民文学出版社1981年版,第167页。
[3] 鲁迅:《题记》,《鲁迅全集》(第3卷),人民文学出版社1981年版,第4页。

动人心,那么令人难忘,无论是《野草》中那些地狱鬼魂的反叛、《铸剑》中黑衣人的复仇、还是《这样的战士》中看透一切好看的招牌永远举起投枪的战士,都让人感受到鲁迅心头的聚集着难以言传的巨大愤懑和心灵痛苦,而他对尼采的偏爱、对老庄道家思想的排斥在某种意义上也与这种精神之苦相关。

陈独秀指出,中国封建宗法社会"以家族为本位,而个人无权利",结果造成四大恶果:"一曰损坏个人独立自尊之人格,一曰窒碍个人意识之自由;一曰剥夺个人法律上平等之权利(如尊长卑幼同罪异罚之类);一曰养成依赖性,戕贼个人之生产力",因此,中国要振兴,必须"以个人本位主义,易家族本位主义"。[1] 李大钊认为,"二千余年来支配中国人精神的孔门伦理,所谓纲常,所谓名教,所谓道德,所谓礼义,那一样不是损卑下以奉尊长?那一样不是牺牲被治者的个性以事治者?那一样不是本着大家族制下子弟对于亲长的精神",总之,是使人牺牲他的个性,因此,中国今日社会上种种解放的运动,"是打破大家族制度的运动,是打破父权(家长)专制的运动,是打破夫权(家长)专制的运动,是打破男子专制社会的运动,也就是推翻孔子的孝父主义、顺夫主义、贱女主义的运动"。[2] 对"五四"觉醒的思想界来说,西方社会最令人羡慕和向往的就是对独立人格的尊重和为争取自由、人权而孜孜以求的奋斗精神,"举一切伦理,道德,政治,法律,社会之所向往,国家之所祈求,拥护个人之自由权利与幸福而已。思想言论之自由,谋个性之发展也。法律之前,个人平等也。个人之自由权利,载诸

---

[1] 陈独秀:《东西民族根本思想之差异》,《陈独秀著作选编》(第一卷),上海人民出版社2010年版,第194页。
[2] 李大钊:《由经济上解释中国近代思想变动的原因》,《李大钊全集》(第三卷),河北教育出版社1999年版,第434、439页。

宪章，国法不得而剥夺之，所谓人权是也。人权者，成人以往，自非奴隶，悉享此权，无有差别。此纯粹个人主义之大精神也……国家利益，社会利益，名与个人主义相冲突，实以巩固个人利益为本因也"[1]。但是，对鲁迅来说，个人主义和家族主义实有难以调和的矛盾。而且纵观鲁迅的一生，我们也应该承认，这种"准宗教"的心态对他而言也不是一点积极作用都没有，尤其是在献身民族国家的解放事业中，那种"准宗教"的牺牲精神使他在寂寞里坚持，在绝望中抗争，愈挫愈奋，从不退缩。林毓生说："在世界文学中很难发现像鲁迅这样的作家——对世界持虚无主义观念，对意义作个人的探索，同时承担着唤醒他人的义务。"[2]确实如此。在鲁迅心目中，祖国就是放大的家，作为中华儿女，振兴中华是他义不容辞的责任。

二、"地狱救母"的现代宿命

留学之初，鲁迅就立下了"我以我血荐轩辕"的伟大志向。在他笔下，苦难深重的祖国正如任人欺凌宰割的"孤儿"："况吾中国，亦为孤儿，人得而挞楚鱼肉之；而此孤儿，复昏昧乏识……中国者，中国人之中国。可容外族之研究，不容外族之探险；可容外族之赞叹，不容外族之凯觎也。"[3]为中华赤子，他自己必须像目连地狱救母那样义无反顾地承担起拯救祖国的重任。小时候的鲁迅常随母亲等长辈去

---

[1] 陈独秀：《东西民族根本思想之差异》，《陈独秀著作选编》（第一卷），上海人民出版社2010年版，第194页。
[2] 林毓生：《鲁迅关于知识分子的思考》，乐黛云主编：《当代英语世界鲁迅研究》，江西人民出版社1993年版，第218页。
[3] 鲁迅：《中国地质略论》，《鲁迅全集》（第8卷），人民文学出版社1981年版，第3—4页。

看目连戏，据他回忆，他十余岁时就曾在野外演出的《目连救母记》中扮演过一个义勇鬼卒的角色。目连救母的故事源于佛经，讲述的是目连的母亲刘氏触犯了佛法，被打入阿鼻地狱，永世不得翻身，目连是个孝子，为了救母出狱，他出家苦修，最后终于历经十八年的苦辛，仰仗佛力救出母亲。目连在地狱救母过程中所显示出来的坚忍不拔的毅力和不达到目的不罢休的精神相当感人。由于目连地狱救母的故事与鲁迅家道中衰、父亲早逝不得不过早地帮助母亲重振家业的生活经历的内在相似性，它给鲁迅留下了极其深刻的印象，终其一生，他都对目连戏及其中的鬼神形象保持着一种特殊的亲切感和偏爱之情。也正是在这个意义上，美籍华裔学者夏济安提醒人们注意鲁迅小说中的世界和目连戏中的世界的相似之处：它的恐怖、幽默和得救的希望。他指出，"在鲁迅看来，被拯救的母亲就是他的祖国，她的儿子必须承担并洗清她的耻辱和罪恶。在通往地狱的路途中，他可以是一个绿林好汉，也可以是一个尼采式的超人，也可以是一个佛教的圣人"[1]。鲁迅后来回忆说，自己留学的时候，"总最愿听世上爱国者的声音，以及探究他们国里的情状"[2]，正因此，他一再说自己介绍外国文艺并不是从什么"艺术之宫"里伸出手来，拔了海外的奇花瑶草来移植到华国的艺苑，而是为了转移性情，改造社会[3]，并且在很长一段时间里，他都称自己的创作是"遵命文学"，所遵奉的"是那时革命的前驱者的命令，也是我自己所愿意遵奉的命令"[4]，应该说，这些都与他内心深处

---

[1] 夏济安：《鲁迅作品的黑暗面》，乐黛云主编：《国外鲁迅研究论文集》，北京大学出版社1981年版，第98页。
[2] 鲁迅：《随感录》，《鲁迅全集》（第8卷），人民文学出版社1981年版，第79页。
[3] 鲁迅：《杂忆》，《鲁迅全集》（第1卷），人民文学出版社1981年版，第224页。
[4] 鲁迅：《〈自选集〉自序》，《鲁迅全集》（第4卷），人民文学出版社1981年版，第456页。

的救国情结密切相关。

但是，救国绝非易事。一方面，改造国民性的艰难使鲁迅常有时不我待的急迫感，他多次感叹："中国大约太老了，社会上事无大小，都恶劣不堪，像一只黑色的染缸，无论加进什么新东西去，都变成漆黑。"[1]"倘细细剖析，真要为中国前途万分悲哀"[2]。另一方面，文艺的功能究竟是有限的，虽然可以作匕首投枪，但毕竟不等于宣传，也没有实际的战斗力，既兼顾文艺自身的特殊性又发挥它的社会战斗功能，事实上是难于两全的，况且现实的环境也不容乐观，尤其是女师大学潮和"三一八"惨案的爆发，更使鲁迅感觉只靠文艺是没有出路的，"我现在愈加相信说话和弄笔的都是不中用的人，无论你说话如何有理，文章如何动人，都是空的。他们即使怎样无理，事实上却着着得胜"[3]。同时，在专制黑暗的社会里，不仅使思想言论的自由可望不可即，基本的人身安全也经常难以保障，正如鲁迅所说："我先前的攻击社会，其实也是无聊的。社会并没有知道我在攻击，倘一知道，我早已死无葬身之所了。"[4]

意识到社会改革的艰难和个人力量的有限，在无可摆脱的孤独和绝望中，鲁迅希望找到能够切实地解决中国问题的途径。从1928年起，他开始大量购买社会科学书籍，如列宁的《论中国革命的问题》、马克思与恩格斯的《共产党宣言》、恩格斯的《婚姻及家庭的发展过程》以及《俄国工人党史》《阶级斗争理论》《唯物论与辩证法的基本概念》、《唯物史观解说》《文学与革命》《无产阶级文学理论》《苏俄的文艺政

[1] 鲁迅：《两地书》，《鲁迅全集》（第11卷），人民文学出版社1981年版，第20页。
[2] 同上书，第30页。
[3] 同上书，第74页。
[4] 鲁迅：《答有恒先生》，《鲁迅全集》（第3卷），人民文学出版社1981年版，第457页。

策》《新俄国文化的研究》等,并逐渐由一个思想家转变为一个革命家。1931年翻译完《毁灭》后,在谈到莱奋生的转变时,他曾说过这样一段话,"'倘若他那里没有强大的,别的希望也不能比拟的,那对于新的,美的,强的,善的人类的渴望,莱奋生便是一个别的人了。但当几万万人被逼得只好过着这样原始的,可怜的,无意义地穷困的生活之间,又怎谈得到新的,美的人类呢?'这就使莱奋生必然底地和穷困的大众联结,而成为他们的先驱"[1]。鲁迅称赞《毁灭》是"一部纪念碑的小说",并说自己"就象亲生的儿子一般爱他"[2]。不过,正如莱奋生在与大众结合的过程中必须藏匿感情,获得信仰一样,鲁迅在为信仰献身和奋斗过程中也同样面临着必须藏匿感情才能献身信仰的诸多矛盾和痛苦。

首先,20世纪30年代的上海,生人箝口结舌,尚虞祸及,白色恐怖异常猖獗。世乱多故,人命危浅,居沪期间的鲁迅始终感到头上悬着一把达摩克利斯剑,"我自己觉得,好像确有什么事即将临头,因为在上海,以他人的生命做买卖的人颇多,他们时时在制造危险的计划"[3]。好友被杀,青年失踪以及自己的多次离寓避难,使鲁迅悲愤得几乎艰于呼吸,他愤怒地说:"现状为我有生以来所未尝见,三十年来,年相若与年少于我一半者,相识之中,真已所存无几。"[4] 由于政治迫害,他的文章常常被删被改得面目全非,著作甚至被禁,为了不让检查机关看出作者是谁,他不得不频繁地更换笔名,他不止一次愤慨地说"现在的生活真像拉车一样,卖文为活,亦大不易,连印翻译杂志,也常被检禁,

---

[1] 鲁迅:《〈毁灭〉后记》,《鲁迅全集》(第10卷),人民文学出版社1981年版,第329页。
[2] 鲁迅:《关于翻译的通讯》,《鲁迅全集》(第4卷),人民文学出版社1981年版,第385页。
[3] 鲁迅:《书信 340425 致山本初枝》,《鲁迅全集》(第13卷),人民文学出版社1981年版,第573页。
[4] 鲁迅:《书信 331227 致台静农》,《鲁迅全集》(第12卷),人民文学出版社1981年版,第309页。

且招谣言"[1];"是直欲置我们于死地"[2]。政治迫害、文化高压和经济压迫使晚年鲁迅在上海一举手一投足都要分外小心,甚至连写信、走路、与朋友相聚都得用心防范,但他始终以绝大的勇气和无畏的气概面对这一切,置生死于度外,他曾在给台静农的信中写道:"什生长危帮,年逾大衍,天灾人祸,所见多矣,无怨于生,亦无怖于死,即将投我琼瑶,依然弄此笔墨,夙心旧习,不能改也"[3]。

其次,来自同一阵营内部的"暗箭"、"流弹"也常常使鲁迅心烦、惶惑、愤怒、悲观,以至于有些"灰心",有些"冷"。他不止一次地在给朋友们的信中诉说:"叭儿之类,是不足惧的,最可怕的确是口是心非的所谓'战友',因为防不胜防……为了防后方,我就得横站,不能正对敌人,而且瞻前顾后,格外费力"[4];"最奇的是有同人而匿名加以攻击者。子弹从背后来,真足令人悲愤"[5];"敌不足惧,最令人寒心而且灰心的,是友军中的从背后来的暗箭,受伤之后,同一营垒中的快意的笑脸。因此,倘受了伤,就得躲入深林,自己舐干,扎好,给谁也不知道。我以为这境遇,是可怕的"[6];以至于他后来极力劝阻别人参加集团,在致胡风的信中,他写道"三郎的事情,我几乎可以无须思索,说

---

[1] 鲁迅:《书信 350514 致曹靖华》,《鲁迅全集》(第13卷),人民文学出版社1981年版,第126页。

[2] 鲁迅:《书信 340516 致郑振铎》,《鲁迅全集》(第12卷),人民文学出版社1981年版,第414页。

[3] 鲁迅:《书信 330628 致台静农》,《鲁迅全集》(第12卷),人民文学出版社1981年版,第192页。

[4] 鲁迅:《书信 341218 致杨霁云》,《鲁迅全集》(第12卷),人民文学出版社1981年版,第606页。

[5] 鲁迅:《书信 350115 致曹靖华》,《鲁迅全集》(第13卷),人民文学出版社1981年版,第17页。

[6] 鲁迅:《书信 350423 致萧军萧红》,《鲁迅全集》(第13卷),人民文学出版社1981年版,第116页。

出我的意见来，是现在不必进去。最初的事，说起来话长了，不论它；就是近几年，我觉得还是在外围的人们里，出了几个新作家，有一些新鲜的成绩，一到里面去，即酱在无聊的纠纷中，无声无息……你看这是怎样的苦境"[1]。他认为左联里监督太多，个个想做"工头"，他屡屡用"元帅"、"工头"、"英雄"、"文坛总管"来表示对左联领导人及部分成员的不满和愤怒，那种颐指气使，盛气凌人，动辄宣布别人"罪状"，打击不听指挥的人，甚至敢于下手"扼死"持不同意见者的行为和作风，都使他在革命队伍中看到了封建专制主义的"阴魂"，因而心情异常沉重。虽然早在20世纪20年代鲁迅就已明确意识到"所谓团体，一定有范围，……如果要思想自由，特立独立，便不相宜"[2]，也明白"文艺应否受党的严紧的指导的问题"，虽然看起来简单，"但倘以文艺为政治斗争的一翼的时候，是很不容易解决的"[3]，但是为了改造中国社会和国民性，为了推动革命文学的发展，他还是毅然决然地说服了自己。应该说，他之加入左联是自觉的，也是积极的，但是当他发现左联的行为和作风背离了自己的宗旨，并且越来越"专制"、"横暴"时，他也不能不对自己的抉择有所怀疑和顾虑，他之所以劝人慎重对待"团体"，并表示自己决定不再参加任何集团，即是为此。

第三，长期"打杂"，也让鲁迅备尝牺牲之苦。以自我的牺牲和毁灭换来众生的幸福是鲁迅为自己设定的人生方式，但是一些青年在接受了他的无私帮助后，转而攻击诬蔑他，对他施行围剿，也使他愤怒、怨恨，"有时简直想报复"[4]。晚年鲁迅在上海的生活和工作十分忙碌和紧

---

[1] 鲁迅：《书信 350912 致胡风》，《鲁迅全集》（第13卷），人民文学出版社1981年版，第211页。
[2] 鲁迅、景宋：《两地书·原信》，中国青年出版社2005年版，第60页。
[3] 鲁迅：《〈奔流〉编校后记》，《鲁迅全集》（第7卷），人民文学出版社1981年版，第165页。
[4] 鲁迅：《两地书》，《鲁迅全集》（第11卷），人民文学出版社1981年版，第249页。

张,他几乎是在拼命地工作。在《〈且介亭杂文二集〉后记》中,他算了一笔账,"我从在《新青年》上写《随感录》起,到写这集子里的最末一篇止,共历十八年,单是杂感,约八十万字。后九年中的所写,比前九年多两倍;而这后九年中,以近三年所写的字数,等于前六年"[1]。如果再算上那些非杂感的文字以及大量的翻译、信件等,晚年鲁迅的工作量是相当惊人的。倘若再考虑到会客、访友、介绍稿子、参加各种社会活动、繁琐的家事以及越来越坏的身体,就更可想见晚年鲁迅是处于怎样一种劳顿的状况中了。1935 年 7 月 27 日在致萧军信中,他说自己"现在真不像在做人,好象是机器"[2],实在没有夸张。琐事太多,著作太杂是晚年鲁迅最头痛的一块心病。忽而管家务、忽而陪同乡、忽而印书、忽而付版税、忽而看稿子、忽而接待客人以及忽而做序,忽而写杂文、忽而译外文,使他的脑子永远不得安宁,常常要到深夜里,他才可以叹一口气睡觉。日复一日的操劳,使他不断地在致友人的信中诉及"打杂"之苦,"打杂为业,实在不好"[3];"我现在实在太苦于打杂"[4],"忙于打杂,殊觉苦恼"[5];"文章我实在不能做了。一者没有功夫,二者材料不够。近来东谈西说,而其实都无深入研究,发议论是不对的"[6]等。直到逝世前不久,他仍在说:"总之,打杂实在不是好事情,但在

[1] 鲁迅:《〈且介亭杂文二集〉后记》,《鲁迅全集》(第 6 卷),人民文学出版社 1981 年版,第 451 页。
[2] 鲁迅:《书信 350727 致萧军》,《鲁迅全集》(第 13 卷),人民文学出版社 1981 年版,第 177 页。
[3] 鲁迅:《书信 350818 致萧军》,《鲁迅全集》(第 13 卷),人民文学出版社 1981 年版,第 190 页。
[4] 鲁迅:《书信 351125 致叶紫》,《鲁迅全集》(第 13 卷),人民文学出版社 1981 年版,第 257 页。
[5] 鲁迅:《书信 351207 致曹靖华》,《鲁迅全集》(第 13 卷),人民文学出版社 1981 年版,第 267 页。
[6] 鲁迅:《书信 350214 致金肇野》,《鲁迅全集》(第 13 卷),人民文学出版社 1981 年版,第 60 页。

现在的环境中,也别无善法"[1]。苦恼之余,鲁迅有时也想到《少管种种闲事》或者离开上海,专事创作或著述,但最后都放弃了。他一直想写一部"中国文学史",而且自信能够说出一些别人说不出的话,但终因没有时间而搁浅,这不仅成了他自己的一件终身憾事,也是学术界的一个重大损失。其实,早在20世纪20年代,鲁迅就已意识到"打杂"的代价,他曾在给许广平的信中说:"我也有这类苦恼,常不免被逼去做'非所长','非所好'的事……这样地玩'杂耍'一两年……变了'药渣'了,虽然也曾煎熬了请人喝过汁。一变药渣,便什么人都来践踏,……不但践踏,还要冷笑"[2],因此,当有些青年写信斥他帮忙不力时,他不无感伤地说:"其实是照现在的情形,大约体力也就不能持久的了,况且还要用鞭子抽我不已,惟一的结果,只有倒毙。"[3]

文学与政治、个人与群体、自我与社会、价值与理性的对立,是鲁迅一生所以不得不面临而又难以解决的大苦恼。20世纪30年代鲁迅在上海的生活,可以说,从物质到精神都是极为辛苦的,而且难以为外人道。但无论怎样艰难,他始终表示,能做事的时候还是尽量做事,只要于中国有益。把委屈和冤抑埋在心中,像《过客》中的那位"过客",不管前面是阴森荒凉的坟地,还是百合蔷薇盛开的乐园,绝强而又顽强地在没有路的地方踏出一条路来,这就是鲁迅。尽管十分劳顿,尽管根本不知道最终能否到达终点,只要能走,他就坚决拒绝回去:"我只得走。回到那里去,就没有一处没有名目,没一处没有地主,没一处没有驱逐和牢笼,没有一处没有皮面的笑容,没有一处没有眶外的眼泪。我

---

[1] 鲁迅:《书信 351006 致曹白》,《鲁迅全集》(第13卷),人民文学出版社1981年版,第441页。
[2] 鲁迅:《两地书》,《鲁迅全集》(第11卷),人民文学出版社1981年版,第248页。
[3] 鲁迅:《书信 350323 致曹靖华》,《鲁迅全集》(第13卷),人民文学出版社1981年版,第90页。

憎恶他们，我不回转去！"[1]鲁迅曾在《娜拉走后怎样》一文中说，世上尽有一种"乐于牺牲，乐于受苦的人物"，他们"大约总是觉得走比安息还适意，所以始终狂走的罢"。[2]鲁迅的一生几乎就是这样上下求索、狂走不息的一生，从早年的提倡文艺救国到晚年的积极参加社会民主活动，鲁迅的一生始终与中华民族的命运紧紧地连在一起，这不仅使他成为中国社会的良心，也使他的人生选择带上了浓厚的道德激情。

鲁迅一生爱国，可谓殚精竭虑，无所保留。与同时代人相比，鲁迅之献身，最令人佩服和称赞的是他始终坚持自我，自觉地与形形色色的家长作风、权威意志以及或隐或显的家族伦理进行了顽强的抗争和坚决的反击，不轻信，也不盲从，真正做到了既献身社会，又不放弃自己的独立思考和独立个性，沉着冷静而又坚定不移，这是绝大多数现代作家所望尘莫及的，尤其是对照"文革"时期中国知识分子的表现，应该说，鲁迅留给我们的这笔宝贵的财富，其巨大的历史意义，还远未被我们充分认识。

---

[1] 鲁迅《过客》，《鲁迅全集》（第 2 卷），人民文学出版社 1981 年版，第 191 页。
[2] 鲁迅：《娜拉走后怎样》，《鲁迅全集》（第 1 卷），人民文学出版社 1981 年版，第 163 页。

第四章　儒教与中国现代作家的国家意识
——以老舍研究为中心

在20世纪中国，冲破了家族牢笼的个人常常在"国家"神话面前停步不前，迫在眉睫的阶级矛盾和民族危机使绝大多数有良知的知识分子毫不犹豫地以"救国"为己任，为了国家的独立与富强，他们甘愿献出自己的一切，包括最可宝贵的个体生命自由，这一点在老舍身上表现得尤为突出和典型。老舍是基督徒，"一生把爱国心奉为宗教"[1]，被巴金先生称为"伟大的爱国者"和"热烈歌颂新中国的最大的'歌德派'"[2]，但也正是他在晚年喊出了埋藏在现代中国人心底最大的疑问："我爱咱们的国呀，可是谁爱我呢？"[3]本书认为，要解开老舍悲剧之谜，从儒教的角度，撩开其宗教性爱国观的面纱后，可能更容易看清真相。

---

[1] 汤晨光：《老舍与现代中国》，湖南师范大学出版社2002年版，第262页。
[2] 巴金：《怀念老舍同志》，《巴金全集》（第16卷），人民文学出版社2000年版，第158页。
[3] 老舍：《茶馆》，人民文学出版社1994年版，第64页。

第一节 "只有国家主义能救中国"[1]

一、一生以爱国为宗教

老舍的爱国情结根深蒂固。考其原因，一是因为父亲在八国联军侵华时为国捐躯，他从父亲那里继承了为国尽忠的精神。二是"五四"精神的启蒙使他懂得了爱国人人有责。"'五四'运动是反抗帝国主义的。自从我在小学读书的时候，我就知道了国耻。可是，直到'五四'，我才知道一些国耻是怎么来的，而且知道了应该反抗谁和反抗什么。以前，我常常听说'中国不亡，是无天理'这类的泄气话，而且觉得不足为怪。看到了'五四'运动，我才懂得了'天下兴亡，匹夫有责'。这运动使我看见了爱国主义的具体表现，明白了一些救亡图存的初步办法。"[2]三是英国讲学五年，国家的落后和民族的不平等强烈地刺激他并促使他深入思考国家的前途，"中国的微弱是没法叫外国人能敬重我们的；国与国的关系是肩膀齐为兄弟，小老鼠是不用和老虎讲交情的"[3]。老舍敬重英国人的独立自强，讲究效率，但也深恨他们的狭隘和民族自大，异族的歧视从反向激活了他的民族尊严，并使他终身为国家的独立和民族的富强而奋斗。

---

[1] 老舍：《二马》，《老舍小说全集》（第 2 卷），长江文艺出版社 2004 年版，第 95 页。

[2] 老舍：《"五四"给了我什么》，《老舍研究资料》（上），北京十月文艺出版社 1985 年版，第 118 页。

[3] 老舍：《二马》，《老舍小说全集》（第 2 卷），长江文艺出版社 2004 年版，第 255 页。

在老舍前期作品中，有大量作品涉及到国家与个人命运的主题。在这些作品中，他深刻地揭露和反省了国民的弱点，忧国忧民之情溢于言表。从总体上看，老舍的批判主要集中在三个方面：一是批判国人国家观念淡漠，混沌、茫然如原始初民。如《小铃儿》揭露中国人都不知道爱国的现实，《赵子曰》批判国人根本没有国家观念，《二马》描写一个没有国家观念的传统中国人在国外的尴尬遭遇等。二是目光短浅、平庸糊涂，没有确定的信仰，也没有勇敢的追求。借用《牛天赐传》中的一个形象的比喻来说即是："假若他是条鱼，他永远不会去抢上水，而老在泥上溜着。"[1] 三是自私自利，素质低下，没有人格，甚至根本失了人味，实在是世界上"最丢脸的国家"[2]。

老舍对中国人的劣根性恨之入骨，但为什么中国会有那么多敷衍妥协，既没有人格和自我，也不知国家为何物的国民，他却无力作更深的揭示。在老舍的此类作品中，有三点给人的印象异常深刻：

一是乱。那是一个令人胆战心惊的动乱之世。外敌的蹂躏，军阀的混战，连绵的兵灾，猖獗的土匪，横行无忌的特务，层出不穷的地痞流氓，不可一世的大小官员等连成一气，使不得喘息的民众生不如死。老舍很多小说都写到了兵灾，如《猫城记》《骆驼祥子》《我这一辈子》《蜕》《火葬》《四世同堂》《茶馆》《赵子曰》等等，但最触目惊心的恐怕是《我这一辈子》。

当枪声初起的时候，连贫带富，家家关了门；街上除了那些横行的兵们，简直成了个死城。……街上，只有火光人影，没有巡警，

---

[1] 老舍：《牛天赐传》，《老舍小说全集》（第4卷），长江文艺出版社2004年版，第11页。
[2] 老舍：《猫城记》，《老舍小说全集》（第3卷），长江文艺出版社2004年版，第115页。

> 被兵们抢过的当铺与首饰店全大敞着门……粮食店，茶叶铺，百货店，什么东西也是好的，门板一律砸开。……拥挤着，争吵着，砸门的砸门，喊叫的喊叫，磕碴！门板倒下去，一窝蜂似的跑进去，乱挤乱抓，压倒在地的狂号，身体利落的往柜台上蹿，全红着眼，全拼着命，全奋勇前进，挤成一团，倒成一片，散走全街。背着，抱着，扛着，曳着，像一片战胜的蚂蚁，昂首疾走，去而复归，呼妻唤子，前后呼应。……有的整坛的搬着香油，有的独自扛着两口袋面，瓶子罐子碎了一街，米面撒满了便道，抢啊！抢啊！抢啊！谁都恨自己只长了一双手，谁都嫌自己的腿脚太慢；有的人会推着一坛子白糖，连人带坛在地上滚，像屎壳郎推着个大粪球。……[1]

官员不来主持公道，警察又惧怕暴民，不敢维持秩序，横暴猖狂的乱兵，加上趁火打劫的暴民，使平日热闹体面的街口刹那间成了人间地狱。

二是穷。老舍的小说对北平底层民众的穷苦生活进行了生动的描写，那些食不果腹的穷小孩、衣不蔽体的车夫老婆，还有那些随时可能饿死在街角的老人，都让人切身地感受到北平人生活的艰难。小说《四世同堂》第十五章曾这样描写皇城脚下的北平郊外风光：

> 北平虽然作了几百年的"帝王之都"，它的四郊却并没有受过多少好处。一出城，都市立刻变成了田野。城外几乎没有什么好的道路，更没有什么工厂，而只有些菜园与不十分肥美的田；田亩中夹着许多没有树木的坟地。在平日，这里的农家，和其他的北方的

---

[1] 老舍：《我这一辈子》，《老舍小说全集》（第11卷），长江文艺出版社2004年版，第96—97页。

农家一样,时常受着狂风,干旱,蝗虫的欺侮,而一年倒有半年忍受着饥寒。一到打仗,北平的城门紧闭起来,城外的治安便差不多完全交给农民们自行维持,而农民们便把生死存亡都交给命运。他们,虽然有一辈子也不一定能进几次城的,可是在心理上都自居为北平人。他们都很老实,讲礼貌,即使饿着肚子也不敢去为非作歹。他们只受别人的欺侮,而不敢去损害别人。在他们实在没有法子维持生活的时候,才把子弟们送往城里去拉洋车,当巡警或作小生意,得些工资,补充地亩生产的不足。到了改朝换代的时候,他们无可逃避的要受到最大的苦难:屠杀,抢掠,奸污,都首先落在他们的身上。赶到大局已定,皇帝便会把他们的田亩用御笔一圈,圈给那开国的元勋;于是,他们丢失了自家的坟墓与产业,而给别人做守坟陵的奴隶……[1]

这就是20世纪初北平市郊农民的生活真相。他们得不到国家的任何保护,却要为国家尽最大的努力。这种冷酷的现实,使得老舍在批评国人之不爱国时,有时也情不自禁地要为苦人们鸣不平:"错处全在中国政府不管他们!"[2]

三是苦。由于政府的极端失职,20世纪的中国民众在乱世里常常惶惶然如丧家犬,尤其是在外敌入侵时,听天由命几乎是唯一的选择,如小说《蜕》中所描写,当鬼子兵临城下时,火车、汽车、马车、电报局、旅行社、转运公司、银行钱号……几乎全被官员们和官员们派去的人所占领。既挤不上火车也赶不上公共汽车的老百姓中,条件好的自

---

[1] 老舍:《四世同堂》,《老舍小说全集》(第6卷),长江文艺出版社2004年版,第148页。
[2] 老舍:《二马》,《老舍小说全集》(第2卷),长江文艺出版社2004年版,第255页。

己雇个驴子或推着独轮的小车在山中或去乡下避难。"那实在想不出办法的,只好看着别人忙乱,而把自己的命无可奈何的交予老天。政府不给他们任何指示,任何便利,他们只有等着炸弹落下来——但求别落在自己的头上。他们既不想向政府说什么,也不去想敌人如何这样欺侮他们,因为政府一向不许他们开口;口闭惯了,心中也就不会活动;他们认为炸弹的投落是劫数,谁也不负责任。"[1]

清末梁启超早就谈到,专制国家必然使国人只知关心自己的私事,而淡漠公共事务和国家事务。

数千年之民贼,既攘国家为己之产业,絷国民为己之奴隶。曾无所于怍,反得援大义以文饰之,以助其凶焰。遂使一国之民,不得不而自居于奴隶。性奴隶之性,行奴隶之行。虽欲爱国而有所不敢,有所不能焉。何也?奴隶而干预家事,未有不获戾者也。既不敢爱,不能爱,则唯有漠然视之,袖手而观之。家之昌也,则欢娱焉,醉饱焉;家之败也,则褰裳以去,别投新主而已。此奴隶之恒情也。故夫西人以国为君与民共有之国,如父兄子弟,通力合作以治家事,有一民即有一爱国之人焉。中国不然,有国者仅一家之人,其余则皆奴隶也。是故国中虽有四万万人,而实不过此数人也。夫以数人之国与亿万人之国相遇,则安所往而不败也。[2]

陈独秀在新文化运动发动的前夕亦指出:"国家者,保障人民之权利,谋益人民之幸福者也。不此之务,其国也存之无所荣,亡之无所

---
[1] 老舍:《蜕》,《老舍小说全集》(第5卷),长江文艺出版社2004年版,第173—174页。
[2] 梁启超:《中国积弱溯源论》,《饮冰室合集》(文集之五),中华书局1989年版,第17页。

惜。"[1] 但在爱国心切的老舍看来，即使政府失职，人民也不能自甘堕落。他理想中的国民是新加坡的华侨，没有政府的援助，没有国家的保护，却在一片荒原中，自己动手打出一片江山。

> 我想写部以南洋为背景的小说。我要表扬中国人开发南洋的功绩：树是我们栽的，田是我们垦的，房是我们盖的，路是我们修的，矿是我们开的。都是我们作的。毒蛇猛兽，荒林恶瘴，我们都不怕。我们赤手空拳打出一座南洋来。我要写这个。我们伟大。是的，现在西洋人立在我们头上。可是，事业还仗着我们。我们在西人之下，其他民族之上。假如南洋是个糖烧饼，我们是那个糖馅。我们可上可下。自要努力使劲，我们只有往上，不会退下。没有了我们，便没有了南洋，这是事实，自自然然的事实。马来人什么也不干，只会懒。印度人也干不过我们。西洋人住上三四年就得回家休息，不然便支持不住。干活是我们，作买卖是我们，行医当律师也是我们。住十年，百年，一千年，都可以，什么样的天气我们也受得住，什么样的苦我们也能吃，什么样的工作我们有能力去干。说手有手，说脑子有脑子。我要写这么一本小说。这不是英雄崇拜，而是民族崇拜。所谓民族崇拜，不是说某某先生会穿西装，讲外国话，和懂得怎样给太太提着小伞。我是要说这几百年来，光脚到南洋的那些真正好汉。没钱，没国家保护，什么也没有。硬去干，而且真干出玩艺来。我要写这些真正中国人，真有劲的中国人。中国是他们的，南洋也是他们的。那些会提小伞的先生们，屁！连我也算在里面。

---

[1] 陈独秀：《爱国心与自觉心》，《陈独秀著作选编》（第一卷），上海人民出版社 2010 年版，第 150 页。

> ……到现在想起来,我还很爱南洋——它在我心中是一片颜色,这片颜色常在梦中构成各样动心的图画。它是实在的,同时可以是童话的,原始的,浪漫的。无论在经济上,商业上,军事上,民族竞争上,诗上,音乐上,色彩上,它都有种魔力。[1]

老舍坚持爱国无条件,所谓"父亲不好,到底是父亲"[2],国家再不景气,可也是一个国,这种"准宗教"的爱国信仰背后凸显的是儒家立场而不是基督教原则。

二、基督教的国家观

众所周知,基督教是一种来世的宗教,它推崇神而贬低人,注重来世而轻视尘世。早期基督教对国家持一种敌视与不合作的态度,他们认为,真正有意义的是天上的而不是尘世的王国。基督教历史上最重要的思想家之一奥古斯丁曾在其巨著《上帝之国》中严格区分两种不同的国家:上帝之国和尘世国家。他认为,前者体现了上帝的理性,后者代表的是人间的政治秩序。由于尘世国家体现的是人对人的统治,是野心与贪欲的结果,因此,奥古斯丁认为,依靠它根本不可能实现真正的正义。奥古斯丁对于尘世国家的厌恶之情溢于言表:"你们渴望和平、繁荣与富足,但你们的目的决不是公平地,也就是说,适度地、清醒地、有节制地、虔诚地利用这些福祉,你们的目标毋宁说是对各式各样无穷无尽的低级享乐的狂乱的满足,因此在你们的繁荣中将滋生出一种道德

---

[1] 老舍:《还想着它》,《老舍研究资料》(上),北京十月文艺出版社1985年版,第145—146页。
[2] 老舍:《二马》,《老舍小说全集》(第2卷),长江文艺出版社2004年版,第156页。

的瘟疫，它比最残暴的大人要坏一千倍。"[1]奥古斯丁批评世俗国家违背了人与人之间的平等原则，而人作为上帝的创造物，他们之间本来是应该完全平等的。在《上帝之国》中奥古斯丁只给予了尘世国家有条件的认可和有限度的肯定与赞扬，在内心深处，他始终把尘世国家看作一种陌生和异己的力量，对它有一种根深蒂固的怀疑和厌恶。奥古斯丁的这种国家观虽然在后来受到来自各方面的挑战，但对近代以来的西方政治思想，尤其是自由主义思想具有重要的影响，其具体体现就是把国家视为一种必不可少的恶，强调国家与市民社会的区分与对立和对国家行为的监督与控制。美国政治家杰弗逊表示，如果人人都是天使，那就没有必要建立政府，而政府之所以必要，就是因为人并非是天使的缘故。由于政府也是由凡人来主持和运转的，所以对政府必须设法加以控制。基督教的国家观对于破解西方人的国家偶像和政府神话，促进宪政思想的产生和发展起到了重要的推进作用。近代以来，自由主义之所以产生在西方而不是东方，与西方社会的文化传统，尤其是中世纪基督教的传统有着密切的内在联系。过去人们一直认为，自由、人权、科学、民主等来源于文艺复兴以后的启蒙运动，但近年来的研究发现，自由主义的基本精神如将个人作为出发点和终极价值、把国家看做工具、对政府权力的不信任、强调个人生活有一部分是国家无权干预的等等，与基督教严格区分上帝的权威与世俗的权威，力主宗教生活优于尘世的世俗生活，人应该独自面对上帝，寻求自己灵魂得救的道路，以及人应该尽可能地摆脱世俗关系的束缚，追求个人的精神自由，在世俗权力与上帝权威发生冲突时，人应该服从上帝而不是人等等，均有着密切的关系。正因此，有学者指出，"天赋人权"学说之所以在西方社会具有那么大的力

---

[1] 转引自唐士其：《西方政治思想史》，北京大学出版社2002年版，第141页。

量和影响，正是因为它是以一千多年基督教的信仰和情感为基础的。[1]而在中国，"五四"新文化运动以后，自由、民主、科学、人权等现代理念的接受状况之所以并不理想，客观上与中国的非基督教文化背景也是有关系的。袁国兴教授批评中国人接受了西方启蒙运动以来的强大的人文主义思潮，对西方"政"的馈赠欣然接受，把西方"教"的施舍拒之门外[2]，殷海光先生认为"中国的自由主义者先天不足，后天失调"[3]，在某种意义上，均是中的之言。

从理论上讲，在20世纪中国，有基督教背景的作家应该更容易接受西方的宪政思想，但事实并非如此。一个明显的例子就是，中国现代文学史上，虽然接受或曾经亲近基督教的作家不在少数，但真正能由此成为坚定的自由主义者的却很少。在20世纪中国文学史上，我们看到的更多的是国家至上主义者，以至于有学者将以"国家"名义出现的思想奴役视为20世纪中国人最难走出的迷宫[4]，老舍就是其中的典型代表。

第二节 "国家至上"的基督徒

一、国家至上

1937年抗日战争全面爆发，老舍抛妻别子毅然决然地投入艰难的

---

[1] 参见丛日云：《西方政治文化传统》，吉林出版集团有限责任公司2007年版。
[2] 袁国兴：《宗教意识的链接与文学的选择——对中国现代文学传统的一种解读》，《北方论坛》2003年第6期。
[3] 殷海光：《中国文化的展望》，中国和平出版社1988年版，第275页。
[4] 参见袁伟时：《告别中世纪》，广东人民出版社2005年版，第201页。

抗战洪流，为社会各界做出了令人感叹的表率。在给友人的信里提到自己与妻子分手时，老舍写到："国难期间，男女间的关系，是含泪相誓，各自珍重，为国效劳。男儿是兵，女儿也是兵，都须把最崇高的情绪生活献给这血雨刀山的大时代。夫不属于妻，妻不属于夫，他与她都属于国家。"[1] 虽然早在写作《二马》时老舍就表示："个人的私事，如恋爱，如孝悌，都可以不管，只要能有益于国家，什么都可以放在一旁。"[2] 但此时他要割舍家里三个孩子，其中最大的四岁，最小的刚生下来，还不满百天，而夫人身体文弱，济南又即将沦陷，老舍心中的忧虑可想而知："人孰无情，弃家庭，别妻小，怎不伤心？"[3] 但是另一方面，老舍始终坚信国比家大，个人的事情再大也没有国家重要，"为国卖命，事体更大，使家庭吃点亏，也就无法，这不是不讲人情，而是成仁取义，难以面面俱到"，"国难至此，大家就该硬起心肠，各尽其力，不能不把眼泪咽在肚里，谁也不当怨谁，而去一齐为国家设想，为国家牺牲"。[4]

忠与孝、国与家、个人与民族的冲突是老舍抗战时期许多作品的主题，在话剧《桃李春风》、《大地龙蛇》等作品中，他一再强调大敌当前为国尽忠才是真正的大孝。而在小说《四世同堂》中，主人公瑞宣之所以痛苦不堪，原因就在于明知道应该爱国，却只做了爱家的小事情。瑞宣谴责自己："在国家最需要他的时候，做出最对不起国家的事！"[5] 他佩服钱先生，因为钱先生不仅为国家贡献了一个舍身救国的抗日英雄儿子，而且以自己的实际行动实践着自己的爱国信仰，因此，钱先生在他

---

[1] 老舍：《一封信》，《宇宙风》1938年3月15日，转引自张桂兴编撰：《老舍年谱》（上），上海文艺出版社2005年版，第230页。
[2] 老舍：《我怎样写〈二马〉》，《老舍生活与创作自述》，人民文学出版社1997年版，第15页。
[3] 老舍：《答友人书》，《老舍全集》（第15卷），人民文学出版社1999年版，第572页。
[4] 同上。
[5] 老舍：《四世同堂》（中），《老舍小说全集》（第7卷），长江文艺出版社2004年版，第65页。

眼中就像钉在十字架上的耶稣,虽然受尽磨难,但他的苦难中有献身的快乐,而他虽然没有坐牢,但却永远不可能有快乐,因为他的"心"在受着刑!

在老舍笔下,大凡为国献身的人,身上几乎都是透出一种圣洁的宗教之光,他们仿佛背着十字架为"神旨"而"殉道"的圣洁教徒,令人敬仰和赞叹。

我看见一位伤兵,腿根被枪弹穿透。穿着一身被血、汗、泥浸透糊硬的单衣,闭目在地上斜卧,他的创伤已不许他坐起来。秋风很凉,地上并没有一根干草,他就在那里闭目斜卧,全身颤抖着。但是,他口中没有一句怨言,只时时睁开眼看看轮到他去受疗治没有。他痛,他冷,他饥渴,他忍耐,他等着!

好容易轮到他了,他被一位弟兄背起,走进了临时医疗所。创口洗净,上了药,扎捆好,他自己慢慢的走出来。找了块石头,他骑马势的坐下。一位弟兄给了他一支烟卷。点着了烟,还是颤抖着,他微笑了一下:"谢谢!"也许是谢谢那支烟卷,也许是谢谢那些护士与医生,也还许是谢谢他已能在块石头上骑坐一会儿了!他已上了十字架,还要感谢那小小的一点他所该得的照料!

什么样的笔能形容出这种单纯,高尚,坚忍,英勇,温和,与乐观呢?什么话也没有,只是"谢谢!"神圣的战争,啊,这位战士是这神圣战争的灵魂与象征。他也许一字不识,单纯得像个婴孩;但是他作到了一切。他是服从着神圣战争的神旨,去受饥寒痛苦;一口香烟喷在面前,他仿佛是面对面的与神灵默语:他牺牲了一切,他感谢一切!在行动中,他的单纯的赤子之心光显了神圣的呼招,证实了我们忍无可忍而挺身一战的牺牲与自信,在牺牲中看见了光明,在单纯中显示了奇迹。[1]

老舍认为,抗战时期之所以有那么多汉奸,就是因为这些人没有国家观念,自私自利,只爱自己,不爱国家,如《四世同堂》中冠晓荷、大赤包、瑞丰、胖菊子之流,根本不知民族利益为何物。相反,真正的国民对国家的感情却是超乎个人得失,不问成败,不计代价的,他们"一听到国歌便肃然起敬,一看到国旗便感到兴奋;他们的心一点也不狭小偏激,但是一提到他们的国家,他们便不由的有一种近乎主观的,牢不可破的,不容有第二种看法的,意见——他们认为他们自己的国家最好,而且希望它永远完整,光明,兴旺!他们很自傲能够这样,因为这是历史上所没有过的新国民的气象"[2]。可以说,在没有宗教的中国,它就是一种"准宗教信仰"。凭着这种信仰,老舍坚信"大中华有亡国的危险,而没有亡国的可能。外侮仿佛是给大中华的历史种牛痘,每种一次,只能使它更坚强挺拔起来"[3]。也正是凭着这种信仰,他笔下从来不闻窗外事的钱先生决定为救国而死:"尽管我的工作是沙漠上的一滴雨,可是一滴雨到底是一滴雨;一滴雨的勇敢就是它敢落在沙漠上!"[4]信仰使一无所有的老人焕发了青春,重获新生,"虽然受尽苦处,可是还很健康,或者也很快活。为什么?因为老人有了信仰,有了决心;信仰使他绝对相信日本人是可以打倒的,决心使他无所顾虑的,

---

[1] 老舍:《大时代与写家》,《老舍研究资料》(上),北京十月文艺出版社1985年版,第433—434页。
[2] 老舍:《四世同堂》(上),《老舍小说全集》(第6卷),长江文艺出版社2004年版,第53页。
[3] 老舍:《蜕》,《老舍小说全集》(第5卷),长江文艺出版社2004年版,第128页。
[4] 老舍:《四世同堂》(下),《老舍小说全集》(第8卷),长江文艺出版社2004年版,第252页。

毫不迟疑的去作打倒日本人的工作。信仰与决心使一个老诗人得到重生与永生"[1]。抗战前的钱先生一心写诗读诗，对政治不感兴趣，但是，战争改变了他。他的救国动机很简单，就是花必须长在树上，鱼必须游在水里，花若离开了树，鱼若离开了水，只有死路一条，因此，爱国没商量，什么也不能阻拦或消解老人的爱国心。他这样对瑞全说：

> 你看，我是不大问国事的人，可是我能自由地生活着，全是国家所赐。我这几天什么也干不下去！我不怕穷，不怕苦，我只怕丢了咱们的北平城！一朵花长在树上，才有它的美丽；拿到人的手里就算完了。北平城也是这样，它顶美，可是若被敌人占据了，它便是被折下来的花了！……假若北平是树，我便是花，尽管是一朵闲花。北平若不幸丢失了，我想我就不必再活下去！[2]

老舍的这段描写是相当感人的，虽然依此逻辑，那些食不果腹、衣不蔽体，被生活逼得走投无路的穷人也就完全可以不"爱国"，因为他们本身就是树上掉下来的花。但老舍的本意是想以这样一个诗人的爱国行为来告诫国人：个人的命运与国家休戚相关，离开了国家，个人没有任何出路。用他在一篇杂文《善心》中的话来说就是："有国家，全好，亡了国，全完。"[3] 正因此，《四世同堂》中的瑞宣才会这样告诫即将出城的弟弟："记着我这几句话，老三！记住了，在国旗下吃粪，也比在太阳旗下吃肉强！"[4]

---

[1] 老舍：《四世同堂》（下），《老舍小说全集》（第8卷），长江文艺出版社2004年版，第259页。
[2] 老舍：《四世同堂》（上），《老舍小说全集》（第6卷），长江文艺出版社2004年版，第25页。
[3] 老舍：《善心》，《老舍全集》（第14卷），人民文学出版社1999年版，第78页。
[4] 老舍：《四世同堂》（上），《老舍小说全集》（第6卷），长江文艺出版社2004年版，第117页。

抗战期间的老舍视国家为上帝,视救国为天职,"人家要什么,我写什么。我只求尽力,而不考虑自己应当写什么,假若写大鼓书词有用,好,就写大鼓书词。艺术么?自己的文名么?都在其次。抗战第一。我的力量都在一枝笔上,这只笔须服从抗战的命令"[1]。只要有利于抗战,老舍几乎来者不拒,尽管这种标语口号应景式的八股写作决非文艺的正途,但他看重的是自己的动机,强调的是写作的现实功用,"说真的,我心里老这么想:今日的文艺不应离开抗战,今日的文艺工作者也不应图清净而离开社会。一入山修道,我的文艺生活便脱了节。我的作品已被凌迟,不错;可是,我究竟没有闲着:写鼓词也好,写旧剧也好,有人要我就写,有用于抗战我就写。这样写的不好是实情,我的心气可因此而越来越起劲;我觉得我的一段鼓词设若能鼓励了一些人去拼命抗战,就算尽了我的微薄的力量。假若我本来有成为莎士比亚的本事,而因为乱写粗制,耽误了一个中国的莎士比亚,我一点也不后悔伤心。"[2]

老舍为抗战服务的理念是相当自觉和明确的,在整个抗战期间,他以笔为枪,在文艺阵地上冲锋陷阵,一马当先,堪称表率。老舍写得多,也写得快:诗歌、小说、剧本、鼓词、时调……无所不写。高产一半来自天赋,一半也来自勤奋与刻苦,恰如他在《自述》中所说:"我真愿为国家出力,作出一番轰轰烈烈的事业来,可是因才力所限,因一向没有显身扬名的宏愿,我仅能在文字上表现一点爱国的诚心。"[3] "能作多少,作得好坏,都是才力的问题;我晓得自己的才薄力微,但求不变此心,不问收获多寡。四年来,我已没有了私生活;这使

---

[1] 老舍:《这一年的笔》,《老舍研究资料》(上),北京十月文艺出版社1985年版,第157—158页。
[2] 老舍:《又一封信》,《老舍研究资料》(上),北京十月文艺出版社1985年版,第161页。
[3] 老舍:《自述》,《老舍研究资料》(上),北京十月文艺出版社1985年版,第168页。

我苦痛，可也使我更努力做事。我不怕被称为无才无能，而怕被讥为苟且敷衍。"[1]

老舍认为，作为时代的孝子，作家理应自觉地肩负起为国尽忠的担子，"我们必须先对得起民族与国家，有了国家，才有文艺者，才有文艺。国亡，纵使有莎士比亚与歌德，依然是奴隶"[2]。他旗帜鲜明地把创作出能教育民众，使他们肯为国家与民族尽忠尽孝的作品作为自己的写作宗旨。他不怕别人讥笑他的写作粗制滥造，他坚信："在战争中，大炮有用，刺刀也有用。同样的，在抗战中，写小说戏剧有用，写鼓词小曲也有用。……我不管什么是大手笔，什么是小手笔，只要有实际的功用与效果，我就去学习，去试作。我认为，抗战中，我不仅应当是个作者，也应当是个最关心战争的国民。我是个国民，就应该尽力于抗敌。我不会放炮，那就写什么都好，我不因为写了鼓词与小曲而觉得有失身份。"[3]

老舍自称为"文牛"[4]，也曾自嘲为"痴人"[5]。作为基督徒，他还经常用《圣经》为自己鼓劲打气。如"是的，我们除了一条命与一枝笔，还有什么呢？清心的有福了，因为他看见了正义！我们的命与笔就是我们的资本，这资本的利息只是贫困，苦难，疾病，可是它是投资于正义，而那些不利的利息也就完成了我们的气节。谁知道这点气节有多大用处呢？但是，为了我们自己，为了民族的正气，我们宁贫死，病死，

---

[1] 老舍：《自述》，《老舍研究资料》（上），北京十月文艺出版社 1985 年版，第 168—169 页。
[2] 老舍：《努力，努力，再努力》，《老舍全集》（第 14 卷），人民文学出版社 1999 年版，第 134—135 页。
[3] 老舍：《三年来的文艺运动》，《老舍全集》（第 16 卷），人民文学出版社 1999 年版，第 683 页。
[4] 老舍：《文牛》，《老舍研究资料》（上），北京十月文艺出版社 1985 年版，176 页。
[5] 老舍：《痴人》，《老舍研究资料》（上），北京十月文艺出版社 1985 年版，第 212 页。

或被杀,也不能轻易地丢失了它"[1]。熟悉《圣经》的人,一看即知,这段话的潜文本是《马太福音》。《圣经》给了老舍无穷的安慰和精神力量。据萧伯青回忆[2],老舍对《圣经》十分熟悉,尤其是《新约》中的《启示录》更是老舍的特别所爱。1942年冬,他在重庆邀请老舍演讲《圣经与文学》时,就曾听到老舍特别讲到《启示录》,并留下了深刻的印象。在希伯来文学中,"启示录"的原意是揭示直到现在人们还不知道的秘密。《启示录》开头就指出:"耶稣基督的启示,就是神赐给他,叫他将必要快成的事指示他的众仆人。他就差遣使者晓谕他的仆人约翰。约翰便将神的道和耶稣基督的见证,凡自己所看见的都证明出来。念这书上预言的和那些听见又遵守其中所记载的,都是有福的,因为日期近了。"纵观老舍抗战时期的创作,我们不难发现《启示录》极大地影响了老舍的抗战写作。

二、"启示录"色彩

首先,老舍也把中国的抗战看成是光明与黑暗、正义与邪恶的最后决战。他坚信,在这场血战中,古老的中国将在血泊中赢得自己的新生,复生后的中国将如初生的"婴儿那么纯洁","大时代之所以为大时代,正如同《神曲》所以为伟大的作品:它有天堂,也有地狱,它有神乐,也有血池;它有带翅的天使,也有三头的魔鬼。……大时代的意义并不在于敌人炮火的猛烈,我们敢去抵抗,而是在于我们的鲜血洗净了一切卑污,使复生的中国像初生的婴儿那么纯洁。一般的来说,人是不

---

[1] 老舍:《痴人》,《老舍研究资料》(上),北京十月文艺出版社1985年版,第212—213页。
[2] 萧伯青:《老舍在武汉、重庆》,《新文学史料》1986年第2期。

容易克服他的兽性的。只有在大时代里的英雄,像神灵附体似的因民族的意志而忘了自己,他才能把原始的兽性完全抛开,成为与神相近的人物。有了这样的神与英雄,我们才能有虹一般光彩的史诗。在这种意义之下,先死的必然称'圣'——用个宗教上的名词;因为他的血唤醒了别人对大时代的注意与投入"[1]。《启示录》揭示在上帝之国来临之前,天使与恶魔、光明与黑暗必将作最后的决战,但上帝最终将战胜恶魔,正义最终将统治世界。老舍也认为虽然现在中国被日本所侵略,处于劣势,但为正义而战的中国人民必将赢得最后的胜利,老舍把中国的抗战视为新生前的"炼狱"。炼狱与新生、复活与天堂的隐形结构多次出现在他抗战作品中,尤其是《四世同堂》。如果说,抗战前,老舍在描绘中国时突出的是"人间地狱"的意象,那么,抗战时期,它在老舍笔下则成了天使与恶魔、光明与黑暗交织的"炼狱"。所有的人都在此经受着严厉的考验,虽然痛苦,但却充满了希望。

其次,《启示录》强调弥赛亚信仰,认为它将拯救人类,并把人类引向上帝,老舍也认为,坚持抗战的中国共产党必将拯救中国,把中国带向新生。老舍原本无党无派,对政治比较疏远,但抗战时期,通过与以周恩来为代表的共产党人的接触,他对共产党产生了极好的印象,他这样称赞周恩来:"这就是共产党。没有别的,就是大公无私,为国为民!对每个人都热情关注,目光四射!"[2] 在周恩来的感染和影响下,抗战时期的老舍以一种宗教徒的献身情怀投身文协的工作。有人攻击他,他义正词严地说:"我不是国民党,也不是共产党,谁真正的抗战,

---

[1] 老舍:《蜕》,《老舍小说全集》(第5卷),长江文艺出版社2004年版,第214页。
[2] 吴组缃:《老舍幽默文集序》,《老舍研究资料》(上),北京十月文艺出版社1985年版,第389页。

我就跟着谁走,我就是一个抗战派。"[1]据阳翰笙回忆,老舍在文协工作时,"条件十分艰苦,情况又异常复杂,但是老舍在共产党的支持下,表现得非常好,工作,做得很出色。他这位名作家,完全放下架子,大大小小的事情都操心,兢兢业业,不辞劳瘁。经常有一些麻烦事情,要和国民党交涉,还要和特务头子潘公展之流打交道,我们不便出面,老舍就爽爽快快地说:'我去顶一阵。'他不止一次知难而进,挺身而出,解决了麻烦问题,使工作得以开展"[2]。由于老舍无党无派的身份和在文艺界的声望,他能出面讲党不便讲的话,做共产党当时不便公开的事,发挥其他人难以发挥的作用,所以阳翰笙衷心地称赞他是一心跟着共产党走的"一位忠实可靠的朋友"[3]。

作为文协的负责人,老舍几乎没有自己的私生活,1941年在《自述》中他曾这样描述自己的苦恼:

> 自幼就穷,惯于吃苦。可是,自幼就好洁净,虽在病中也不肯不洗手洗脸,衣服不怕破烂,只怕脏。抗战中,我连好清洁的习惯也不能保持了,很难过。
>
> 既爱清洁,很自然也就爱秩序。饮食起卧都有定时,一切东西都有一定的地位。秩序一乱,我就头昏,没法写作。抗战四年,我没有写出很多的文章来,写出的一点也十分拙劣,恐怕没有秩序是个很重要的原因。
>
> 爱洁净秩序的人往往好安静。我就是那样。不大爱热闹,不喜

---

[1] 楼适夷:《忆老舍》,《新文学史料》1978年第1辑。
[2] 阳翰笙:《我所认识的老舍》,《人民日报》1984年3月19日。
[3] 同上。

欢见生人。可是，在抗战中，没法把自己隐藏起来，什么地方都须去，什么生人都须见，不管我愿意不愿意。设若我能自主，我一定会躲到深山里去。可是流亡四方，原为做一点有益于抗战的事情，怎能藏起去呢？也许还有人说我风头十足呢？咱们心里分明；个人内心的痛苦是用不着报告给不关切他的人的。

按理说，上述一些小苦恼本算不了什么。比起抗战将士所受的苦处，这真是微乎其微了。不过，假若我是作着别的事，我想一定不会抱怨什么；我要写作，这就不同了。写作有许多条件，个人的习惯也得算一个。把我放在一个毫无秩序的地方，我实在无法工作。啊，一个人是多么不易适应环境呀！

……

同时，我还要借此说明：这四年来，我已经没有什么私生活可言。家眷不在我的身边，住处无定，起睡没有定时；别人教我怎样，我就怎样，没有哪一天可以算作我自己的。就是自己的工作，有时候也不能自主；我生活在团体里，我的写作也就往往受人之托，别人出题，我去写。这种没有私生活的生活，给我许多苦痛，可是渐渐的也习惯下来。为了抗战，许多写家是这样的活着；人家既能忍受，我就也得忍受；战争带来的苦难，每一个人都应当分担一些。至于说这种生活妨碍了写作，自然使我最感不快，可是社会上既还没想到文字的事业应当在安静方便的处所去作，而给文人们预备一个工作室，我就只好在忙乱与嘈杂的缝子中，忙里偷闲的去写一点。写不出好东西，还是我自己来负责，不怨别人——要怨，也似乎只好怨自己没有牛一般的力气吧。[1]

---

[1] 老舍：《自述》，《老舍研究资料》（上），北京十月文艺出版社1985年版，第166—167页。

作为一个作家，没有自己的私生活和基本的创作自由，要创作出高水平的作品，是不可思议的，更何况老舍视文艺为自己的生命，但所有这一切，都被他都默默地吞咽在肚子里，那种愈挫愈奋的心态使他把压力转化为动力，更加努力做事，"我不怕被称为无才无能，而怕被识为苟且敷衍。被苦痛所压倒是软弱，软弱到相当的程度便会自暴自弃；这，非我所甘心"[1]。

第三，明确的传教意识和宣教姿态。老舍是基督徒，但他爱的不是西方的上帝，而是自己的祖国。早年在南开中学教书时，他就表示："我愿将'双十'解释作两个十字架。为了民主政治，为了国民的共同福利，我们每个人须负起两个十字架——耶稣只负起一个：为破坏、铲除旧的恶习，积弊、与像大烟瘾那样有毒的文化。我们须预备牺牲，再负起一个十字架。"[2] 抗战时期，老舍更是把自己比作耶稣出世前的施洗约翰，他说："我们要做耶稣生前的约翰，把道路填平，以迎接新生者。"[3] "耶稣出世前即有施礼的约翰，文艺家应拿出在今日文艺的荒原上大声疾呼之精神，为后一代子孙开一条大道。"[4] 仔细阅读老舍写于抗战时期的很多文章，可以看到，宣教的色彩十分明显。如：

> 用血保住祖宗创造下的伟业，用血为子孙换取和平自由，死是值得的！……这是我们的宣传，我们的信仰，也是我们唯一的办法！[5]

---

[1] 老舍：《自述》，《老舍研究资料》（上），北京十月文艺出版社1985年版，第169页。
[2] 老舍：《双十》，《老舍研究资料》（上），北京十月文艺出版社1985年版，第124—125页。
[3] 重庆《新华日报》短评：《作家的创作生命——贺老舍先生创作廿周年》，《老舍研究资料》（上），北京十月文艺出版社1985年版，第244—245页。
[4] 参见张桂兴编：《老舍年谱》（上），上海文艺出版社2005年版，第456页。
[5] 老舍：《是的，抗到底》，《老舍全集》（第13卷），人民文学出版社1999年版，第105页。

什么仇都可解，唯有日本与我们这笔血帐不能忘记。……起来吧，有血性的人们，挺起腰来，为死了的报仇，为人类扫除禽兽！[1]

在今日的中国，没有一件事比抗日救国更伟大更神圣的；我们的团结便是要在这最伟大最神圣的战争中各尽其力；这是你我的一切，此外什么也没有。"[2]

国家是我们今日的爱人，我们必须为她死，为她流血。……我们必须马上创造起新的生活来；有骨气，有胆量，英武大方，把国事当作自己的事看待，把热情放到卫国建国上去。[3]

中国想不亡，就须人人有不作亡国奴的气概与气魄。人人得成为忠勇的英雄。……更进一步讲是文武打成一片，每个文人都有可以赴战的勇气与资格，每个武人都有他的学识与气度。每个人都是文人，每个人也都是武士，每个人都有脑子，也都有热心。这才能成为健全的国民，才能建立起健全的国家。[4]

在抗战期间已无个人可言，个人写作的荣誉应当改作服从——服从时代与社会的紧急命令——与服务——供给目前所需——的荣誉。证明我们是千万战士中的一员，而不是单单的给自己找什么利益。因此，抗战文艺根本是集团的，而不是个人的。……假若我们不能把自己投纳在团体之中去服从与服务，我们的作品将失去那及时的效用，而我们成为废物。[5]

---

[1] 老舍：《此仇必报》，《老舍全集》（第13卷），人民文学出版社1999年版，第118页。
[2] 老舍：《我们携起手来》，《老舍全集》（第13卷），人民文学出版社1999年版，第126页。
[3] 老舍：《新气象新气度新生活》，《老舍全集》（第13卷），人民文学出版社1999年版，第131、134页。
[4] 老舍：《文武双全》，《老舍全集》（第13卷），人民文学出版社1999年版，第172页。
[5] 老舍：《写家们联合起来！》，《老舍全集》（第13卷），人民文学出版社1999年版，第96页。

这些文章，有一个共同的特点，那就是喜欢用宣教的第二人称和"必须"、"应该"的祈使句式，语言干脆，文字简洁，态度鲜明，感情强烈，义正词严，掷地有声，有一种不容置疑的道义力量和催人奋进的激情。即使时过境迁，今天的人们读着这些文本，仍然可以生动地感觉到，当时的老舍就像在旷野传教的约翰和登山训众的耶稣。

据老舍的好友宁恩承说，老舍虽然以幽默出名，但本质上却是一个十分严肃的人，"他和朋友相处也有说有笑，或庄或谐，可是他是严肃的人，修身谨严。平时也是严肃时候多，所说的也多是慷慨悲歌的故事"[1]。给宁恩承留下了深刻印象的还有老舍抗战时期所说的岳飞故事："他说岳飞信而见疑，忠而被逮，受刑时刀斧手把岳飞捆绑上来，奸贼喊打，刀斧手七手八脚把岳飞的上衣剥下，正是举鞭要打时，岳飞的背上露出岳母所刺的四个大字，'精忠报国'。全场鸦雀无声，潸然泪下。"[2] 抗战时期，老舍一再谈到岳飞、文天祥，并发誓："要作今天的岳武穆、文天祥！"[3] 正是在这里，我们强烈地感受到，老舍虽然很早就加入了基督教，但在本质上，他仍然是儒家知识分子，他的国家观不仅不是基督教式的，严格说来也与"五四"主流知识界的认识相去甚远。

---

[1] 宁恩承：《老舍在英国》，张桂兴编：《老舍评说七十年》，中国华侨出版社2005年版，第99页。
[2] 同上。
[3] 老舍：《打（游击队歌）》，《老舍全集》（第12卷），人民文学出版社1999年版，第572页。

第三节　热烈歌颂新中国

一、"一心跟共产党走"[1]

新中国成立以后，老舍从美国回到北京，真切地感受到新社会的新气象。在致友人信中他欣慰地写道："北京现在很好，通货膨胀已经过去，人人都感到欢欣鼓舞。食物也充足。人们开始爱新政府了。"[2] 一年后，他的感触更深，"一年？不，不，不！对于我，这不是一年，而是一生！……我活了这一年，就不白活了这一生。没有这一年，即使我再活五十年，一百年，也是白活！"[3] 老舍十分热爱新社会，归结起来主要原因有：

一是国家独立，民族开始走向富强。

二是政府好，真心为穷人办事。

三是社会风气好，街上打架斗殴的、酗酒滋事的、招摇过市的，越来越少，人民的精神面貌焕然一新。

> 在解放前，我糊口四方，老想念着北京，而又怕回来。一回到北京，去听戏，或逛逛公园，就许招一肚子气。在戏院里，正如在

---

[1] 阳翰笙：《我所认识的老舍》，《人民日报》1984年3月19日。
[2] 转引自张桂兴编：《老舍年谱》（下），上海文艺出版社2005年版，第614页。
[3] 同上书，第634页。

电车上,没有票的个个威风凛凛,有票的反倒活该受欺侮。不要说自己挨了打骂,就是看着那个情景,心里也堵得慌——为什么到处是这样不合理呢!我多么喜爱北京啊,可是北京就应该是这个样子吗?因此,每次回来就必定伤一次心!现在呢,每逢我在街上走走总会增加不少喜悦。不管是去理发、洗澡,还是买点东西,我的面前总是有许多笑脸,跟到了家里一样。假若笑脸与客气话都是例行公事,那便虚伪无可取。不,不是这样。每个人都是诚于中形于外的,的确从心里愿意为别人服务。每个人的笑容是社会主义教育的一朵心花,不是勉强作态。是的,这使人到处如坐春风,心中不但得到温暖,而且随时增加对社会主义的热爱和对党的感激![1]

老舍特别重视社会风气的变化,感触也相当深:

这是多么美丽的光景呀!谁跟谁都是同志,朋友,相逢不必曾相识,就伸出手来亲热地互握。这是多么可喜可爱的现象啊!虽然我生在北京,爱北京,可是在十年前我也有时候觉得这种爱是主观的,并不一定对的。现在,每逢走在街上,我就好像摸到了生命的真实意义:是的,人是应该这样活着,人人平等,人人自由,用劳动与智慧创造自己的与大家的幸福,叫明天比今天更幸福!我对北京的爱不再只寄于美丽的园林与金碧辉煌的宫殿了。最美丽的是今天的人民!北京的确可爱了,并非我个人的主观。"[2]

---

[1] 老舍:《新风气》,《老舍全集》(第14卷),人民文学出版社1999年版,第49—50页。
[2] 同上书,第51页。

四是作家的地位高,政府重视。老舍是在周恩来总理的盛情邀请下回国的,到达北京的第二天,就由阳翰笙陪同会见了周总理,这使他十分激动。"人民政府高度重视我的创作。在国民党统治时期,有谁关心我老舍是否在写作,是活是死呢,连想也不会想。那时,当权者惟恐我老舍的稿件未经审查便发表出去。当局只知道压制进步书刊的出版,并设法把进步作家关进监狱。现在作家有着广阔的创作天地。无论是国家,还是公众,都一致希望帮助作家实现他的创作意愿,无论这一意愿是多么宏伟和大胆。"[1]据老舍夫人回忆,老舍对周恩来"崇拜得五体投地,敬佩万分,从心眼里把他当成自己的良师"[2]。回国后老舍的工作、生活、创作等方方面面都受到了周总理无微不至的关怀、指导和帮助。周总理不仅多次关切地询问他的创作计划,而且多次给他下达"命题作文"。老舍在新中国成立后创作的《方珍珠》、《西望长安》、《神拳》、《全家福》、《龙须沟》、《春华秋实》、《青年突击队》、《茶馆》、《红大院》、《女店员》、《宝船》等,周总理都亲自看过,尤其是《龙须沟》,不仅自己看过多遍,而且还推荐给毛主席,甚至将老舍全家都邀请到中南海怀仁堂与毛主席一起观看演出。周总理的关心让老舍发自肺腑地想用实际行动回报党和国家的知遇之恩,"我热爱这个新社会。我渴望把自己所领悟到的赶紧告诉别人,使别人也有所领悟,也热爱这个新社会。政治热情激动了创作热情,我非写不可,不管我会不会写"[3]。

据舒乙统计,新中国成立后的十六年,老舍"仅剧本一大类就创作了二十三个,其中多幕话剧十五个,独幕剧一个,歌剧两个,曲剧一

---

[1] 费德林:《老舍及其创作》,《老舍和朋友们》,生活·读书·新知三联书店1991年版,第451页。
[2] 胡絜青:《周总理对老舍的关怀和教诲》,《散记老舍》,上海文艺出版社1986年版,第3页。
[3] 老舍:《生活,学习,工作》,《老舍全集》(第13卷),人民文学出版社1999年版,第545页。

个，改编京剧四个。平均六个多月有一个新剧作问世"[1]，堪称文艺界的劳动模范。在"五四"以来的老作家中，老舍是创作热情最高、产量也最大的一个。虽然对新中国的政治制度及文化政策，老舍也有很多不太熟悉和不太适应的地方，但是他抱着认识多少，就歌颂多少，写不了大部头的小说就写小快板的态度积极创作，他要向世人证明自己"是新文艺部队里的一名小兵，虽然腿脚不利落，也还咬着牙随着大家往前跑"[2]。在他看来，有了这样好的政府而吝于歌颂，无异于放弃了作家的责任，"我情愿作义务党员，对一切人歌颂共产党"[3]，"我从前歌颂过共产党，现在和将来还要继续歌颂"[4]，正因此，也有人讥笑他是共产党的"应声虫"。

老舍把自己的创作灵感归之于"政治热情"。他说自己之所以写得勤，写得快，写得多，就是因为心里高兴，"十年来，我的笔没有停止过。我写，写，写！我心中的喜悦使我欲罢不能"[5]；"不管天怎么冷，还是怎么热，我都不肯偷闲，我要追随六亿人民一同兴高采烈地向前飞驰！"[6]"我终年是在拼命的写，发表也好，不发表也好，我要天天摸一摸笔。"[7]

怀着对新中国的热爱，老舍写了无数篇歌颂国庆、七一的散文、诗

---

[1] 舒乙：《老舍先生是怎样勤奋写作的》，《散记老舍》，北京十月文艺出版社1986年版，第100页。
[2] 老舍：《毛主席给了我新的文艺生命》，《老舍全集》（第13卷），人民文学出版社1999年版，第497页。
[3] 老舍：《为了团结》，《老舍全集》（第13卷），人民文学出版社1999年版，第672页。
[4] 老舍：《答匿名信》，《人民日报》1957年9月11日。
[5] 老舍：《十年百花荣》，《老舍全集》（第14卷），人民文学出版社1999年版，第43页。
[6] 老舍：《学了什么》，《老舍全集》（第14卷），人民文学出版社1999年版，第53页。
[7] 老舍：《毛主席给了我新的文艺生命》，《老舍全集》（第13卷），人民文学出版社1999年版，第498页。

歌，代表作如《让我们狂欢吧》：

> 我没有作诗的才能。一到国庆，却总有些诗人的感情。不管我写的是诗，还是散文，写得精致，还是粗笨。我必须歌颂这六亿五千万人民的伟大节日！……真的，建国十三年来，我们差不多年年受到考验。事实证明，我们经得起考验！[1]
>
> 每逢一到"十一"国庆节，我就觉得年轻了一些——不，不止年轻了一些，简直是返老还童，像个孩子了！是，一到国庆，便不禁狂喜！请听明白，是狂喜！要不然，怎会像个孩子呢？[2]

当然，作为具有高度艺术修养的老作家，老舍也知道这种"赶任务"式的写作方式并不符合艺术规律，但是强烈的爱国心和高昂的政治热情使他欲罢不能，用他在《自由和作家》一文中的话来说就是："我们看到了几千年来中国从来没有过的政府。我们看到了六亿人民手挽手地奔向社会主义。我们受到了鼓舞。我们应该去写。"[3] 同时，为了提高自己的政治意识和更好地服务新中国，他还自觉地改造思想，积极学习，要求进步。据老舍自述，1949年底，他从美国一回来，即找来《毛泽东选集》，头一篇读的就是《在延安文艺座谈会上的讲话》。读完以后，他感觉既喜又忧，喜的是明白了文艺必须服从政治的道理，忧的是不知道自己该怎么办。"以前，我自以为是十足的一个作家；此刻，除了我能掌握文字，懂得一些文艺形式之外，我什么也没有！毛主席指示：文艺须为工农兵服务。我怎么办呢？从我开始学习文艺写作

---

[1]　老舍：《让我们狂欢吧》，《老舍全集》（第14卷），人民文学出版社1999年版，第165页。
[2]　老舍：《万寿无疆》，《老舍全集》（第14卷），人民文学出版社1999年版，第170页。
[3]　老舍：《自由和作家》，《老舍全集》（第13卷），人民文学出版社1999年版，第644页。

起，二十多年来，我的思想，生活、作品都始终是在小资产阶级里绕圈圈。我最远的'远见'是人民大众应当受教育，有享受文艺的能力与权利。"[1] 但老舍很快作出决定："我要听毛主席的话，跟着毛主席走！"[2] 并发誓要在毛泽东文艺思想里找到自己新的文艺生命。

二、虔诚地改造自我

老舍的自我改造相当虔诚，具体来说，主要表现在以下四个方面：

首先，改变文艺观念。过去老舍把文艺看成是自我表现的工具，爱怎么写就怎么写，强调自我的选择和趣味。现在老舍把文艺看作革命的武器，[3] 据他的秘书葛翠琳回忆，老舍始终把配合政治视为自己义不容辞的责任和应尽的义务，"他热爱新中国，热爱中国共产党，热爱社会主义，满腔热情地歌颂和赞扬新社会，真心实意地为新中国的一切需要尽心尽力。……他赞成的事，总是主动表态，例如支援抗美援朝，公布婚姻法，开展爱国卫生运动……报纸上社论一出现，他就打电话：'我的表态文稿已经写好了。向上级汇报或者发表，您就根据这份文稿处理吧！'"[4]

为了很多配合形势，宣传政策，新中国成立后的老舍写了很多话剧剧本。众所周知，老舍真正擅长的其实并不是话剧，而是小说，尤其是长篇小说的创作。之所以放弃长篇小说而改写话剧，主要原因是话剧的宣传效果更好，收效更快。他希望世人看完他的作品后能够更加热爱社

---

[1] 老舍：《毛主席给了我新的文艺生命》，《老舍全集》（第13卷），人民文学出版社1999年版，第494页。
[2] 同上书，第495页。
[3] 同上书，第494页。
[4] 葛翠琳：《魂系何处——老舍的悲剧》，《北京文学》1994年第8期。

会主义祖国,更加积极自觉地去劳动,使共产主义社会及早到来。老舍的创作热情十分高昂,他恨不得把所有的时间和精力都投入到对新社会的歌颂上,他说:"我一年到头不断地工作。除了生病,我不肯休息。我已经写了不少东西,可是还嫌写的太少。新社会里有多少新人新事可写啊!只要我肯去深入生活,无论是工,是农,还是兵,都有取之不尽,用之不竭的写作资料。每一工厂,每一农村,每一部队单位,都像一座宝山,奇珍异宝俯拾即是。要写工农兵,是给作家开辟了一个新世界,多么现实,多么丰富,多么美丽的新世界啊!"[1]即使生病,老舍也念念不忘创作。如1958年他对前来探望他的人艺导演夏淳说:"大家都大跃进,我偏在这个时候出了毛病,腰直不起来,腿不好走路,可是脑子跟手还挺好。不能老这么呆着,你也帮我想想,看咱们能写点什么。不能写大的,写小的呀!这样一个时代,该写的东西太多了。"[2]出乎夏淳的预料,两个星期之后,老舍就拿出了话剧《红大院》的初稿。为了配合形势,多写一点时代需要的东西,老舍还想尽办法在自己身上挖潜力,有时甚至到了东拼西凑、挖空心思的地步。如20世纪60年代,领导上号召"大写十三年",老舍苦于自己熟悉老北京而不熟悉新中国成立后的新人,想写共产党人又写不生动,于是就动了写祥子新生的念头。他设想祥子南下参加了红军,并在北京解放前夕,潜入北京,发动车夫迎接解放。老舍对祥子续集的构思兴奋之极,以至于居然没有发现以祥子的年龄,这样的构思根本是不可能的。正如人艺老演员李翔评论此事时所说:"老舍对新社会有惊人的热爱,总是想办法写点什么。"[3]

---

[1] 老舍:《生活,学习,工作》,《老舍全集》(第13卷),人民文学出版社1999年版,第548页。
[2] 陈徒手:《人有病,天知否》,人民文学出版社2000年版,第66页。
[3] 同上书,第99页。

其次，改变文人积习，包括与自己的温情主义、中庸心态作斗争。汪曾祺说："老舍先生是文雅的，彬彬有礼的。"[1] 老舍坦承自己身上温情主义比较多，但他愿意向群众看齐，他积极参加各种集会和群众运动，"在这各种集会与活动里，我慢慢的明白了什么是新民主主义，也明白了真理是不接受敷衍的，幸福是用血泪争取来的"[2]。群众运动给老舍的震动很大，尤其是当他和愤怒的群众一起喊"打！"时，他真切地感受到群众的力量。

> 我向来是个文文雅雅的人。不错，我恨恶霸与坏人；可是，假若不是在控诉大会上，我怎肯狂呼"打！打！"呢？人民的愤怒，激动了我，我变成了大家中的一个。他们的仇恨，也就是我的仇恨；我不能，不该"袖手旁观"。群众的力量，义愤，感染了我，教我不再文雅，羞涩。说真的，文雅值得几个钱一斤呢？恨仇敌，爱国家，才是有价值的、崇高的感情！书生的本色变为人民本色才是好样的书生！[3]

在群众运动的感召下，老舍下定决心要改变自己："我不能再舍不得那些旧有的习惯、感情和对人对事的看法。我要割弃它们像恶霸必须被消灭那样！我要以社会的整体权衡个人的利害与爱憎，我要分清黑白，而不在灰影儿里找道理。真的，新社会就是一座大学校，我愿在这

---

[1] 参见汪曾祺：《老舍先生》，张桂兴编：《老舍评说七十年》，中国华侨出版社2005年版，第70页。
[2] 老舍：《感谢共产党和毛主席》，《老舍全集》（第13卷），人民文学出版社1999年版，第463页。
[3] 老舍：《新社会就是一所大学校》，《老舍全集》（第13卷），人民文学出版社1999年版，第476页。

个学校里作个肯用心学习的学生。"[1]

果然,从此以后,老舍的文章越写越尖锐,越写越激愤。"不管他是谁,只要是反革命,咱们就该痛恨,伸手抓住他!敌我之间绝对没有妥协,绝对不能和平共处!""我们斗争得越尖锐,才能越深入敌阵,越早得到胜利。"[2]他爱政府之所爱,恨政府之所恨,疾言厉色,锋芒毕露,与从前的温文尔雅判若两人。如他号召打倒帝国主义:"帝国主义的嘴可打得么?我们说:非打嘴巴不可!帝国主义、殖民主义是今天的最腐臭的、最反动的东西,我们岂止要打他的嘴巴,而且必须把他从地球上轰出去!"[3]他诅咒美国没有文化,"真正艺术的百花园在我们这里,不在环绕着垃圾堆跳呼啦圈舞的地方。据说,呼啦圈舞已经过了时,大概新的'创造'该是棺材钱死尸舞了吧"[4]。他揭露胡风想做"文坛的暴君","这是什么心肠呢?我猜不透!我只能说,除了受过美蒋特务训练的人,谁会这么想一想呢?"[5]他谴责逍遥派跟着开会,跟着学习,但多一句不说,多一步不走,把斗争和运动看成应付公事,丝毫不往心里去,"痛恨你的敌人吧,学会一个爱国者应当怎样愤怒吧,在这运动中一定要教敌人一败涂地,永难翻身!"[6]他指出,"对右派分子必须斗争,不该稍存温情主义"[7],他强调,"不说话,不参加斗争,是个

---

[1] 老舍:《新社会就是一所大学校》,《老舍全集》(第13卷),人民文学出版社1999年版,第477页。
[2] 老舍:《别光说"真没想到"啊》,《老舍全集》(第13卷),人民文学出版社1999年版,第605页。
[3] 老舍:《我们的时代是被压迫民族翻身的时代》,《老舍全集》(第14卷),人民文学出版社1999年版,第14页。
[4] 老舍:《我们高兴,敌人心慌》,《老舍全集》(第14卷),人民文学出版社1999年版,第39—40页。
[5] 老舍:《看穿了胡风的心》,《老舍全集》(第13卷),人民文学出版社1999年版,第584页。
[6] 老舍:《别光说"真没想到"啊》,《老舍全集》(第13卷),人民文学出版社1999年版,第606页。
[7] 老舍:《斗争右派,检查自己》,《老舍全集》(第14卷),人民文学出版社1999年版,第702页。

人主义的明哲保身。是和社会主义不谐调的。这样的人，即使不公开反对社会主义，也是不即不离，对社会主义没有热爱，对集体事业不热心"[1]；他咒骂美国总统艾森豪威尔是"瘟神"，"非狠打不可"，"修正主义者说艾森豪威尔也讲和平。呸！艾森豪威尔不老老实实地坐在家里，而到东方来散瘟放毒，正是加紧备战，加紧侵略的疯狂表现。他的确疯狂，要不然他就不会在刚刚破坏了四国首脑会议之后，又到东方来兴风作浪！好吧，他既来了，我们就叫他抱头鼠窜地滚回去！打倒无恶不作的美帝国主义！打倒美帝头号代表艾森豪威尔！坚决解放台湾！这是中国六亿多人民的爱国的表现与决心！让我们与全世界所有反美的人民团结起来，乘胜前进，坚决斗争，瘟神必会灭亡，人民必定胜利"[2] 等等。

"呸"本是骂人的话，但它却多次出现在老舍的杂文中，如 1952 年发表在《光明日报》上支持"三反"运动的杂文题目就是《呸！》。有人说：贪污的事，自古皆有，不值得大惊小怪。老舍反驳说："呸！这分明是轻视伟大的'三反运动'，以为这运动是多此一举！贪污的事的确是自古有之，正因为如此，才须在今天彻底肃清。人应当一代比一代好，坏处越古，越须从速消灭。我们正在积极地打'老虎'，那贪污自古有之的思想也是'老虎'，必须打杀，不再教它在人心中发威作怪！所以，有人援引古事，轻视'三反'，咱们要'诛'他的心！"有人说贪污自古皆有，说明这是人的本性，因此不必大惊小怪。老舍更气愤了："呸！呸！这是为贪污开脱罪名，倒好像贪污不是什么可耻可恨的事。好不要脸！这种话完全由个人利益出发。敢发此言的不是贪污分子，必是想包庇贪污分子！一个手脚干净的人，一定不会说这种无耻

---

[1] 老舍：《首先做一个社会主义的人》，《老舍全集》（第 13 卷），人民文学出版社 1999 年版，第 706—707 页。
[2] 老舍：《狠打瘟神》，《老舍全集》（第 14 卷），人民文学出版社 1999 年版，第 101—102 页。

的话！"[1]

这种批判加诅咒的文风，确实很难让人相信这是出自温文儒雅的老舍笔下，但也表现出老舍对党的感情的真挚。其他如《扑灭暗害志愿军的奸商》、《看穿了胡风的心》、《扫除为人民唾弃的垃圾》、《都来参加战斗吧》、《小胡同的声音》等，也大多写得剑拔弩张、气势汹汹，尖利而严苛。老舍在《元旦》一文中说："假若有人敢轻视或仇视中国人民和人民政府，我就会用我的笔，我的思想，甚至我的牙，去诛伐，去咬死他！"[2] 在这些文章里，我们确实看到了老舍性格中的另一面。

第三，改变创作方式，深入生活，向群众学习。新中国文艺强调为工农兵服务，写社会主义的新人新事新风尚，为了熟悉描写和歌颂的对象，老舍不顾年纪大，精力差，体力不足的现实困难，积极下乡、下工厂、下部队，热情相当高。如1951年为创作话剧《西望长安》，他亲自去西安了解案情，以致因劳累过度，病情加重。1954年为了写好志愿军，亲自赴朝鲜前线慰问士兵，正如葛翠琳所说："他有一双寒腿，最怕潮湿寒冷，平时走路都用手杖。他每天离不开热茶，在朝鲜却喝冷水，但这些困难他没放在心上，去朝鲜前线他很兴奋。"[3] 即使到了1966年春，为了配合政治宣传，写好快板《陈各庄养猪多》，老舍仍以老弱之躯，主动到北京顺义和密云的农村体验生活。综观老舍在新中国成立后的创作，可以看到，老舍想为新中国写作的热情之高和干劲之大，绝不输于年轻人。

不仅如此，为了保证思想的正确，老舍还放下架子，把剧本念给工

---

[1] 老舍：《呸！》，《老舍全集》（第13卷），人民文学出版社1999年版，第486页。
[2] 老舍：《元旦》，《老舍全集》（第13卷），人民文学出版社1999年版，第428页。
[3] 葛翠琳：《魂系何处——老舍的悲剧》，《北京文学》1994年第8期。

人、管理员们听,并根据他们的意见修改剧本,不走过场,不打官腔,那种认真的态度和宽阔的胸怀是一般人不容易做到的。以话剧《春华秋实》为例,该剧本是应国家领导人之命而写的反映"三反"运动的多幕话剧,由于话剧创作时"三反"运动还未结束,更由于老舍当时对工人生活十分陌生,对运动的性质以及中央的意图琢磨不透,整个剧本前后修改达十二次之多,而每改一次,几乎都是从头写起。据舒乙说,现存该话剧遗稿的文字足有五六十万之多。[1] 但老舍从不抱怨,态度之好,世所罕见。人艺导演欧阳山尊称赞老舍"那种十多遍从头写起的勇气,那种勇敢积极的劳动态度让我们每个人感动",人艺著名演员周瑞祥也说,"没听说老舍有什么反感,他依然是满腔热情。这部戏当时没演几场,寿命不太长"。[2] 其实,老舍心里很清楚,剧本之所以失败,关键的原因在于主题先行,且生活经历不够,因此,无论怎么改,最后都只能弄成苍白的宣传品。但尽管这样,老舍仍然对这种集体化的创作方式乐此不疲。他曾这样总结自己的创作:

> 解放前,我的写作方法是自写自改,一切不求人,发表了以后,得到好批评就欢喜,得到坏批评,就一笑置之。我现在的写作方法是:一动手写就准备着修改,决不幻想一挥而就。初稿不过是"砍个荒子",根本不希望它能站得住。初稿写完,就朗读给文艺团体或临时约集的朋友们听。大家以为有可取之处,我就从新另写,大家以为一无可取,就扔掉。假若是前者,我就去那么再写一遍、两遍、到七八遍。……敝帚千金,不肯求教大家,不肯更改一字,才

---

[1] 陈徒手:《人有病,天知否》,人民文学出版社2000年版,第42页。
[2] 同上书,第54页。

正是我以前的坏毛病。改了七遍八遍之后，假若思想性还不很强，我还是扔掉它。[1]

第四，改变生活方式，积极参加社会活动，关心政治，不再清高，与世疏离。1959年在悼念好友罗常培的文章中，老舍反省自己有清高自任、远离政治的小资产阶级弱点。

> 独立不倚的精神，在旧社会有一定的好处。它使我们不至于利欲熏心，去趟混水。可是它也有毛病，即孤高自赏，轻视政治。莘田的这个缺点也正是我的缺点。我们因不关心政治，便只知恨恶反动势力，而看不明白革命运动。我们武断地以为二者既都是搞政治，就都不清高。在革命时代里，我们犯了错误——只有些爱国心，而不认识革命道路。细想起来，我们的独立不倚不过是独善其身，但求无过而已。我们的四面不靠，来自黑白不完全分明。我们总想远远躲开黑暗势力，而躲不开，可又不敢亲近革命。直到革命成功，我们才明白救了我们的是革命，而不是我们的独立不倚！是的，到解放后，我们才看出自己的错误，从而都愿意跟着共产党，积极为人民服务，彼此见面，我们不再提独立不倚，而代之以政治关心，改造思想。[2]

新中国成立后，老舍的政治觉悟有了明显的提高和改变，他不仅在写作之余参加了许多社会活动，而且在很多文艺团体和社会团体兼职。

---

[1] 老舍：《毛主席给了我新的文艺生命》，《老舍全集》（第13卷），人民文学出版社1999年版，第498页。

[2] 老舍：《悼念罗常培先生》，《老舍全集》（第14卷），人民文学出版社1999年版，第11—12页。

有西方作家善意地劝告他:"你是作家,你应当专心写作!"老舍说:"这要是搁在解放前,我必定感谢那位客人,而觉得忙于社会活动等等是不必要的。"[1] 但是现在情况不同了,他也不能再这样做了。在新中国,闭门写作,不关心社会,只顾自己,被视为典型的资产阶级思想,因此,为了跟上形势,不落伍,也为了写出思想性与艺术性兼备的好作品,老舍表示必须"热心参加北京文艺界的学习——政治学习与业务学习"[2]。据傅光明研究,老舍几乎参加了20世纪50年代所有的批判运动,并发表了许多措辞激烈的批判文章。[3] 老舍认为,"不说话,不参加斗争,是个人主义的明哲保身。是和社会主义不协调的。这样的人,即使不公开反对社会主义,也是不即不离,对社会主义没有热爱,对集体主义不热心"[4]。因此,即使是"文化大革命",老舍也是积极参加的,他很兴奋,也很激动,本来因为身体不好,他完全可以在家学习,但他却主动与北京文联联系,要求参加学习,即使夫人反对,朋友劝阻,他也不改初衷。

三、无法克服的困难

让老舍伤心的是,虽然他努力紧跟,但是仍有一些无法克服的困难和矛盾,他无法真正融入新中国的政治生活。

---

[1] 徐德明编:《老舍自述》,长江文艺出版社2006年版,第254页。
[2] 老舍:《生活,学习,工作》,《老舍全集》(第13卷),人民文学出版社1999年版,第548页。
[3] 参见傅光明:《口述历史下的老舍之死》,山东画报出版社2007年版。
[4] 老舍:《首先做一个社会主义的人》,《老舍全集》(第13卷),人民文学出版社1999年版,第706—707页。

首先,在创作上,为了国家,他想写出好作品、大作品,但生活准备的不足,使他常常只能东拼西凑,精神上十分苦闷,正如他在《自由与作家》一文中所坦言:"我有热情,有大步前进的冲动,但在我一心想把革命斗争的事实变成血肉丰满的艺术作品时,我的政治理解和生活经历的局限却妨碍了我。"[1]另一方面,新中国成立后的文艺界是政治运动的重灾区,作家的写作禁忌重重,动辄得咎,即使像老舍这样配合政治运动写作的高手,也常有力不从心之感。话剧《春华秋实》的失败就是一个十分突出的例子。[2]当然,有时候也会有例外的成功,如《茶馆》虽然原本也是为配合政治宣传而作,但由于写的是过去的熟悉的生活世界,老舍的天才再一次得到爆发,尤其是第一幕,堪称世界舞台上的杰作。不过《茶馆》的成功并未使老舍的处境得到根本改善,因为不断有人批评指责它为旧中国唱"挽歌","不够革命"。1958年的首次演出正在热潮中,文化部的一位副部长亲临剧院,责问:"《茶馆》第一幕为什么搞得那么红火热闹?第二幕逮学生为什么不让群众多一些并显示出反抗的力量?"并警告说:"一个剧院的风格首先是政治风格,其次才是艺术风格,离开政治风格讲艺术风格就要犯错误。"于是,《茶馆》第二天就被迫停演。1963年第二次上演,"宣传稿写了发不出去,报上不发消息",剧院"只好就收了,自个儿撤了《茶馆》"。[3]得到周恩来的认可和支持的《茶馆》,命运尚且如此,其他作品就更可想而知了。

应该说,片面强调文艺的政治功能,视文学为宣传的工具,本身就违背了艺术的规律,老舍有心在二者中间取得平衡,费尽了心思,但也

---

[1] 老舍:《自由和作家》,《老舍全集》(第13卷),人民文学出版社1999年版,第642页。
[2] 陈徒手:《人有病,天知否》,人民文学出版社2000年版,第51—59页。
[3] 参见陈徒手:《人有病,天知否》,人民文学出版社2000年版,第91页;胡絜青:《关于老舍的〈茶馆〉》,《散记老舍》,上海文艺出版社1986年版,第262—266页。

吃够了苦头。熟悉的人物不能写，可以写的又了解不深，创作上的失败，是必然的。或许正因此，老舍一度后悔年轻时不听人劝非要搞文艺。[1]

其次，生活方式上，半是官员半是作家的生活也让老舍不是很适应。他多次在给友人的信中抱怨事情太多，没有时间处理私人事务，更没有时间读书和写作，如"老没写信，因为太忙"，"近两月来，我是上午在家工作，乱造妖魔。下午到市'文联'办公——这是个相当重的包袱"，"腿不好，据专家说，还得开刀！！！不过，也有好处。若不是腿坏，我早被派出国参加这个那个大会"[2]。又如1951年5月3日致大卫·劳埃德的信中说："我实在太忙了，向您抱歉，拖了这么长时间才给您写信。作为北京市文联的主席，我要干的事太多，简直找不出时间处理我自己的私事。"[3] 另外，大同小异、层出不穷的各种会议也让老舍十分头疼，据陈徒手说，1956年中国作家协会收集作协会员的建议和要求，老舍就写了两句话："少教我参加会议与社会活动，允许我下乡数月。"[4] 1957年元旦老舍在《人长一岁，事进千里》中再次说："我个人没什么愿望，只求杂事减少，好匀出时间多写些文章。""少叫我开会，多鼓励我写作。"过多的社会应酬，使老舍疲于奔命。据说他曾跟人艺老演员李翔发过牢骚："作家是写书的，不要参加这会那会，去机场，让我写不了书。"人艺老演员梁秉昆甚至听到老舍说："每天上午要写作、搬花，就是毛主席找我开会都不去。"[5] 为了摆脱杂事的干扰，老舍曾经想过要辞去一切职务专心读书和写作，如1956年11月30日他在

---

[1] 参见程绍国：《鸿雁存影》，《当代》2005年第3期。
[2] 转引自张桂兴编：《老舍年谱》（下），上海文艺出版社2005年版，第611页。
[3] 同上书，第648页。
[4] 陈徒手：《人有病，天知否》，人民文学出版社2000年版，第76页。
[5] 同上书，第77页。

《闲谈》中写道:"我从去年就打算辞去一切职务,专心写作,可是各方面都不点头。在这里,我再一次呼吁:允许我这样作吧!我写不出伟大的作品,我知道。但是我也知道,我的确爱写、能写一点,而且写的多了,可能写出一两部像点样子的。我已经是五十八岁了,现在还不加劲写作,要等到何时呢?我又要下跪了!"[1] 和所有真正热爱文学的作家一样,老舍十分在意自己的作家身份,他想尽力给国家办事,也想有更多的时间和更好的条件能够安心创作,无论什么原因,长时间不拿笔,都会使他感觉很不自在,"事情多就不能写作,这言之成理,本可居心无愧。可是,我到底是个作家,作家而不写作,究竟不大像话"[2]。为了更好地创作,老舍甚至多次在文章说自己想给各方面领导"下跪"!

老舍一直想摆脱无聊的事务与不必要的应酬而不得,一方面说明他的书生气质根深蒂固,另一方面也说明他对新中国成立后的政治生活有些"隔"。晚年的老舍曾深有感慨地对周围人说:"年轻人,总想着出名,他们不知道,名人不是那么好当的。成了名人,那名字就不只属于自己,有更多的社会义务。当名人,是要付出很大代价的,甚至牺牲个人的自由。"[3] 应该说,老舍的感慨不是无中生有的。

第三,同情支持革命,但本身并不被革命力量所真正认同和接纳,这也是老舍的一个心病。应该说,在 20 世纪二三十年代开始创作的老作家中,老舍是为数不多的几个与新社会保持良好的互动关系的作家之一,尤其是周恩来总理对他相当器重,但是在文艺圈子内部和中央高层,老舍的地位并不高。如《龙须沟》成功上演后,周恩来很高兴,认

---

[1] 老舍:《闲谈》,转引自张桂兴编:《老舍年谱》(下),上海文艺出版社 2005 年版,第 789—790 页。
[2] 同上书,第 789 页。
[3] 葛翠琳:《魂系何处——老舍的悲剧》,《北京文学》1994 年第 8 期。

为老舍给他帮了大忙,建议周扬出面以文化部的名义授予老舍"人民艺术家"的称号,但此事却引起了文艺界众多的非议与抵制,"解放区来的一些作家、理论家不服气,认为老舍刚从美国回来,没有参加革命斗争,这样表彰他有些不合适"[1],后来还是由彭真出面以北京市政府的名义进行表彰,才得以了结。其实,老舍在抗战时期就与共产党有长期的友好的合作关系,但在新中国,老舍的这一经历一直被有意无意地淡化,如1951年上半年老舍奉命写作的以知识分子思想改造为题材的电影剧本《人同此心》之所以在审查时被"枪毙",就因为江青的一句话:"老舍自己就是一个没有经过改造的知识分子。他哪能写好符合我们要求的电影剧本?怎么改也改不好。"[2]另据老舍秘书葛翠琳回忆:"老舍很以作新中国主人自豪,他事事尽心尽力,希望真正成为新中国的主人。但是在文艺界似乎给他一种感觉,他始终成不了主人。……有些从解放区来的党员老作家,似乎表现出一种强烈的政治优越感,特别是某些有地位有职有权的代表性作家,掌握着文艺阵地,在文坛上有举足轻重的影响,他们对老舍只是礼貌性的尊重,场面上打招呼而已,实际上从没有任何个人交往。似乎老舍不属于他们的圈子。甚至一些礼节性的场面,也能微妙地感觉出来彼此间的某种冷淡。"[3]凡此种种,都可以看到主流社会一直对老舍的身份和立场存在偏见与成见。或许正因此,1959年,备感委屈的老舍也萌生了要"入党"的想法。当然,与上述不信任相比,更让老舍感到幻灭和绝望的,还是"文革"时期,他的爱国心居然被人怀疑和否定,这使他顿时丧失了活下去的信心和依据。

---

[1] 陈徒手:《人有病,天知否》,人民文学出版社2000年版,第46页。
[2] 齐锡宝:《回忆老舍先生奉命写〈人同此心〉的前前后后》,《电影创作》1994年第7期。
[3] 葛翠琳:《魂系何处——老舍的悲剧》,《北京文学》1994年第8期。

四、"我就觉得有点对不起新社会"[1]

老舍"一生把爱国心奉为宗教"[2],有人将他比为当代的"屈原",如季羡林先生在怀念老舍的文章《我记忆中的老舍先生》[3]中谈及老舍之死时所说:

> 一个人除非万不得已决不会自己抛掉自己的生命。……当老舍先生徘徊在湖水岸边决心自沉时,眼望湖水茫茫,心里悲愤填膺,唤天天不应,唤地地不答,悠悠天地,仿佛只剩下自己孤身一人,他会想到自己的一生吧!他这一生是忠诚于祖国,忠诚于人民的一生,然而到头来却落到这等地步。为什么呢?究竟是为什么呢?如果自己留在美国不回来,著书立说,优游自在,洋房、汽车、声名利禄,无一缺少,舒舒服服地过一辈子,说不定能寿登耄耋,富比王侯。他不是为了热爱自己的祖国母亲,才毅然历尽艰辛回来的吗?是今天祖国母亲无法庇护自己那远方归来的游子了呢?还是不愿意庇护了呢?我猜想,老舍先生决不会埋怨自己的祖国母亲,祖国母亲永远是可亲可爱的,在任何情况下都是可爱的。他也决不会后悔回来的。但是,他确实有一些问题难以理解,他只有横下一条心,一死了之。这样的问题,我们今天又有谁能够理解呢?我想,老舍先生还会想到自己院子里种的柿子树和葡萄。他当然也会想到自己

---

[1] 老舍:《学习当先》,《老舍全集》(第13卷),人民文学出版社1999年版,第448页。
[2] 转引自汤晨光:《老舍与现代中国》,湖南师范大学出版社2002年版,第262页。
[3] 季羡林:《我记忆中的老舍先生》,张桂兴编:《老舍评说七十年》,中国华侨出版社2005年版,第60—61页。

的亲人，想到自己的朋友。所有这一些都是十分美好可爱的。对于这一些难道他就一点也不留恋吗？决不会的，决不会的。但是，有一种东西梗在他的心中，像大毒蛇缠住了他，他只能纵身一跳，投入波心，让弥漫的湖水给自己带来解脱了。

两千多年前，屈原自沉于汨罗江。他行吟泽畔，心里想的恐怕同老舍先生有类似之处吧。他想到："蝉翼为重，千钧为轻；黄钟毁弃，瓦釜雷鸣。"他又想到："世人皆浊我独清，众人皆醉我独醒。"难道老舍先生也这样想过吗？这样的问题，有谁能够答复我呢？恐怕到了地球末日也没有人能答复了。我在泪眼模糊中，看到老舍先生戴着眼镜，在和蔼地对我笑着，我耳朵里仿佛听到了他那铿锵有节奏的北京话。我浑身颤抖，连灵魂也在剧烈地震动。

呜呼！我欲无言。

季羡林先生的文章写得很感人，问题也提得很尖锐。毫无疑问，老舍之死，主要是政治迫害，但他自身的思想局限也使他的悲剧带上了一层浓厚的悲怆色彩。具体而言，老舍的国家意识中至少有三个方面的弱点：其一是臣民意识突出，公民意识薄弱；其二，感恩心理浓厚，自我意识萎缩；其三，国家立场鲜明，主体意识匮乏。

和同时代的大多数作家一样，老舍深爱自己的祖国，为新中国的一切进步和发展感到由衷的自豪，但他将国家建设和社会发展的一切成果均归功于毛泽东的恩情，对之顶礼膜拜，讴歌之唯恐不及，而不知国家的本质在于维护公民的合法权利，这是一种典型的臣民心态。

打开老舍新中国成立后的著述，可以看到，他几乎从头至尾都在歌颂共产党、歌颂人民政府和毛主席,而且他把自己放在十分渺小,甚至无足轻重的地位。如写于1951年的《我多么热爱新北京》:"我爱北京,我更爱今天的北京——她是多么清洁、明亮、美丽!我怎么不感谢毛主席呢?是他,给北京带来了光明和说不尽的好处哇!"[1]他对小朋友歌颂毛主席:"小朋友们,爱毛主席吧,爱祖国吧!毛主席给你们带来无限的幸福,伟大的祖国养育着你们!不要辜负了毛主席的慈心,不要忘了报答祖国的恩惠。你们现在是快乐的儿童,你们必须心怀大志,将来作个对得起毛主席与祖国的好汉子。"[2]"小朋友们,感谢共产党与毛主席吧!为报答党与毛主席的恩惠,你们都要好好学习,好好锻炼身体,养成爱劳动的好习惯,立志将来要作社会主义建设的积极分子!"[3]他教育青年要感激毛主席:"在这国庆节的好日子,青年朋友们,让我给你们道喜吧!有毛主席爱你们,关切你们,培养你们,你们今天是多么幸福啊!……你们要感谢毛主席,是毛主席给了你们新的教育,使你们成为前进的,光荣的青年!"[4]他对文艺工作者歌颂毛主席的英明伟大,"光荣是毛主席的,十年来新的革命文艺的一些成绩与成就是我们文艺工作者遵行了毛主席指示的结果。十年来,我们的工作也有缺陷与错误,那证明了我们还不完全了解,还没有彻底执行毛主席的文艺方针"[5]。他对少数民族同胞说:"兄弟姐妹们,我们多么幸福呵,说着不同的语言,穿着不同的衣服,可是都心心相印,亲如一家呵!……让我

---

[1] 老舍:《我多么热爱新北京》,《老舍全集》(第13卷),人民文学出版社1999年版,第441页。
[2] 老舍:《我羡慕你们》,《老舍全集》(第13卷),人民文学出版社1999年版,第461页。
[3] 老舍:《今天的儿童真有幸福》,《老舍全集》(第14卷),人民文学出版社1999年版,第9页。
[4] 老舍:《前进吧,中国的青年们》,《老舍全集》(第13卷),人民文学出版社1999年版,第468—469页。
[5] 老舍:《我们热诚地迎接这伟大的日子》,《老舍全集》(第13卷),人民文学出版社1999年版,第500页。

们一齐欢呼：中国共产党万岁！毛主席万岁！民族大团结万岁！"[1]他对街坊邻居说："忘了昔日的苦痛，怎能坚决地向党献出一切力量，报答党的救命之恩呢！……想想当初，看看现在，只有感谢党和毛主席！"[2]

同理，在批判右派分子、反革命分子以及骄傲自大的青年作家时，老舍经常提及一个的理由就是"忘恩负义"，如他指责胡风"吃着人民喝着人民，而咬牙切齿地恨人民"，罪该万死，"以胡风来说吧，解放后，政府处处照顾他，给他薪资，给他地位，团结他，劝告他……。按理说，他应当感激，怎么反而闹反革命呢"！[3]又如他诅咒反革命分子："天天吃着人民供给的粮食，却仇恨人民民主专政的一切，干着颠覆人民政权的罪行。这些破坏人民事业的暗藏的反革命罪犯，应依法予以严惩！"[4]他揭露右派分子："请看，右派分子中有的是全国人民代表，有的是中央的部长，名位高，待遇好，人民对待他们可谓仁至义尽。可是，他们受了感动吗？大家都看见了，他们吃着人民，喝着人民，而仇恨人民，想打倒人民的救星共产党，破坏人民所都要走的社会主义道路。"[5]

将抽象的"人民"、"国家"视为自己的衣食父母，强调个人爱祖国应该像孩子孝顺父母一样以尽心所事、绝对忠顺为最高原则，这正是封建伦理对臣民提出的要求而非现代社会的公民道德。

当然，从现有的资料看，老舍就对新中国成立后政治运动的某些做法也有过不满和批评，比如在批判《武训传》的时候，一个从武训家乡

---

[1] 老舍：《民族团结万岁》，《老舍全集》（第14卷），人民文学出版社1999年版，第70—71页。
[2] 老舍：《人的跃进》，《老舍全集》（第14卷），人民文学出版社1999年版，第108—111页。
[3] 老舍：《别光说"真没想到"啊》，《老舍全集》（第13卷），人民文学出版社1999年版，第604页。
[4] 老舍：《扫除为人民唾弃的垃圾》，《老舍全集》（第13卷），人民文学出版社1999年版，第588页。
[5] 老舍：《旁观，温情，斗争》，《老舍全集》（第13卷），人民文学出版社1999年版，第681页。

来的文化工作者李士钊在一次批判会后对老舍说:"今天的会我没有发言。"他原以为老舍会责怪他不积极发言,而老舍脱口而出的是:"好!没发言好!"[1] 批俞平伯时,他承认,平时也没有很好地关心俞先生的生活和工作。又如在批判"丁玲陈企霞反革命集团"、批判《文艺报》时,许多评论家作家几乎一致地表态紧跟,从不同角度阐明这种批判的正确性,老舍却有为《文艺报》申辩的言论。据葛翠琳回忆,在北京市传达布置学习时,老舍对一位领导说:"《文艺报》是在中央直接领导下的刊物呀,白纸黑字印出来,上边都是看到的!如果真的出了问题,也不能完全是《文艺报》的责任。孰是孰非?应该实事求是。我看了《文艺报》,如果接受了《文艺报》的观点,那就是我的问题,我又不是小青年,长着脑袋干什么的?到这会儿了,我找《文艺报》算这笔帐去?要批,我只能批自个儿喽!"[2] 其他如反右运动、大跃进运动、新民歌运动等老舍事实上都有自己的想法,但是,在公开媒体,我们看到老舍很少保持沉默或发出不一样的声音,相反他的赞歌比谁都唱得响,调门比谁都唱得高。即使在"大跃进"造成大饥荒以后,他仍然在放声高歌生活在毛泽东时代是无比的幸福:"连续三年的严重自然灾害哟,叫咱们闯过来了!咱们怎能不衷心地感激党与毛主席的领导有方呢!英明的领导叫咱们人人有了英雄气概!"[3] 如此自欺欺人、如此粉饰太平的表态文章,出自老舍这样一个正派的作家之手,除了用"准宗教"来形容他这种"非理性"的爱国信仰外,实在很难找到合理的解释。

当然,内在的报恩情结也在一定意义上限制了老舍的立场,使他很难对国家政治提出不同的看法。他多次谈到自己的负疚之心,"我就觉

---

[1] 舒乙:《老舍的关坎和爱好》,今日中国出版社 1988 年版,第 104 页。
[2] 葛翠琳:《魂系何处——老舍的悲剧》,《北京文学》1994 年第 8 期。
[3] 老舍:《立春大吉》,《老舍全集》(第 14 卷),人民文学出版社 1999 年版,第 153 页。

得有点对不起新社会"[1]。深知老舍为人的林斤澜称老舍"是一个充满矛盾的两面人"[2]。在某种意义上,应该说,这其实也是老舍的国家意识与自我意识相冲突的必然结果。据林斤澜回忆,新中国成立后的老舍在相当长的时间里处于一种敷衍的状态,一方面,他有滋有味地"紧跟"形势,大唱"赞歌",另一方面,又在私下里暗暗地写他的《正红旗下》,"他不是称赞我深入生活吗?我有时从农村回来,向他这个文联主席汇报工作,嗳,他很不耐烦。他不是经常称赞我勤奋吗?一天我把刚出的新书《山里红》给他时,他看也不看,把它放在一边。淡淡地说一句:'你又出书啦。'"[3]但是在急风暴雨的政治运动中,老舍可以徘徊、周旋的空间毕竟很小,一旦被逼上梁山,盲目信仰、狂热紧跟也使他伤害了很多不应伤害的友人和同事,其中的教训十分沉重。林斤澜说"老舍这个人绝不可恶,但有时却非常可怕"[4]的主要原因即在此。

据臧克家回忆,每次老舍参加了最高国务会议或"人大"、"政协"常委会会议之后,"见了面,总是对我传达毛主席、周总理的指示,精神很振奋。有一次,他说,毛主席号召领导干部要时常下去蹲点,不能脱离群众,高高在上。我一两天就要到北京市一个满族聚居的公社里去生活一个时期,我是满族人,情况比较熟悉,将来想就这个题材写作品";"老舍热爱毛主席,他常说'我想把毛主席诗词用心好好写一年。'"[5]葛翠琳也说老舍曾十分激动地向文联的工作人员传达"两会"

---

[1] 老舍:《学习当先》,《老舍全集》(第13卷),人民文学出版社1999年版,第448页。
[2] 参见程绍国:《鸿雁存影》,《当代》2005年第3期。
[3] 同上。
[4] 同上。
[5] 参见臧克家:《老舍永存》,张桂兴编:《老舍评说七十年》,中国华侨出版社2005年版,第32—45页。

的精神,尤其是毛主席和他的交谈,使他"回来后兴奋不已"[1]。不仅如此,毛主席转送的礼品,也让老舍受宠若惊,十分自豪。在汪曾祺、马小弥、章靳以的回忆中[2],都曾提到老舍藏有毛主席赠送的酒,每次朋友聚会或有重大事情如国庆等,他都会郑重地拿出来请朋友们分享,感激之情溢于言表。

老舍对毛主席的感激与热爱,最典型的文本表现应该是1954年中国第一部宪法公布后所写的两篇文章:《毛主席,我选举了您!》、《最光荣的时刻》。前者记述了老舍参加人大代表选举的心情,他为自己有资格参加选举,并为毛主席投上一票而激动万分,"当我一拿到那张红色的选票,我的心差不多要跳了出来,我的手心上出了汗。我不知道怎样才好了!我本要是跳起来欢呼,可是喊不出,我眼圈儿倒湿了"。他直言不讳地视毛主席为自己的再生父母:"拿着那张选票,我很快地想起了自己的过去:一个平凡的文艺工作者,自幼年到中年一直是委委屈屈地活着,不敢得罪任何人,总是逆来顺受。直到解放后,我才看明白一些革命的真理,见到了光明,而且得到了政治地位——现在,我是北京市的人民代表。真理,光明,政治地位,都是谁给我的?伟大的毛主席!今天,我有权利选举毛主席作全国人民代表大会代表了!我怎能不感动得要落泪呢!"[3]老舍是基督徒,但在他对毛泽东的顶礼膜拜中,我们几乎看不到基督教反对偶像崇拜的教义对他有什么约束,他几乎用毛泽东代替了他心中的上帝。因此写完这篇文章后,老舍感到意犹

---

[1] 葛翠琳:《魂系何处——老舍的悲剧》,《北京文学》1994年第8期。
[2] 参见汪曾祺:《老舍先生》,《老舍永存》,张桂兴编:《老舍评说七十年》,中国华侨出版社2005年版,第72页。
[3] 老舍:《毛主席,我选举了您!》,《老舍全集》(第13卷),人民文学出版社1999年版,第541页。

未尽,半个月后,他又在散文《最光荣的时刻》再次回忆当时的情景:"是的,谁能在投毛主席的票的时候,不想起在旧社会里所受的一切苦难压迫,不感激毛主席所给的幸福与光明呢?若不是毛主席给了全国人民一个优越的民主制度,大家哪里来的选举权利呢?真的,谁一辈子也忘不了这一天,最光荣幸福的这一天!"[1] 可以说,老舍的描写略带夸张,但感情却是真挚、虔诚的。不过,作为从"五四"走过来的、沐浴过西风美雨的现代作家,老舍的这种恩赐民主的思想与偶像崇拜的狂热心态又是匪夷所思的。

正是在这里,我们看到了他与"五四"作家的距离。

"五四"以来,知识界的主流在表述爱国思想时,始终是在自由、人权、民主与科学的现代性框架中进行的,如陈独秀早在新文化运动发动的前夕就说:"国家者,保障人民之权利,谋益人民之幸福者也。不此之务,其国也存之无所荣,亡之无所惜。""或谓:恶国家胜于无国家。予则云,残民之祸,恶国家甚于无国家。"[2] 李大钊指出:"我们现在所要求的,是个解放自由的我,和一个人人相爱的世界。介在我与世界中间的家国、阶级、族界,都是进化的障碍,生活的烦累,应该逐渐废除。"[3] 高一涵还专门写了《国家非人生之归宿论》一文,详细地阐述了洛克、斯宾塞、康德的自由主义思想,指出国家与人民权利与义务是相互的:

> 国家者非人生之归宿,乃求得归宿之途径也。人民国家有互相

---

[1] 老舍:《最光荣的时刻》,《老舍全集》(第13卷),人民文学出版社1999年版,第544页。
[2] 陈独秀:《爱国心与自觉心》,《陈独秀著作选编》(第一卷),上海人民出版社2010年版,第150页。
[3] 李大钊:《我与世界》,《李大钊文集》(下),人民出版社1984年版,第23页。

对立之资格，国家对于人民有权利，人民对于国家亦有权利。人民对于国家有义务，国家对于人民亦有义务。国家得要求于人民者，可牺牲人民之生命，不可牺牲人民之人格。人民之尽忠于国家者，得牺牲其一身之生命，亦不得牺牲一身之人格。人格为权利之主，无人格则权利无所寄。无权利则为禽兽、为皂隶，而不得为公民。故欲定国家之鹄向，必先问国家为何而生存；又须知国家之资格，与人民之资格相对立，损其一以利其一，皆为无当。[1]

"五四"时期，先进的知识界普遍反对国家偶像说。如周作人在《新文学的要求》中，他写道："古代的文学纯以感情为主，现代却加上了多少理性的调剂。许多重大问题，经了近代的科学的大洗礼，理论上都能得到了解决。如种族国家这些区别，从前当作天经地义的，现在知道都不过是一种偶像。所以现代觉醒的新人的主见，大抵是如此：'我只承认大的方面有人类，小的方面有我，是真实的。'"[2]"五四"作家认为，国家是历史的产物，国家绝非人类与生俱来、天经地义的永恒存在，因此，也决没有非崇拜不可的理由。其次，他们强调，国家的本质及其合法性体现在对人权的捍卫和保障上，"社会的幸福，实不过是造成这社会或这国家的个人的幸福"[3]，因此，倘若国家或政府不能履行其职责，甚至反其道而行之，人民拥有重新选择或进行革命的权利，正如美国《独立宣言》所说："我们认为这些真理是不言而喻的：人人生而平等，他们被造物主赋予某些不可转让的权利，其中包括生命、自由和

---

[1] 高一涵：《国家非人生之归宿论》，《青年杂志》第1卷第4号，1915年。
[2] 周作人：《新文学的要求》，《艺术与生活》，河北教育出版社2002年版，第22页。
[3] 参见周作人：《论俄国革命之哲学的基础》，《艺术与生活》，河北教育出版社2002年版，第186页。

追求幸福的权利。为了保障这些权利，人们才在他们之间建立政府，而政府的正当权利则来自被统治者的同意。任何形式的政府，一旦破坏这些目的，人民就有权改变或废除它，以建立新的政府。我们政府必须以这样的原则为基础，并且用这样的方式组织其权力，以使人民认为这样最可能实现他们的安全和幸福。"[1] 在西方，近代以来，人们普遍认为，个人之所以放弃自己的一部分自由建立国家是为了保证自己的生存不受到威胁，从而更好地享有与生俱来的自由权利，因此，国家不能反过来剥夺和侵害这些自由，如果国家反过来严重威胁或破坏了这种自由权利，为了保障自己的权利，人民有权利拒绝服从，并进行反抗和斗争。正是根据这种现代国家理念，"五四"作家普遍认为，国家虽然必要，却并不神圣。陈独秀说："我们爱的是国家为人谋幸福的国家，不是人民为国家做牺牲的国家。"[2] 周作人说一切蔑视个人权利的社会，是"白痴的，只有形体而没有精神生活的社会"，人民完全没有顾视它的必要，"倘若用了什么名义，强迫人牺牲了个性去侍奉白痴的社会——美其名曰迎合社会心理，——那简直与借了伦常之名强人忠君，借了国家之名强人战争一样的不合理"[3]。鲁迅1918年8月20日在致许寿裳信中说："盖国之观念，其愚亦与省界相类。若以人类为着眼点，则中国若改良，固足为人类进步之验（以如此国而尚能改良故）；若其灭亡，亦是人类向上之验，缘如此国人竟不能生存，正是人类进步之故也。"[4]

---

[1]《美国独立宣言》，转引自李道揆：《美国政府和美国政治》，商务印书馆1999年版，第7—8页。
[2] 陈独秀：《我们究竟应当不应当爱国？》，《陈独秀著作选编》（第二卷），上海人民出版社2010年版，第115页。
[3] 周作人：《自己的园地》，《自己的园地》，河北教育出版社2002年版，第6页。
[4] 参见鲁迅：《书信 180820 致许寿裳》，《鲁迅全集》（第11卷），人民文学出版社1981年版，第354页。

但是老舍的爱国立场有自己的特点。首先，与"五四"作家相比，他更多的是从国家的独立这一层面来认识、评价和接纳新社会的，因此，尽管他在新中国也有不愉快和不适应，但他对改变了中国被动挨打的落后面貌的中国共产党和毛泽东主席的感恩之念，始终不曾动摇。"我到过那么多国家，中国的作家最穷。可中国作家有一个值得骄傲的光荣传统，那就是：自己的命运和祖国命运血肉相连。为了祖国，不惜牺牲一切！为了祖国，能忍受任何痛苦。"[1] 其次，由于老舍的国家认同主要来自于国家的独立与富强，所以，自由、人权、民主等"五四"以来思想界和知识分子最珍视的理念，在他的思想中，始终是淡漠的或缺席的。这从他在反右运动中对右派言论的批判和攻击中，即可略窥一斑。如他批判右派分子"惟利是图，存心亡国"；他指责吴祖光在新中国成立后写不出新戏，是因为他"敌视新社会"，怒气冲天，心怀不满[2]；他批判刘绍棠、从维熙以小说反党反社会主义，"我们看一看这些人的创作实践，不就是很清楚吗：刘绍棠的《田野落霞》，把农民、党员、干部写得无可再丑；从维熙的《并不愉快的故事》，竟煽动农民闹事，反对农业合作化。难道能说他们脑子里没有什么思想支配吗？我看，这就是资产阶级右派思想作怪的结果。……《田野落霞》和《并不愉快的故事》能给人们什么教育呢？只能教育人们去反对共产党、反对社会主义。这不是很清楚的事吗？"[3] 等，几乎都是将知识分子的异议视为对社会主义的攻击和反党、反社会主义的"毒草"，从中不难发现，

---

[1] 葛翠琳：《魂系何处——老舍的悲剧》，《北京文学》1994年第8期。
[2] 老舍：《吴祖光为什么怨气冲天》，《老舍全集》（第13卷），人民文学出版社1999年版，第677页。
[3] 老舍：《中苏文学的亲密关系》，《老舍全集》（第16卷），人民文学出版社1999年版，第502—503页。

老舍对言论自由是个人受宪法保护的一项基本人权的理解相当表面。

曾有论者所指出,在中国现代的语境中实际上存在着两种意义不同的爱国观:一种是古代意义上的爱国观,以效忠封建王朝的国王或皇帝为宗旨,以反抗异族侵略者与压迫者为主要内容;另一种是现代意义上的爱国观,它以建立自由、民族、平等的现代民族国家为目标,而不仅仅是追求国家独立和民族富强。[1] 对现代中国来说,自 1840 年鸦片战争开始的争取民族独立的斗争,兼有这两种救亡爱国的性质,即它不仅要反对帝国主义的侵略,争取民族独立,国家富强,而且要实现传统文化的现代转型,也就是说,民族主义与民主主义是这一革命不可分割的相辅相成的两个方面,倘若忽视了这一点,现代中国的政治革命就难以超越历史上的改朝换代的王朝革命。在某种意义上,"五四"思想界之所以把思想启蒙与伦理革命、救亡与启蒙联系起来说爱国与救国,主要原因正在于此,正如周策纵先生所说:五四运动的倡导者"从一开始就觉察到他们的运动的真正精神并不是单纯的爱国主义,而是与民意至上、人权至上和思想觉醒等观念密切相连的。他们的活动不限于反对军阀主义,也不仅是关心外交的问题。随着时间的发展,他们不但注意鼓动爱国热情,也同样注意社会和思想改革。"[2] 但是由于中国问题的复杂性,"五四"以后,随着民族危机的加深,尤其是 20 世纪 30 年代日本帝国主义的大肆入侵,迫在眉睫的生存危机逼迫思想界速起救亡,从而在不同程度上,甚至是迫不得已地放弃或冲淡了"五四"所坚持的现代性方向,直到"文革"结束,重新开启现代性的进程之后,人们才切

---

[1] 参见段培君:《论两种意义的民族救亡——五四运动基本性质的再认识》,郝彬、欧阳哲生主编:《五四运动与二十世纪的中国》,社会科学文献出版社 2001 年版,第 222—224 页。
[2] 〔美〕周策纵著,周子平等译:《五四运动:现代中国的思想革命》,江苏人民出版社 1996 年版,第 5 页。

实地感受到偏离了民主主义目标的民族爱国主义使我们付出了如何惨重的代价和牺牲,正如钱理群先生所说:"如果要总结历史经验教训的话,最应该总结的是,……我想恐怕就是在现代化的目标上出了问题,把国家的独立富强看作是惟一的目标,在事关个体生命的精神自由的根本问题上作出了关键性的让步……如果到现在还不觉悟到这一点,忘掉一切,又回到老路上,这一个世纪的血和泪都白流了。"[1]

也正是在这个意义上,笔者认为,老舍说,"我看见了五四运动,而没在这个运动里面……我之立在五四运动外而使我的思想吃了极大的亏"[2],确实是不幸言中。

---

[1] 钱理群:《话说周氏兄弟》,山东画报出版社 1999 年版,第 23—24 页。
[2] 老舍:《我怎样写〈赵子曰〉》,《老舍生活与创作自述》,人民文学出版社 1997 年版,第 9—10 页。

第五章　中国现代文学史上的"宗教人"
——以巴金研究为中心

从儒教的角度看，中国现代文学史上"宗教人"形象集中表现在"孝子"形象的塑造上，其中尤以巴金的成就最为引人注目，他笔下的"觉新"和"汪文宣"堪称是中国现代文学史上最有中国特色的儒教"宗教人"形象。新中国成立前，巴金无情地批判觉新的性格缺陷和精神弱点，新中国成立后，他做梦也没有想到自己也会信神拜神，成为无神论时代最典型的"宗教人"之一。细读《随想录》，可以发现，无论是觉新，还是巴金，他们的精神世界都与儒教有着千丝万缕的联系，只不过前者在明处，后者在暗处，不容易被发现而已。如果不是"文革"，巴金自己也很难相信束缚觉新心灵的儒教伦理也紧紧钳制着自己的思想，用他在"文革"结束后的一句话说即是："我在自己身上也发现我大哥的毛病。"[1]

---

[1] 巴金：《关于〈激流〉》，《巴金全集》（第20卷），人民文学出版社2000年版，第680页。

第一节　巴金家族小说中的"宗教人"形象

一、有什么办法呢？都是长辈

"孝子"是巴金小说中一个十分引人注目且成就极高的形象系列，举凡高觉新、汪文宣、周如水、田惠世、寒儿、枚少爷等均是传统孝道的信奉者和践行者。作为孝子，他们孝顺父母，尊敬长辈，友爱兄弟，深得家族亲友的好评，但另一方面，作为现代人，他们的很多行为又是令人困惑，难以理解的。解析他们行为背后的精神原则，是我们在更高的层面上准确地把握他们的精神实质的必由之径。

综观巴金小说，可以发现，逆来顺受，绝对顺从，只讲态度，不论是非，是巴金笔下的"孝子"们所共同遵循的最主要的，也是首要的生活原则。以觉新为例，他原是一个"相貌清秀"、"聪慧好学"的青年，在家里，深得父母长辈的宠爱，在学校，品学兼优，四年课程修满毕业考第一，前途无量。他热爱化学，打算毕业后到北京、上海等地考大学或到德国留学继续深造，但在拿到毕业证的那天晚上，父亲对他说，爷爷希望抱孙子，自己也希望他早日成家，娶妻生子，这是他遭受的第一个人生打击，但他二话没说，默默地接受，"不说一句反对的话，而且也没有反抗的思想。他只是点头，表示愿意顺从父亲的话。可是后来他回到自己的房里，关上门倒在床上用铺盖蒙着头哭，为了他的破灭了的梦幻而哭"[1]。他原本爱慕青梅竹马的梅表妹，可父亲为他拈阄定下来却是从未见过面的李家小姐，他心急如焚，但他同样"不反抗，也想不到反抗。他忍受了，他顺从了父亲的意志，没有怨言。可是在心里他却为着自己痛哭，为着他所爱的少女痛哭"[2]。祖父的每一个意旨，父亲的每一道指令，对他来说都是天经地义、必须执行和无条件接受的，他想不到反抗，也没有抗争的精神准备，除了默默痛哭，用箫声抒发自己的哀怨，只能一切听人安排。父亲要他结婚，他就结婚，父亲要他上班，他就上班，"他不大用思想，也不敢多用思想"，"他做这些事情，好像这是他应尽的义务"。[3] 觉新心地善良，为人正直，且多才多艺，但他的聪明才智在这个家里只能被用来做三亲六故的婚娶、丧葬、陪客、庆典的主持或帮手，他必须依着长辈的意志躬行他所反对的一切，在无奈的现实中敷衍家人，也麻木自己。

无独有偶，《雾》中的留日青年周如水对父母的包办婚姻十分不满，但他不敢违抗父母的意志，他诅咒父母给他娶亲却并不征求他的意见，没有一点踌躇，好像自己不是一个人，而是一根木头。他伤心透顶，但又无可奈何。他想逃避父母的控制，但又总感觉底气不足，心里发虚。无论他走多远，他的心灵始终生活在父母的阴影中，优柔寡断，多愁善感，以至于宁愿看着自己所爱的日本姑娘同别人订婚，也不敢主动地接受她的爱情。懦弱使他不敢承认自己没有勇气，反而阿Q式地在心造的幻影中自我安慰，"他为他所不爱的妻子牺牲了一切，他甚至于庆幸自己因此做了一个多情的人"[4]。正因为不敢面对自己的心灵，不敢追求自

---

[1] 巴金:《家》,《巴金全集》(第1卷),人民文学出版社2000年版,第36页。
[2] 同上书,第38页。
[3] 同上书,第39、38页。
[4] 巴金:《雾》,《巴金全集》(第6卷),人民文学出版社2000年版,第33—34页。

己想要的生活,更不敢坚持自己的理想,所以,回国以后,父亲一纸令下,他就万般无奈却又十分听话地回到了老家。可以说,尽管曾经留学海外,但在心灵上周如水却是一个完全被父母权威掌控的不成熟的"孩子"。

  与周如水相比,小说《火》第三部中的主人公田惠世更是有过之而无不及。田惠世的父亲比觉新的祖父更专制,不仅脾气暴躁、喜怒无常,而且要求子女对他言听计从,绝对不允许有丝毫的非分之想。在这个家里,他的话就是法律,他以自己刚强的意志把这个家治理得密不透风,滴水不漏。田惠世从小喜欢文学,国文成绩全班第一,可是中学还没有上完,父亲就忽然做主送他到一个教会医院学医。苦熬了四年,田惠世终于对医学有了一点兴趣和感觉,并决心将之作为终身的职业,这时父亲又命令他中断学业,回家与一个从未谋面的陌生女子结婚。与觉新一样,由于命运的巧合,强迫的婚姻还算美满,妻子对他体贴入微,但结婚还不到一年,父亲又下令要他跟一个朋友到仰光学习经商,而且不由分说,要立即出发。面对绝对威严的父亲,田惠世感觉自己就像一颗任由人摆布的棋子,忽东忽西,永远猜不透下一步的安排在哪里。过了四年,父亲叫他回国,在家中住了两年,然后又不由分说地为他在教育界找到职务,他不感兴趣,根本不想去,却不能不去,而且还必须高高兴兴地、满怀感激地去上班。最后,他实在忍受不了,下决心不辞而别,可是父亲的一封措辞严厉的信,就使他改变了主意,"没有再向父亲提一句离开的话。只是不住地在给他的妻子的信里诉说自己的绝望和痛苦"[1]。田惠世的父亲是基督徒,但其行为却与儒教家长如出一辙。基督教强调上帝的权威,鼓励信徒超越家族血缘关系走天路,《马太福音》

---

[1] 巴金:《火》,《巴金全集》(第7卷),人民文学出版社2000年版,第413页。

记载耶稣论述谁是自己的母亲和兄弟时说:"凡遵行神旨意的人,就是我的姐妹和母亲了。"[1] 而在这个中国化的基督徒家里,真正的权威是父亲,真正的行为原则是儒教伦理。这个打着上帝旗号推行自己钢铁意志的父亲,本质上是儒教家长。

其次,委曲求全、动机至上,是巴金笔下的"孝子"们最大的精神安慰。如果说逆来顺受主要是指在个人的学习、生活、工作和婚姻等人生大事上绝对服从和听命于父母、家族的安排,不自作主张,十分听话的话,那么委曲求全则是指在自己与家族的长辈或父母的权威发生冲突或矛盾时,压抑自己的合理要求,放弃自己的合法权利,迁就父母长辈的主张,顺从他们的意志和决定,即使做错了,也在所不惜。如《家》中的觉新对于大家族里的有些事也看不惯,有些人他也不喜欢,开始的时候,他也奋斗过,但奋斗的结果是给他招来更多的烦恼和敌人,他发现自己永远说服不了他们,也永远改变不了他们。于是,他就想,何必浪费精力,自寻烦恼呢?大路走不通,那就绕小路,"于是他又发明了新的处世方法,或者更可以说是处家的方法。他极力避免跟他们冲突,他在可能的范围内极力敷衍他们,……只是为了想过几天安静的生活"[2]。他花时间陪家中长辈打牌、聊天、吃饭、上街买东西。他劝三弟觉慧听爷爷的话,不要顶撞老人,"这有什么办法呢?既然他老人家要你这样"[3]。他劝二弟觉民接受祖父安排的婚事,不要抗婚,为了一家的安宁,立刻回家来,"我劝你还是顺从爷爷罢。我们生在这个时代,就只有做牺牲者的资格"[4]。他的口头禅就是:"在我们这个家里你怎么好

---

[1] 《马太福音》12:50,《圣经·新约》,中国基督教协会 2008 年版,第 16 页。
[2] 巴金:《家》,《巴金全集》(第 1 卷),人民文学出版社 2000 年版,第 43 页。
[3] 同上书,第 74 页。
[4] 同上书,第 322—333 页。

战斗呢？都是些长辈，你又跟哪个战斗呢？"[1] 觉新认为跟家里的长辈没有是非可言，所以，他总是尽力协调各方面的利益和冲突，尽量满足所有人的需求，使大家不冲突，少争吵，多体谅，能够和睦相处，万一不行，最后的一招，那就只能听天由命，祈求上天帮忙了。比如，觉民抗婚以后，祖父逼迫他把觉民找回来。他感到十分为难。找回觉民，拆散他和琴的爱情，让觉民重蹈自己的覆辙，他不忍心，也对不起父亲临终交代他要好好照顾弟妹的嘱托，但不找回觉民，又没有办法向祖父交代。如果按祖父的意志办事，事实上就违背了父亲的心意，如果遵从父亲的心意，又势必违抗祖父的命令，这种不能两全的困境，本身就暴露了无原则孝顺的荒谬和野蛮，觉新完全有理由据理抗争，争取祖父的同情和变通，但是，他想来想去最终决定求助于迷信："心里暗笑自己的愚蠢，同时又为觉民的前途悲伤，他很想把那张满是胡说的字条扯掉，但是他又缺乏勇气，后来他叹息地说了一句：'我总算尽力做过了。'他以为他所能够做的就只是这么一点点。"[2] 觉新的做法和他父亲当年在给他订婚时抓阄选新娘又有什么区别呢？唯一能安慰他的或许就是所谓的"我总算尽力做过了"。

综观《激流》三部曲，可以看到，觉新所有的抗争和努力，都是在不违逆家长意志的前提下进行的，他不仅没有勇气反抗祖父，而且没有勇气阻止家中其他长辈的胡闹，他的眼泪只会往心里流，不仅牺牲自己的权利，而且连自己所爱之人的权利也一并拱手相让，令人扼腕。这里，最典型的就是他明知送瑞珏出城生产是家族长辈借机报复，但他还是默默地接受了这个荒唐的决定，没有说一个"不"字。小说中这样描写：

---

[1] 巴金：《秋》，《巴金全集》（第3卷），人民文学出版社2000年版，第141页。
[2] 巴金：《家》，《巴金全集》（第1卷），人民文学出版社2000年版，第321页。

这些话对觉新虽然是一个晴天霹雳,但是他和平地接受了。他没有说一句反抗的话。他一生就没有对谁说过一句反抗的话。无论他受到怎样不公道的待遇,他宁可哭在心里,气在心里,苦在心里,在人前他绝不反抗。他忍受一切。他甚至不去考虑这样的忍受是否会损害别人的幸福。[1]

对觉新来说,孝顺父母,尊重家长和长辈,永远是生活里第一重要的原则,而分清是非对错却并不是最重要的。自古以来,孝顺父母讲究的是"尽心",而"尽心"与父母本身是"对"是"错"并无直接关系,在某种意义上,甚至父母越是有缺点,越是荒唐,越是能考验子女的孝心是否真诚,《憩园》中的寒儿就是这样的典型。他的父亲杨梦痴吃喝嫖赌,花光了所有的家产,使全家人生活潦倒,从来没有尽到父亲的责任,但寒儿从来不恨他,反而处处想帮助他,接济他,使他能在安稳的环境中安度晚年。"我想到他一个人在受罪,我哪儿还有心肠读书?我找不到他,不能够救他,就是读好书又有什么用?活下去又有什么意思?"[2]"我想起爹爹的事就会睡不着。越睡不着就越想,越想我越觉得我们对不住爹。"[3]明明是不成器的父亲对不起全家人,用小说中旁观者的一句公道话来说就是:"谁也看得出来是他毁了你们一家人的幸福",但是,寒儿的回答却是谁也辩驳不了的,因为他展示的是一个终极的事实:"他究竟是我们的爹。"[4]如果不考虑到寒儿的天真、纯洁、无邪和

---

[1] 巴金:《家》,《巴金全集》(第1卷),人民文学出版社2000年版,第381页。
[2] 巴金:《憩园》,《巴金全集》(第8卷),人民文学出版社2000年版,第104页。
[3] 同上书,第115页。
[4] 同上书,第115、118页。

善良,他的这种不记仇、不讲是非、没有任何附加条件的爱和忠心,确实很容易让人产生愚忠愚孝的看法。此外如《寒夜》中的汪文宣又何尝不是如此呢?谁都能看出来,这个家之所以争吵不断,主要的问题就出在母亲身上,但是,作为孝子,汪文宣一辈子也没有说过母亲一句坏话,更没有勇气和能力在母亲和妻子中间主持正义。

第三,自愿牺牲、无怨无悔,是巴金笔下的"孝子"们给读者留下的最深刻印象。无论这个家里给了他们多么难于接受的痛苦,也无论他们在家里受到多么严重的摧残,付出多么惨重的牺牲,他们的心就像永远向日的葵花,秉性不移,痴心不改,永远忠心。以觉新为例,在这个家中,他活得最沉重,最窝囊,最憋气,按理说,他应该是最想出逃的人,但事实恰恰相反,受尽委屈的觉新从未像他的两个弟弟那样想过要逃离这个家。巴金说觉新和觉民、觉慧虽然是同一个母亲所生,而且生活在同一个家庭里,可是他们的处境并不相同,"觉新在这一房里是长子,在这个大家庭里又是长房的长孙。就因为这个缘故,在他出世的时候,他的命运便决定了。"[1] 作为长房长子,觉新认为牺牲是自己天然的命运,他告诉觉慧:"你不晓得我心里很难受。我不是青年,我没有青春,我没有幸福,而且也永远不会有幸福。"[2] 这句话在别人说来也许是很激愤的,然而到觉新的口里却只有悲伤的调子。

> 你不了解我,你的环境跟我的不同。……你说得对,我的确怕听见别人提起幸福,正因为我已经没有得到幸福的希望了。我一生就这样完结了。我不反抗,因为我不愿意反抗,我自己愿意做一个

---

[1] 巴金:《家》,《巴金全集》(第1卷),人民文学出版社2000年版,第36页。
[2] 同上书,第106页。

牺牲者。……我跟你们一样也做过美妙的梦,可是都被人打破了。我的希望没有一个实现过。我的幸福早就给人剥夺了。我并不怪别人。我是自愿地把担子从爹的肩膀上接过来的。我的痛苦你们不会了解。……我还记得爹病中告诉我的一段话。……从此以后,我每想到爹病中的话,我就忍不住要流泪,同时我也觉得我除了牺牲外,再也没有别的路。我愿意做一个牺牲者。然而就是这样我也对不起爹,因为我又把你们大姐失掉了。……[1]

三弟,你刚才念的话很不错。我不是奢侈家,不是命运和自然的爱子。我只是一个劳动者。我穿着自己的围裙,在自己的黑暗的工厂里,做自己的工作。……然而我却是一个没有自己的幸福的劳动者。……[2]

觉新愿意以牺牲自我的方式换取家庭的和谐,他自愿地从父亲的肩头接过了担子,把扶助弟妹的事情作为自己生活的目标。他不怕牺牲,只怕牺牲了自己,也不能给家族带来和平与安宁。他从不怀疑或否定"孝"的伦理有什么错,也从不认为是封建家族制度剥夺了他的幸福,正因此,虽然他气愤这个家薄待了他的妻子和儿子,但他又比谁都舍不得离开这个家。他不能接受觉慧要革命的想法,虽然家中子弟的不上进和长辈的不讲理也让他生气,但他也随时准备原谅他们,这是他与两个弟弟根本不同的地方,正如小说中所写:"他对这个大家庭固然表示过种种的不满,但是在心里他却常常想着要是那些长辈能够放弃他们的一时任性,牺牲一些他们的偏见,多注意到人情,事情一定会接近美满的

---

[1] 巴金:《家》,《巴金全集》(第1卷),人民文学出版社2000年版,第106—107页。
[2] 同上书,第109页。

境遇。"[1] 家族的利益、祖父的名声，永远是觉新思考问题的出发点和落脚点。《秋》中描写五爸在爷爷病死后要卖自己名下的田，觉新得知消息后急得如热锅上的蚂蚁，妹妹淑华疑惑不解地问："他卖他的田，你又何必着急，跟你有什么相干？"[2] 在淑华看来，五爸自己愿意卖，吃亏也是他甘愿的，不值得为此大惊小怪，更用不着因此而焦躁难安，卖光了，也是他自己的事，他花自己的钱，外人既不必也不能干涉他。淑华始终不理解大哥觉新。其实觉新担心五爸吃亏事小，担心五爸此举对不起死去的祖父是真，他对淑华说："这是爷爷遗下的田产，只有败家子弟才会把它'出脱'的。五爸太对不起爷爷！"[3] 在觉新看来，五爸如果还是一个孝子，那就不应该把爷爷遗留的田产卖掉，这是天经地义的、不容置疑的事。正因为"家"是觉新全部人生的终极归属，所以在《秋》的结尾，当高公馆终于要被转卖时，觉新几近崩溃，他对众人说：

这个公馆就是爷爷的心血。他老人家辛苦一辈子，让我们大家享现成福。他们连他亲自设计修成的公馆也不肯给他留下，真是太不公平了！[4]

觉新的表现令所有人惊讶，因为谁都知道，在这个公馆里，他受的委屈、承担的牺牲最大，但是，他却比这个屋子里其他所有人都更爱它。钱穆在《中国文化史导论》中说：中国文化，全部都从家族观念上筑起，孔子虽然不讲上帝，但孔子却有一个教堂，"家庭和宗庙，便是

---

[1] 巴金：《秋》，《巴金全集》（第3卷），人民文学出版社2000年版，第142页。
[2] 同上书，第172页。
[3] 同上。
[4] 同上书，第568页。

孔子的教堂"[1]。对觉新来说，他的教堂就是这个高公馆，如今公馆被不孝子弟出卖，作为孝子，同时作为中国儒教的宗教人，还有什么比这更令他难以接受和锥心的呢？

同样，《寒夜》中的汪文宣也是一个无怨无悔的牺牲主义者。尽管母亲在这个家里给了他那么多烦恼和痛苦，以至于在心里怨愤地叫道："为什么这么简单的家庭，这么单纯的关系中间都不能有着和谐的合作呢？为什么这两个他所爱而又爱他的女人必须像仇敌似地永远互相攻击呢？……"[2]但是，他从来没有想过要和母亲分开。对于母亲，他"永远是敷衍和拖。除了这个，他似乎再不能做别的事情"[3]。小说开篇处写到文宣的一个梦，象征意味很浓，在生死关头，文宣的抉择是"我要去找妈。我们不能丢开她"[4]。为了母亲，他做出巨大牺牲，忍痛让妻子远走高飞，而母亲不仅不理解，还幸灾乐祸地安慰他不要难过，等他病好了，自己再给他找一个更好的，他悲愤得几乎难以呼吸："这是一个怎样的家呵！没有人真正关心到我！各人只顾自己。谁都不肯让步！"[5]离开了树生，他的生活还有什么意义呢？他感觉自己已经死了一大半，他茫然地望着母亲，那种绞心的痛苦使"他发出一声痛苦的哀叫。……树生带走了爱，也带走了他的一切，大学时代的好梦，婚后的甜蜜生活，战前的教育事业的计划……全光了，全完了！……"[6]

无怨无悔的实质是认命，接受命运的不公平，心甘情愿地在屈辱、苦恼、误解和钻心的痛苦中背起生活的"十字架"，任劳任怨地走下去，

---

[1] 钱穆：《中国文化史导论》，商务印书馆1994年版，第84页。
[2] 巴金：《寒夜》，《巴金全集》（第8卷），人民文学出版社2000年版，第568页。
[3] 同上书，第581页。
[4] 同上书，第430页。
[5] 同上书，第423页。
[6] 同上书，第613页。

不说一句不满的话，不做一件背叛的事。觉新是这样，文宣也是这样。

二、求仁得仁，又何怨？

"孝"是传统中国最基本的伦理原则，传统中国不仅以农立国，而且以孝治国。据学者们研究[1]，孝最早产生于周代，其原始意义是指尊祖敬宗、报本返初和生儿育女、延续生命。尽孝的方式一是祭祀，在宗庙通过奉献供品祭祀祖先，尊祖敬宗；二是传宗接代，既然是祖先给了我们生命，那么，崇拜祖先最好的方法就是把祖先的生命延续下去，使之生生不息。到孔子，"孝"进一步由外在的行为规范转化为德之大本。孔子认为，教由孝而生，孝为治之本，所谓"其为人也孝悌，而好犯上者，鲜矣，不好犯上，而好作乱者，未之有也。君子务本，本立而道生。孝悌也者，其为仁之本与！"（《论语·学而》）一个人如果有孝悌的品德，就很少会"犯上而作乱"，不好"犯上而作乱"，天下就能太平无事，人民就能安居乐业。

以孝为教，既可以使子女在孝顺父母的日常生活中不知不觉地习得并认同臣民社会的各种政治、伦理道德规范，又可以使天下为人臣者、为人子者、为人妻者无不敬其君父长上，正如《孝经·广至德章》所谓："子曰：君子之教以孝也，非家至而日见之也。教以孝，所以敬天下之为人父者也。教以悌，所以敬天下之为人兄者也。教以臣，所以敬天下之为人君者也。"因此，秦汉以后，历代统治者无不提倡孝道，成于汉初的《孝经》更是把"孝"抬到了天经地义的高度，《孝经》也成

---

[1] 参见肖群忠：《孝与中国文化》，人民出版社 2001 年版。

为流传最广的儒家经典之一。"忠"是"孝"的伦理在政治生活上的延伸，凡人未仕在家，则以事亲为孝，出仕在朝，则以忠君为孝，忠孝是整个封建社会最重要的道德律令。

但是，这种以长者、尊者为本位的伦理是以牺牲幼者、弱者、在下者的权利为代价的。以父子关系而论，儒教强调父对子有绝对的权利，子对父却只有无限的义务，因此，他们之间的权利与义务是严重的不对称的，也是极端的不平等的。比如，父母有权支配家庭财产，而子女不能有自己的私蓄。"父母在，不敢有其身，不敢私其财。"(《礼记·坊记》)又如父母可以支配子女婚姻，而作为婚姻的当事人的子女，却无权决定婚姻是否缔结或废除。"子甚宜其妻，父母不悦，出。子不宜其妻，父母曰：'是善事我，子行夫妇之礼焉。'没身不衰。"(《礼记·内则》)再如，父母有权支配子女的行为，而子女不能干涉父母的生活。儒教伦理强调子女必须以父母的意志为意志，以父母的是非为是非，所谓"父为子隐，子为父隐"，父母错了也是对的，子女对了也是错的，对父母要言听计从，恭敬从命，不能自作主张。如果子女不服从，父母可以根据家法自行惩罚，也可以向官府告发，让官府代为惩办，但子女却不能告发父母，否则要处以不孝罪。一般来说，在古代中国，父母殴打、虐待子女，只要不致重伤，法律均不予追究，同时，由于子女被视为父母家庭财产的一部分，在特殊的情况下（比如遇到灾荒、战乱），父母甚至可以卖儿卖女。偏枯的伦理使传统中国幼者、弱者的权利几乎被剥夺得一干二净，所以它再往前走一步，就会得出"父要子亡，子不得不亡"的荒谬结论。

父权的合法性，在历史上，主要来源于血缘关系。因为父母生之、育之、教之，所以子女应养之、敬之、孝之，唯有绝对听从父母支配，才能报答父母的养育之恩。"五四"时期，周作人《祖先崇拜》、鲁迅的《我们现在怎样做父亲》等均对这种以血缘关系来论证父母对子女的绝对支配权和控制权的孝亲观进行了深入的批判和揭露。在西方，启蒙思想家在提倡人权反对神权和君权的斗争中亦曾把批判的目光集中到父权上，启蒙主义强调所有的人都是生而自由的，也是生而具有理性的，虽然由于年龄和身体的原因，孩子需要父母的照顾和保护，但这并不等于说孩子没有自己的人格和权利，也就是说，父权的目的不是为了限制或取消孩子的自由，而是为了保护和实现这种自由。但是，在中国，温情脉脉的血亲面纱遮蔽了父权独断、专横的冷酷本质。直到"五四"新文化运动爆发，觉醒的中国人才终于有机会可以理直气壮地用新的眼光来审视、思考自古以来就传为美谈的忠孝究竟是否合理。

在这场划时代的思想解放运动中，以陈独秀为代表的思想先驱一针见血地指出，儒教伦理本质上是一种奴隶道德，"君为臣纲，则民于君为附属品，而无独立自主之人格矣；父为子纲，则子于父为附属品，而无独立自主之人格矣；夫为妻纲，则妻于夫为附属品，而无独立自主之人格矣。率天下之男女，为臣，为子，为妻，而不见有一独立自主之人格者，三纲之说为之也。缘此而生金科玉律之道德名词，——曰忠，曰孝，曰节，——皆非推己及人之主人道德，而为以己属人之奴隶道德也。人间百行，皆以自我为中心，此而丧失，他何足言？奴隶道德者，即丧失此中心，一切操行，悉非义由己起，附属他人以为功过者也"[1]。而在丧失了主体意识的奴隶身上，大大小小的专制暴君和土皇帝又是最容易建立其专制暴政的。高老太爷为什么能在觉民抗婚后命令觉慧顶替？汪母凭什么无所顾忌地斥骂儿媳？田惠世的父亲为什么能够说一不二？原

---

[1] 陈独秀：《一九一六年》，《陈独秀著作选编》（第一卷），上海人民出版社 2010 年版，第 199 页。

因正在于被儒教伦理毒化的"子辈"完全没有意识到自己的权利,并且在父辈的权威面前早早地缴械投降了。正如费尔巴哈在论及宗教与道德之关系时所指出,道德与宗教,信仰与爱,是直接互相矛盾的,"谁只要爱上了上帝,谁就不再能够爱人,他对人间一切失去了兴趣。可是,反之亦然。谁只要爱上了人,真正从心里爱上了人,那他就不再能够爱上帝,不再能够拿自己热乎乎的人血徒然地在一个无限的无对象性与非现实性之虚空的空间中蒸发掉"[1]。证之巴金小说,可以发现,他的《激流》三部曲非常生动地为费尔巴哈的理论发现提供了艺术的证明。以觉新为例,他既爱瑞珏,又爱家,但是在两者不可兼顾的情况下,为了家族利益和原则,他放弃的是自己对瑞珏的爱和责任。在《家》中,不仅觉新这样,曾经到日本留学的三叔克明也不例外。《家》中写到当祖父久病不愈时,家人便开始求救于迷信,他们请道士来捉鬼,敲锣打鼓、作法念咒,把家里搞得乌烟瘴气,也把祖父吓得够呛。众人都知道这样做未必有用,但没有一个人敢出来反对。小说是这样描写捉鬼的情景的:

> 一天晚上天刚黑,高家所有的房门全关得紧紧的,整个大公馆马上变成了一座没有人迹的古庙。不知道从什么地方来了一个尖脸的巫师。他披头散发,穿了一件奇怪的法衣,手里拿着松香,一路上洒着粉火,跟戏台上出鬼时所做的没有两样。巫师在院子里跑来跑去,做出种种凄惨的惊人的怪叫和姿势。他进了病人的房间,在那里跳着,叫着,把每件东西都弄翻了,甚至向床下也洒了粉火。不管病人在床上因为吵闹和恐惧而增加痛苦,更大声地呻吟,巫师

---

[1] 〔德〕费尔巴哈著,荣振华等译:《费尔巴哈哲学著作选集》(下),人民出版社1984年版,第800页。

依旧热心地继续做他的工作,而且愈来愈热心了,甚至向着病人做出了威吓的姿势,把病人吓得惊叫起来。满屋子都是浓黑的烟,爆发的火光和松香的气味。这样地继续了将近一个钟头。于是巫师呼啸地走出去了。又过了一些时候,这个公馆里才有了人声。[1]

第二天晚上,巫师又来捉鬼,这一次觉新和克明都不赞成,但是陈姨太坚决主张要捉鬼,于是,"克明就勉强点了头。觉新更不敢说一个'不'字"[2]。全家上下近百号人中,只有觉慧一个人坚决反对,但没有人听他的话,于是,第二次的捉鬼又如期举行。这一次,整个公馆的每个房间都受到可怕的骚乱,小孩子在哭,女人在叹息,男人在摇头,但巫师来去自由,如入无人之地。全家人,除了觉慧,没有一个敢出来叫停,当巫师装模作样地要进觉慧的房间时,觉慧以无比的勇气公然对抗,并说了以下这样一段义正词严、掷地有声的话。

"我说,你们不是要捉鬼,你们是要爷爷早一点死,你们怕他不会病死,你们要把他活活地气死,吓死!"他不顾一切地骂起来。
"你……"克明说了一个"你"子就说不下去了,他气得变了脸色,结结巴巴地说不下去。
"三弟!"觉新出来阻止觉慧说话。
"你还好意思说话?你真不害羞!"觉慧把眼光定在觉新的脸上说,"你也算读了十几年书,料不到你居然糊涂到这个地步!一个人生病,却找端公捉鬼。你们纵然自己发昏,也不该拿爷爷的性

---

[1] 巴金:《家》,《巴金全集》(第1卷),人民文学出版社2000年版,第365页。
[2] 同上书,第366页。

命开玩笑。我昨晚上亲眼看见,端公把爷爷吓成了那个样子。你们说是孝顺的儿孙,他生了病,你们还不肯让他安静!我昨晚上亲眼看见捉鬼的把戏。我说,我一定要看你们怎样假借了捉鬼的名义谋害他,我果然看见了。你们闹了一晚上还不够。今晚上还要闹。好,哪个敢进我的房间,我就要先给他一个嘴巴。我不怕你们!"[1]

觉慧理直气壮的一席话,让克明无地自容,他明白觉慧说的都是真话,他这个日本留学生,省城有名的大律师,自然不会相信"捉鬼"的办法,他也知道这个办法没有好处,然而为了在家不给自己招来麻烦,引起争吵,在外面博得一个"孝顺"的名声,他居然做了他所不愿意做的事。小说这样分析克明的心理:"那个时候,他的确不曾想到病人的安宁,他一点也不曾替病人着想,而且他昨天亲眼看见'捉鬼'的办法在病人的身上产生了什么样的影响。……现在他没有理由,也没有勇气来责骂觉慧了,他指着觉慧,接连地说了几个'你'字,就掉转身,不声不响地走了。"[2]同样,觉新也是又气又悔,满脸是泪地跟着溜走了。

觉慧是高家最叛逆的人,也是祖父最不放心的人,在传统观念中,他的思想、言行都是大逆不道的。但在高家,恰恰是他真正从人道的立场关心着祖父的安危,而其他的人,口头上说是"孝",心里实际想的是自己的地位、名声、社会形象和不要惹麻烦。只要不承担"不孝"的罪名,什么荒唐、滑稽、野蛮的事情,他们都准备睁一只眼,闭一只眼。正因为这样,祖父刚过世,陈姨太就打着祖父的旗号行私利己,借口"血光之灾",把迫害之手伸向了最无辜的瑞珏,强迫她到郊外生产。

---

[1] 巴金:《家》,《巴金全集》(第1卷),人民文学出版社2000年版,第368页。
[2] 同上书,第369页。

什么是"血光之灾"呢？小说中是这样解释的："长辈的灵柩停在家里，家里有人生产，那么产妇的血光就会冲犯到死者身上，死者的身上会冒出很多血。唯一的免灾方法就是把产妇迁出公馆去。迁出公馆还不行，产妇的血光还可以回到公馆来，所以应该迁到城外。出了城还不行，城门也关不住产妇的血光，必须使产妇过桥。而且这样办也不见得就安全，同时还应该在家里用砖筑一个假坟来保护棺木，这样才可以避免'血光之灾'。"[1] 消息传出，素与觉新这一房不和的五太太第一个赞成，接着是四太太和克定附和，克安开始不以为然，后来也转变了立场，最后克明和大太太周氏也终于同意，长一辈的人中间只有三太太张氏保持沉默，一句话也不说，其余的人都同意陈姨太的主张，而他们平时与陈姨太的关系并不好，但是，现在"他们要觉新马上照办，他们说祖父的利益超过一切"[2]。也正因此，有人把瑞珏之死算在高老太爷的身上，说他不仅生前害人，死后还阴魂不散，继续做坏事。应该说，小说的本意并非如此。高老太爷的家族意识很强，是否有利于家族的兴盛，能否增加家族的荣誉是他一切行为的出发点。正因为恪守封建礼教，所以他必然为觉新、觉民的婚事操心，他惩罚克安、克定等人的胡作非为，限制觉慧的犯上作乱，在他看来不仅是他的权力，而且是他作为家长的责任和义务。对鸣凤、婉儿，他固然表现了封建统治者固有的冷酷，但对于自己的儿孙，他恐怕更多的是出于为儿孙着想才做出的自以为正确、有眼光的决定。哪怕觉民的婚事，他大概认为也没有什么不好，所以对别人的异议才不以为然。如果他还活着，对瑞珏，他不仅不会迫害，恐怕还会更加爱护。瑞珏知书识礼，温柔贤淑，长于管家，是百里挑一的好

---

[1] 巴金：《家》，《巴金全集》（第1卷），人民文学出版社2000年版，第380页。
[2] 同上书，第380页。

孙媳，又要为他生第二个重孙，增加这个家族的后备力量，他怎么会去迫害她呢？应该说，强迫瑞珏郊外生产，以至于难产而死，这一切虽然打着他的旗号进行，但恐怕并非他的本意。而违背他意愿的这一荒唐之举之所以能成行，原因又是为了要对他尽孝。一切都是在"孝"的名义下冠冕堂皇地进行的，主张的人底气十足，附和的人心安理得，被害的人却有苦说不出，正如罗素所说："神学的危害不是引起残酷的冲动，而是给这些冲动以自称是高尚的道德准则的许可，并且赋予那些从更愚昧更野蛮时代传下来的习俗以貌似神圣的特性。"[1] 诚哉斯言！有人说，儒教所造成的悲剧绝大多数都是盲目顺从造成的，为什么儒教的顺从就这么厉害呢？奥秘就在于这不是一般的顺从，而是被宗教化的"顺从"，而我们都知道，任何道德只要被赋予了终极的意义，变成神圣的天条，那么，世俗之人非有舍得一身剐的勇气，绝不能有所作为。在这个家里，为什么少数的"坏人"可以作威作福？为什么明理的好心人那么多，却偏要听任个别顽固不化的人胡作非为？为什么全家人会眼睁睁地看着一件件荒谬的事情在光天化日之下堂而皇之进行却束手无策？为什么好心的觉新明知是错却又一次又一次地把自己最爱的亲人送上礼教的祭台？缚住他们手脚和心灵的不正是被宗教化的儒教天条吗！这一点，《秋》中的觉民看得十分透彻，他认为，在这个家里，蕙的悲剧、枚的悲剧都是可以避免的，因为所有的人，除顽固的父亲周伯涛，从一开始就发现做错了，他们都同情蕙的不幸、枚的无辜，他们都责骂周伯涛没有人性，但是，他们又都含着眼泪无限委屈地任由周伯涛把错事做到底，成为事实上的"帮凶"。所以，看破这个真相的觉民激愤地指责道："这屋里有的是说话的人：她们说话也许激烈，清楚，然而她们不

---

[1]〔英〕罗素著，沈海康译：《为什么我不是基督徒》，商务印书馆1982年版，第174页。

预备做一件事。这里没有一个实行的人。她们都不赞成周伯涛的主张和办法。可是这个公馆里的主要事情都由他一个人支配。她们无论事前或事后反对,却没有一个人在事情进行的当时伸出手去阻止它。他(指觉民,引者注)知道她们会让周伯涛把枚少爷送到死路上去,所以他不想对她们说话。"[1]

清醒地走向末路,宁死不回头,这是绝大多数被宗教掌控心灵的人的无奈选择。在没有这种信念的世俗之人看来,他们活得冤枉,过得太苦,但对他们本人而言,为信仰献身,虽苦犹荣,借用《论语》中的一句话来说就是:"求仁得仁,又何怨?"

三、是盲从,还是伟大的牺牲?

如前所述,儒教伦理所造成的悲剧绝大多数都是由盲目顺从所造成的,但现在的问题是,无论觉新、汪文宣、周如水,还是田惠世,在巴金笔下,除了《寒夜》中的"寒儿",孝子们绝大多数都受过很好的教育,有的还留学海外,视野开阔,他们明知愚忠愚孝的时代已经过去了,为什么还要执迷不悟地在错误的道路上越走越远呢?事实上,也许再也没有什么能比这个让人困惑不已的特质,更能揭示儒教文化中孝子们的"宗教人"特质了。

众所周知,信仰是人类所特有的一种精神活动,动物没有宗教,再高级的动物也发展不出最低级的宗教。宗教与人类的信仰天赋有关,正如缪勒在《宗教学导论》中所指出:"正如说话的天赋与历史上形成的

---

[1] 巴金:《秋》,《巴金全集》(第3卷),人民文学出版社2000年版,第492—493页。

任何语言无关一样，人还有一种与历史上形成的任何宗教无关的信仰天赋。如果我们说把人与其他动物区分开来的是宗教，我们指的并不是基督徒的宗教或犹太人的宗教，而是指一种心理能力或倾向，它与感觉和理性无关，但它使人感到有'无限者'（the Infinite）的存在，于是神有了各种不同的名称，各种不同的形象。没有这种信仰的能力，就不可能有宗教，连最低级的偶像崇拜或物神崇拜也不可能有。只要我们耐心倾听，在任何宗教中都能听到灵魂的呻吟，也就是力图认识那不可能认识的，力图说出那说不出的，那是一种对无限者的渴望，对上帝的爱。……可以肯定的是，只有人才渴望无论是感觉还是理性都不能提供的东西，只有人才渴望无论是感觉还是理性本身都会否认的东西。"[1]

在宗教研究中，不少学者都发现，仅从知识、理性、道德的角度很难解释清楚人的信仰奥秘，因为人并非纯粹的理性存在。德国哲学家施莱尔·马赫反对在宗教研究中过于强调理性，他认为："宗教的本质既不是思维也不是行动，而是直觉和感受。它希望直观宇宙，它想虔诚地聆听宇宙自身的展现与行动之音，它渴望在孩子般的宁静与柔顺中被宇宙的直接影响所抓住所充满。"[2] 施莱尔·马赫认为，理性并非宗教信仰的核心或本质内容，宗教的本质和意义更多地体现在一种神秘的独特的情感活动和直觉里，因此，在探讨宗教的本质时，应该放弃两种传统的偏见，一是把宗教等同于最高知识，另一种是把宗教等同于道德实践，把宗教看成是一种特殊的行为和品质。他还指出，这两种观点都忽略了宗教的情感和非理性本质。在西方宗教思想史上，奥托发展了施莱

---

[1] 〔英〕麦克斯·缪勒著，陈观胜、李培茱译：《宗教学导论》，上海人民出版社 2010 年版，第 10—11 页。
[2] 转引自张志刚：《宗教学是什么？》，北京大学出版社 2002 年版，第 181 页。

尔·马赫的思想,他在《论神圣》一书中这样论述宗教情感:

> 此类情感或许有时犹如一阵和缓的潮汐连绵而来,使一种深切崇拜的宁静心情充满整个精神。它也许过后又变成了一种更稳定的、更持久的心灵状态,这种状态可以说是连续不断地、令人激动地使心灵得以激励,产生共鸣,直到最后平息,心灵恢复其"世俗的"、非宗教的日常经验状态。它也许骤然间伴随着痉挛,挟带着惊厥从心灵深处爆发出来,或许还会带来强烈的刺激,叫人欣喜若狂,心醉神迷,以至出神入化。它有其野蛮的、恶魔般的形式,能沦落为一种近乎狰狞的恐怖与颤栗。它有其原始的、野性的前身和早期表现形态,另一方面它又可能发展成某种美丽的、纯洁的与辉煌的东西。它也许会变成作为被造物的谦卑,面对某种不可表达的神秘而沉默、震颤、哑然无语。[1]

正因为宗教性信仰带有情感的、非理性的特质,所以中世纪英国坎特伯雷大主教安瑟尔谟向上帝祷告:"我决不是理解了才能信仰,而是信仰了才能理解。因为我相信'除非我信仰了,我绝不会理解。'"[2] 换句话说,宗教性信仰与世俗性信仰最大的区别在于一是情感的,一是理智的。站在前者的立场,它可以在没有充分的理智认识足以保证一个命题为真的情况下,就对它予以接受或同意。站在后者的角度,从理性的立场看,这显然是荒谬、盲目、愚昧的。而从信仰的角度,它却因为纯粹而被肯定。周国平说,信仰就是愿意相信,"真正的基督徒决不是盲

---

[1] 转引自张志刚:《宗教学是什么?》,北京大学出版社2002年版,第194页。
[2] 北京大学哲学系编:《西方哲学原著选读》(上),商务印书馆1981年版,第240页。

信者，而是渴求者。充满着内心冲突：他一辈子在努力使自己相信他并不真正相信的上帝，伟大的基督徒，如奥古斯丁、帕斯卡尔、克尔凯郭尔，内心深处从未摆脱过怀疑的折磨"[1]，讲的也是这个意思。

对真正的信仰者来说，因为证实而相信，其实并没有什么可以自豪的，甚至不能算真正有信仰，不能证实却敢于相信，或不需要证实就相信，那才是可贵的，真正走上信仰之路的，往往就是这样的人。在某种意义上，不奢求证实，是宗教性信仰的前提，用耶稣的话来说："那些没有看见就信的有福了。"[2]

具体到巴金作品，可以看到，无论是觉新，还是文宣，他们其实都知道家长专制毫无人性，父母包办婚姻十分荒谬，但是，在感情上，他们始终无法接受对家族伦理的批评、否定和颠覆。

《激流》的觉新软弱，但绝不糊涂，而他的软弱，很大程度上也是因为怕这个家垮掉了。他相当会办事，无论是家族内部的事务、还是亲戚间的礼尚往来，抑或是外面的应酬和交际，他都一一打理得恰到好处。他什么都会做，唯一感到为难的，就是当长辈与晚辈冲突，而合理的又是晚辈的时候，该怎样劝说晚辈妥协，并最大限度地为他们争取合法权益。他的全部智慧几乎都在这里耗尽，而弟弟们并不领情。"这样的牺牲究竟给谁带来了幸福呢？"[3]"为什么袁成都懂得，大哥却不懂得？"[4] 其实他不是不知道对错，而是这里根本就不讲对错，只论身份，只讲服从。如果凡事都只讲懂与不懂，问题早就解决了。在《秋》中觉民劝导觉新说："大哥，你为什么总是这样软弱？你总是这样看轻你自

---

[1] 周国平：《人生哲思录》，上海辞书出版社 2006 年版，第 374 页。
[2] 《约翰福音》20：29，《圣经·新约》，中国基督教协会 2008 年版，第 131 页。
[3] 巴金：《家》，《巴金全集》（第 1 卷），人民文学出版社 2000 年版，第 248 页。
[4] 同上书，第 388 页。

己!我们跟你又有哪点不同?固然你是承重孙,不过你应该看得出来:我们家里头,什么都完了。没有人可以管我,也没有人可以管你。那些长辈其实都是些纸灯笼,现在都给人戳穿了。他们自己不争气,立不出一个好榜样,他们专做坏事情,哪儿还配管别人?只要你自己强硬一点,他们又有什么办法可以伤害你?都是你自己愿意服从,你自己愿意听他们的话,他们才厚起脸皮作威作福……"[1]这里的"愿意服从"四个字,可以说一语点中了觉新的死穴。

同样,摆在汪文宣面前的也是这样的难题。对母亲怎么能讲对错呢?他既爱母亲,又为母亲的固执、偏狭伤透脑筋。在心底,他千百次质问母亲:既然爱儿子,为什么不爱儿子所爱的人?但是,他不敢把这话说出来。他所有的勇气,一看见母亲的白发,就化为了乌有。他永远觉得自己对不起母亲,不是好儿子,也不是好丈夫,根本没有资格对母亲说三道四。"他只有一个思想:'我对不起每一个人。我应该受罚!'"[2]他觉得自己一辈子也无法回报母亲的养育之恩,"他害怕看母亲的憔悴的愁容"[3],他不愿意得罪母亲,"她脸上的皱纹显得更多了,头发也好像没有一根是黑色的了。她刚到四川来的时候完全不是这个样子。现在她自己烧饭,自己洗衣服,这些年她也苦够了。完全是他使她受苦。可是她始终关心他,不离开他"[4]。在他心中,母亲是上帝,妻子是天使,他爱母亲,也爱妻子,他需要母亲,也需要妻子,他一心想把这两个完全互相排斥的人拉在一起,他以最大的忍耐承受母亲无休止的抱怨、控诉和妻子无尽头的怨愤、悲情。他有一颗金子般的心灵,但

---

[1] 巴金:《秋》,《巴金全集》(第3卷),人民文学出版社2000年版,第401页。
[2] 巴金:《寒夜》,《巴金全集》(第8卷),人民文学出版社2000年版,第454页。
[3] 同上书,第503页。
[4] 同上书,第473页。

是，在他活着的时候，没有一个人发现他的价值，没有一个人意识到掩藏在那懦弱外表下的罕见的善良是多么的可贵！他的心比大海还博大，当母亲骂他"真没有出息！跟自己老婆吵了架，就像失掉了魂魄一样"[1]，妻子指责他"太老好"[2]，"你真能忍耐！什么你都受得了"[3]时，她们都没有想到，忍耐，恰恰是因为爱！

是的，在这个家里，谁都比他强，谁都可以向他发泄，向他倾诉委屈。只有他，只受气，不还嘴，他的爱，没有消除亲人间的误解和怨气，但是，他的忍耐和牺牲却唤醒了仇恨双方的良知，妻子有时也会责备自己："为什么我总是感到不满足？我为什么就不能牺牲自己？"[4]在生命的终点，母亲终于有所觉悟，"是我害了他，累了他。……现在为了儿子的生命，她什么事都肯做了。"[5]

从艺术表现的角度，汪文宣是巴金笔下比觉新更成功的一个艺术典型。诚如汪应果先生所说："在中国现代文学史上，像汪文宣这样震撼人心的形象是并不多见的。"[6]而汪文宣的震撼正来自他那无比宽阔的胸怀和那罕见的善良！可以说，在和平、正常、宽松的环境里，一个人拥有爱心并不难，但在揪心的苦楚中和无路可走也看不到任何希望的寒夜里，还能无怨无悔地、一如既往地爱那些给自己带来不幸和痛苦的亲人，却是困难的，而最困难的是，受尽磨难，却从不怨恨，心里永远只记得母亲的好和妻子的好！母亲始终不理解为什么妻子背叛了他，而他

---

[1] 巴金：《寒夜》，《巴金全集》（第8卷），人民文学出版社2000年版，第434页。
[2] 同上书，第574页。
[3] 同上书，第501页。
[4] 同上书，第519页。
[5] 同上书，第665—682页。
[6] 汪应果：《巴金论》，上海文艺出版社1985年版，第267页。

却一句诅咒的话也不说,甚至还发自肺腑地祝福:"我愿她幸福!"[1] 应该说,在世界上还有压迫、苦难和不公的时候,怨恨的怒火就永远不会熄灭,但怨恨毕竟不是人的本质力量的显现,生命的终极价值应该是爱,而不是恨,正是在这一点上,汪文宣给予我们不同寻常的震撼。

汪文宣的忍耐和懦弱,常常使人想起陀思妥耶夫斯基。陀思妥耶夫斯基坚信:"温和的爱是一种可畏的力量,比一切都更为强大,没有任何东西可以和它相比。"[2] 他劝慰世人摆脱"罪孽是万能的,邪恶是万能的,恶劣的环境是万能的,而我们是孤独的,无力的,恶劣的环境会妨碍我们,使我们的善行无法实现"的错误观念。不要以恶抗恶,即使人们的恶行使你悲愤得无法克制,甚至产生了要想报复作恶的愿望,你也应该千万对这种感情保持戒惧。

你要立刻去自求受苦,就象是你自己对人们的恶行负有罪责似的。你要甘于受这种苦,耐心忍受,这样你的心就会得到安慰,你就会明白你自己确实也有错,因为你本可以甚至作为世上唯一无罪的人,成为引导恶人的一线光明,但你却并没有做到。如果做到了,那么你的光本可以给别人照亮道路,作恶的人在你的光照耀下也许就不至于做坏事了。即使你做到了,却发现人们甚至在你的光照耀下也并没有得救,那么你也仍应该坚信不移,不要怀疑天上的光明的力量;你应该相信,现在不得救,以后必将得救。即使以后不得救,他们的儿孙也必将得救,因为你虽死而你的光不死。正直的人

---

[1] 巴金:《寒夜》,《巴金全集》(第8卷),人民文学出版社2000年版,第684页。
[2] 〔俄〕陀思妥耶夫斯基著,耿济之译:《卡拉马佐夫兄弟》(上),人民文学出版社1999年版,第477—478页。

逝去了,他的光明仍将留存下来。人们总是在拯救他们的人死后才得救的。人类不承认他们的预言者,残害他们,但是人们却总是爱他们的殉难者,尊敬受他们磨难的人。你是在为整体工作,为未来而尽力。你永远不要要求奖赏,因为没有这个,你在地上的奖赏已经很大了。那就是唯有正直的人才能得到的精神的喜悦。你不要怕贵人豪门,而要做一个明智的人,永远保持庄重。你应该知道分寸,知道时间,要学会这个。处在孤独中时,你应该祈祷。要乐于常匍匐在地,吻它。一面吻着大地,一面无休无止地爱,爱一切人,一切物,求得那种欣喜若狂的感觉。[1]

用爱获得世界,用泪洗净世界的罪恶,是陀思妥耶夫斯基对人间苦难和不义所开的处方。在他看来,人类永远不会凭任何科学和任何利益轻松愉快地分享财产和权力,因为每个人都嫌少,人人都在埋怨,除了使人民在心理上走上另一条道路,这个世界绝不会得救。但是这种非暴力的爱与宽恕却不是一般人能够坚持和实现的,正如何怀宏先生所说,在受到压制和虐待的情况下仍然保持一种爱的精神,在遭受不公的情况下仍然坚持公正,保持一种既顽强反抗,又恪守某种道德界限而绝不越过的态度,这绝不是一般人所能做到的,更何况还需要接受一种对人类历史来说是相当新颖的观念,即绝不以武力、强力解决问题,甚至也不以世俗的成败论人论事。[2] 正因为汪文宣的忍耐背后有一种深厚的、强大的宗教精神,所以,在一般人坚持不下去的时候,他能够默默地践

---

[1] 〔俄〕陀思妥耶夫斯基著,耿济之译:《卡拉马佐夫兄弟》(上),人民文学出版社1981年版,第481—482页。
[2] 何怀宏:《道德·上帝与人》,新华出版社1999年版,第92页。

行自己的原则,不介怀一时的得失乃至世俗的成败,也正因为心里有一种超越的存在,深信爱是人间最伟大的力量,所以,尽管他失去了一切——健康的身体、幸福的家庭、稳定的工作,甚至生命,但他从不感觉孤独。他的坚韧、深沉以及他的纯洁和高尚,可以说是儒教知识分子身上最令人敬仰和感佩的地方。

第二节 《随想录》中的"宗教人"形象

一、"越想越觉得自己有罪"[1]

巴金多次说新中国成立后尤其是"文革"时,他最感恐怖也最难忘记的就是被"罪感"攫住的经历。在《随想录》中,他这样写道:

> 那是一九六六年八、九月发生的事。我当时的心境非常奇怪,我后来说,我仿佛受了催眠术,也不一定很恰当。我脑子里好像只有一堆乱麻,我已无法独立思考,我只是感到自己背着一个沉重的"罪"的包袱掉在水里,我想救自己,可是越陷越深。脑子里没有是非、真假的观念,只知道自己有罪,而且罪名越来越大。最后认为自己是不可救药的,应当忍受种种的灾难、苦行……[2]

一九六二年我"遵命"发扬民主,在上海二次文代会上发言中

---

[1] 巴金:《十年一梦》,《巴金全集》(第16卷),人民文学出版社2000年版,第323页。
[2] 巴金:《再论说真话》,《巴金全集》(第16卷),人民文学出版社2000年版,第237—238页。

讲了几句自己的话，不久运动一来，连自己也感到犯了大罪，"文革"时期我在"牛棚"里给揪出来示众、自报罪行的时候，我从未忘记"报"这件"发扬民主"的"反党罪行"。这就是刘郎同志在《除夕·续旧句》诗注中所说的"折磨自己"。这种折磨当然是十分痛苦的，现在我还忘记不了（不是不想记）。[1]

我回想起二十四年前的情景。那个时候我赤手空拳，一件武器也没有。每次别人一念"勒令"，我就得举手投降。有件事今天觉得古怪，可笑，当时却觉得可怕，不理解。运动一开始，大家都说自己有罪或者别人有罪，在这之前我从未想到或者听到这个罪字。它明明是别人给我装上去的东西。分明不是我自己的东西。我早已习惯不用自己的脑子思索了。我一开始就承认自己有罪，也是为了保护自己。[2]

几张大字报就定了我的罪，没有什么根据就抄了我的家。随便什么人都可以到我家里来对我训话。可笑的是我竟相信自己犯了滔天大罪，而且恭恭顺顺地当众自报罪行；可笑的是我也认为人权是资产阶级的东西，我们"牛鬼蛇神"没有资格享受它。[3]

在此之前，巴金从未想到"罪"字与自己有什么联系，也从未想到有一天，自己也会被揪出来，更未想到灾难降临后自己居然完全丧失独立思考的能力，"脑子里只有'罪孽深重'四个大字"，甚至"自己也跟着举手高呼口号：'打倒巴金！'"[4] 无独有偶，巴金的好友曹禺在谈到

---

[1] 巴金：《探索》，《巴金全集》（第16卷），人民文学出版社2000年版，第174页。
[2] 巴金：《致树基（代跋）》，《巴金全集》（第16卷），人民文学出版社2000年版，第759—760页。
[3] 巴金：《三论讲真话》，《巴金全集》（第16卷），人民文学出版社2000年版，第374—375页。
[4] 巴金：《我的名字》，《巴金全集》（第16卷），人民文学出版社2000年版，第527页。

"文革"时,也一再提到这种万分恐怖的宗教式的罪感:"天一亮,隔壁人民大学的高音喇叭便叫嚣起来。起先我以为是批斗人,后来才渐渐听出是两派在互相斥骂,一阵阵刺耳激昂的辩论,一阵阵叫骂,连绵不绝。从清晨吵到傍黑。我烦恼,又说不出的惧怕,我是反动学术权威,这一切都像是针对我来的。尤其一位女高音,又念又喊,声调亢奋且单调,刺人耳鼓。酷热的夏天,本来在我的小屋里就很憋闷,现在更加不能忍耐。但是,一定要忍耐。我犯了罪,我说不清是什么罪,我却诚心诚意服了罪。这种混沌的感觉像一口无底的陷阱。"[1]曹禺认为,没有经历"文革"的人,不可能明白那种深重的绝望,把人箍得有多么紧。

一般来说,法律上的"罪",是指做出了违法的行为,宗教上的"罪"是指违反了神的诫命,由于这种罪感与终极相通,所以常常给人一种彻底失败、无可挽回和"永世不得翻身"的沮丧和恐惧感。与因为触犯世俗的法律而被判刑产生的羞耻、负疚或犯罪感明显不同,它没有边界,无所不包又无处不在,十分恐怖。在世俗意义上,触犯法律而构成的罪行因为有明确的犯罪事实,所以它的处罚通常也是非常明确具体的。而宗教的"罪感"因为与神圣信仰相关,它的"罪"带有神秘色彩,它的惩罚也具有神秘性。一般来说,这种罪的消除,不是明确的服刑期或赔偿金额能够彻底清算的,它需要不断地忏悔和终生的救赎。

仔细阅读,可以发现,巴金在《随想录》中对罪感的描写十分类似于鲁迅笔下的祥林嫂:如被雷击,彻底绝望,无限恐怖,且又毫无办法。祥林嫂的"宗教"是礼教,巴金的"宗教"是爱国。所以,当祥林嫂被人指责"不贞"、巴金被人质问"反党"时,如雷轰顶的恐怖和从来没有想到的可怕的罪使他们感到比死还可怕。就像落水之人遭遇了灭

---

[1] 曹禺:《已经忘却的日子》,《曹禺自述》,新华出版社2010年版,第149页。

顶之灾,在无边的恐怖中,他们不约而同地做了同样的反应:赎罪。既不是辩解,也不是抗争。这是巧合吗?且看巴金在《随想录》中是如何描述自己的赎罪心理的。

首先是认罪服罪。"总之他们要我认罪,承认批斗我就是挽救我。我当然照办"[1];"长官说你是坏人,你敢说你不是坏人?"[2]"我真心认罪,严肃对待……我甚至愚蠢到愿意钻进魔术箱变'脱胎换骨'的戏法"[3]。

其次是越想越觉得自己有罪。"当时只是往牛角尖里钻,完全跟着'造反派'的逻辑绕圈子。我想,我是在官僚地主的家庭里长大的,受到旧社会、旧家庭各式各样的教育,接触了那么多的旧社会、旧家庭的人,因此,我很有可能用封建地主的眼光去看人看事。越想越觉得'造反派'有理,越想越觉得自己有罪。说我是地主阶级的'孝子贤孙',我承认;说我写《激流》是在为地主阶级树碑立传,我也承认;一九七〇年我们在农村'三秋'劳动,我给揪到田头,同当地地主一起挨斗,我也低头认罪,我想我一直到二十三岁都是靠老家养活,吃饭的钱都是农民的血汗,挨批挨斗有什么不可以!"[4]

再次是苦行赎罪,甘心被打倒,被批斗,甚至把牛棚生活和批斗折磨当做知识分子少不了的考验,"我真正相信倘使茹苦含辛过了这一关,我们就可以走上光明大道";"最可笑的是,有个短时期我偷偷地练习低头弯腰、接受批斗的姿势,这说明我是心甘情愿地接受批斗,而且想在台上表现得好"[5];"最初我真的相信批斗我是为了挽救我"[6]。

---

[1] 巴金:《一颗核桃的喜剧》,《巴金全集》(第16卷),人民文学出版社2000年版,第53页。
[2] 巴金:《小人·大人·长官》,《巴金全集》(第16卷),人民文学出版社2000年版,第71页。
[3] 巴金:《说真话》,《巴金全集》(第16卷),人民文学出版社2000年版,第230—231页。
[4] 巴金:《十年一梦》,《巴金全集》(第16卷),人民文学出版社2000年版,第323页。
[5] 巴金:《怀念丰先生》,《巴金全集》(第16卷),人民文学出版社2000年版,第317页。
[6] 同上书,第317页。

赎罪是为了与"神"修好，所以态度十分虔诚：

> 那时我信神拜神，也迷信各种符咒。造反派批斗我的时候经常骂一句："休想捞稻草！"我抓住的唯一的"稻草"就是"改造"。我不仅把这个符咒挂在门上，还贴在我的心上。我决心认真改造自己。我还记得在我小的时候每逢家中有人死亡，为了"超度亡灵"，请了和尚来诵经，在大厅上或者别的地方就挂了十殿阎罗的图像。在图像上有罪的亡魂通过十个殿，受尽了种种酷刑，最后转世为人。这是我儿童时代受到的教育，几十年后它在我身上又起了作用。一九六六年下半年以后的三年中间，我就是这样地理解"改造"的，我准备"剖腹挖心"，"上刀山，下油锅"，受尽惩罚，最后喝"迷魂汤"，到阳世重新做人。因此我下定决心咬紧牙关坚持到底。虽然中间有过很短时期我曾想到自杀，……当时有一句流行的话："哪里摔倒就在哪里站起来。"我还痴心妄想在"四人帮"统治下面忍受一切痛苦在摔倒的地方爬起来。[1]

据王西彦在《炼狱中的圣火》中回忆，巴金在"文革"中的表现，不是教徒却胜似教徒。在王西彦的记忆中，巴金在上海作协的"牛棚"改造时态度最端正，表现最虔诚。"巴金坐在阅览室里，读《语录》时的态度最为认真，还朗朗有声。他对待劳动的态度也很认真，无论是打扫花园或揩玻璃窗，都尽自己的所能，从不取巧偷懒。甚至在挨批斗时，也总是垂首低头，对别人其实是'上纲上线'到非常可笑的批评，也还是说：'是！是！'当时他最主要的'罪行'，是1962年5月间上

---

[1] 巴金：《再论说真话》，《巴金全集》（第16卷），人民文学出版社2000年版，第238页。

海二次文代会上他作的一个题为《作家的勇气和责任心》的发言。……在巴金发言的当时,曾得到有关文艺领导同志的赞许,认为他说了真话,甚至说自己被这样的真话'感动得落了泪'。可是,发言一经在《上海文学》(5月号)发表,却立刻引起一场轩然大波。那个曾被称为'毛主席的好学生'的上海市委领导人,炙手可热的'一言堂''堂主',为此大发雷霆。不用说,到底巴金被打成'牛鬼蛇神',被剥夺了发言权,这个发言就成为'造反派'手里的大棒。巴金默默忍受,毫不申辩。"[1]

在如此严重的屈辱面前,巴金逆来顺受,王西彦觉得不可理解。他好心地说巴金顺从的下面是沉默的抵制和反抗,而巴金却坦承自己真正的想法是"苟活"。"当时我并不是作假,我真心表示自己愿意让人彻底打倒,以便从头做起,重新做人。我还有通过吃苦完成自我改造的决心。我甚至因为'造反派'不'谅解'我这番用心而感到苦恼。我暗暗对自己说:'他们不相信你,不要紧,你必须经得住考验。'每次批斗之后,'造反派'照例要我写'思想汇报',我当时身心十分疲倦,很想休息。但听说要马上交卷,就打起精神,认真汇报自己的思想,总是承认批斗的发言打中我的要害,批斗真是为了挽救我,'造反派'是我的救星。"[2]

巴金后来在一篇《写真话》的文章中也提到了他和王西彦一起关"牛棚"的经历,他说他们对"文革"表现出不同思想和不同反应。"我们的分歧在于我迷信神,他并不那么相信。举一个例子,我们在'牛棚'里劳动、学习、写交代,每天从大清早忙到晚上十点前后,有时中饭后坐着打个盹,监督组也不准。西彦对这件事很不满,认为这是有意折磨人,很难办到,而且不应照办。我说,既然认真进行'改造',就

---

[1] 王西彦:《炼狱中的圣火》,《花城》1980年第6期。
[2] 巴金:《十年一梦》,《巴金全集》(第16卷),人民文学出版社2000年版,第323—324页。

不怕吃苦，应当服从监督组的任何规定。我始终有这样的想法：通过苦行赎罪。而据我看，西彦并不承认自己有罪，现在应当说他比我清醒。"[1]"文革"时的巴金对于受苦受难做好了长期改造的思想准备，他盼望经过彻底的改造，重新回到"神"的怀抱。"我当时认为自己有大罪，赎罪之法是认真改造，改造之法是对'造反派'的训话、勒令和决定句句照办。西彦不服，他经常跟监督组的人争论，他认为有些安排不合情理，是有意整人。我却认为磨练越是痛苦，对我们的改造越有好处。今天看来我的想法实在可笑，我用'造反派'的训话思考，却得出了陀思妥耶夫斯基式的结论。"[2]

但是，陀思妥耶夫斯基跪倒在上帝面前，巴金却跪倒在人间的神明面前，因此，噩梦醒来，巴金感到无地自容，十分惭愧、内疚和自责，他想不通自己怎么成了这样的人。

二、"十年'牛棚'正是对我的迷信的惩罚"[3]

众所周知，巴金是一个无神论者，早在20世纪30年代他就写过批判迷信的小说《神·鬼·人》，同时，作为一个无政府主义者，巴金坚定地反强权、反专制、反暴政、反政府、反宗教。可是，在无神论盛行的新中国，他却成了一个"虔诚的信徒"[4]。作为信徒，巴金认为自己在"文革"中至少有三个无法原谅的错误：一是说假话，二是逆来顺受，

---

[1] 巴金：《写真话》，《巴金全集》（第16卷），人民文学出版社2000年版，第241页。
[2] 巴金：《十年一梦》，《巴金全集》（第16卷），人民文学出版社2000年版，第326页。
[3] 巴金：《病中三》，《巴金全集》（第16卷），人民文学出版社2000年版，第477页。
[4] 巴金：《怀念丰先生》，《巴金全集》（第16卷），人民文学出版社2000年版，第318页。

三是苟活偷生，没有骨气。

巴金说自己自从走上文学道路就未曾终止思考的一个问题就是怎样做一个正直的人，善良的人，怎样对国家、对社会、对人民有贡献，过一种健康有意义的生活。"我的探索和一般文学家的探索不同，我从来没有思考过创作方法、表现手法和技巧等等的问题。我想来想去的只是一个问题：怎样生活得更好，或者怎样做一个更好的人，或者怎样对国家、对社会、对人民有贡献。"[1] 但是，他自己在新中国成立后尤其是"十年文革"中过的是什么生活呢？整天战战兢兢，提心吊胆，挂念的只是怎样保全自己。"那些年我就是在谎言中过日子，听假话，说假话。起初把假话当做真理，后来逐渐认出了虚假；起初为了'改造'自己，后来为了保全自己；起初假话当真话说，后来真话当假话说。"[2] 为了保护自己，他人云亦云，随声附和，不敢独立思考，更不敢讲真话。"我不但相信各种'豪言壮语'，而且我也跟着别人说谎吹牛。我在一九五六年也曾发表杂文，鼓励人'独立思考'，可是第二年运动一来，几个熟人摔倒在地上，我也弃甲丢盔自己缴了械，一直把那些杂感作为不可赦的罪行；从此就不以说假话为耻了。"[3] 和绝大多数中国人一样，"文革"时期的巴金听的是假话，说的是假话，宣传的也是假话，"我不曾跟假话作过斗争。别人'高举'，我就'紧跟'；别人抬出'神明'，我就'低首膜拜'。即使我有疑惑，我有不满，我也把它们完全咽下"[4]。作为一个真诚的人，巴金对自己的言行十分内疚，但又无力自拔，他既痛恨自己不觉悟，又惭愧自己的胆怯和懦弱，总是按照别人的

---
[1] 巴金：《探索之三》，《巴金全集》（第16卷），人民文学出版社2000年版，第181—182页。
[2] 巴金：《再论说真话》，《巴金全集》（第16卷），人民文学出版社2000年版，第238页。
[3] 同上书，第237页。
[4] 巴金：《说真话》，《巴金全集》（第16卷），人民文学出版社2000年版，第231页。

意志写作。"一九五七年我不曾给戴上'右派'帽子，却写了一些自己感到脸红的反'右'文章，并没有人强迫我写，但是阵线分明，有人一再约稿，怎么可以拒绝！'文革'期间我靠边早，没有资格批判别人，因此今天欠债较少。"[1]

总体上看，新中国成立后巴金主要写了两类文章，一类是歌功性的，一类是批判性的。在前一类的文章中，他尽情讴歌人民的幸福生活，赞美社会主义建设的伟大成就，而尽量回避现实生活中的苦难和不幸，也不提被剥夺的自由和被限制的苦闷，他反反复复地书写："幸福已经降落在人间，降落在中国……生活在这个国土上的中国人能够在记忆中找到像这样的大欢乐的日子吗？"[2]因此，走进他的作品，你仿佛来到了花园，到处是莺歌燕舞，到处是欢声笑语，阳光一片灿烂，人们永远地告别了不幸和灾难，再也看不见悲哀的面容，再也听不到深夜的哭泣，再也没有无处诉说的怨抑和愤怒。"中国人民想望了多年的东西就是：解放，就是做自己的主人，种自己的地，在自己的工厂里劳动，和自己的同胞亲密地站在一起，用全部力量来建设自己的国家。"[3]而实际上写这些文章时候的巴金战战兢兢，精神上的包袱很重，绝对谈不上轻松、快乐。这一点，在他 1990 年编完《巴金全集》第 15 卷时所写的后记中说得十分清楚："我翻阅过去某个时期的文章，那许多豪言壮语使我精神振奋。但是回想当初写作的情景，我不由得皱起眉头。我是在战战兢兢地过着日子，一篇文章发表后，只要有三两个读者出来说话，表示不满，或者刊物编者要我认错，我就给吓得马上低头哈腰承认错

---

[1] 巴金：《怀念烈文》，《巴金全集》（第 16 卷），人民文学出版社 2000 年版，第 204 页。
[2] 巴金：《大欢乐的日子》，《巴金全集》（第 14 卷），人民文学出版社 2000 年版，第 380 页。
[3] 巴金：《一九五六年新年随笔》，《巴金全集》（第 14 卷），人民文学出版社 2000 年版，第 388 页。

误，心想我认错，你就可以不讲了。……后来我反复思考，为什么会有这样的心境？我很奇怪，在如临深渊的时候，哪里有那么多的豪情？只有在完成五卷书（《随想录》）的工作中我才明白：越是空虚越需要装饰。"[1]

应该说，在这些歌功颂德的文章中，有一些确实是发自肺腑的，但更多的是为了保护自己的表态文章和应景文章，"既没有生活，也没有革命，更没有文学，有的只是谎言"[2]。

和许多被打倒的作家一样，巴金在"文革"时期也写了很多彻底否定自己的"思想汇报"和检讨书，但是，在这些文字里照样充斥着言不由衷的假话、空话、废话和套话。"我写过不少的'认罪书'，承认挨斗一次，就受到一次深刻的教育。我究竟想说些什么？今天'深刻地'分析起来，也无非想把自己表现得无耻可笑，争取早日过关而已。那个时候我早已不是作家，除了辱骂自己，什么也写不出，不仅只讲假话，而且真假不分，习以为常"[3]；"在'十年'动乱中我不知写过多少'思想汇报'和'交代'，想起它们，我今天还感到羞耻。在我信神最虔诚的时期中，我学会了编造假话辱骂自己"[4]；"回顾我这一生，在这十年中我讲假话最多。讲假话是我自己的羞耻，即使是在说谎成为风气的时候我自己也有错误"[5]。

检讨原本应该是对自己缺点、错误的发自内心的真诚批评，但是，巴金写检讨，主要是为了过关，他小心谨慎地把自己藏在面具后面，无

---

[1] 巴金：《致树基（代跋）》，《巴金全集》（第 15 卷），人民文学出版社 2000 年版，第 582 页。
[2] 巴金：《一封回信》，《巴金全集》（第 16 卷），人民文学出版社 2000 年版，第 453 页。
[3] 巴金：《"深刻的教育"》，《巴金全集》（第 16 卷），人民文学出版社 2000 年版，第 542—543 页。
[4] 巴金：《〈序跋集〉序》，《巴金全集》（第 16 卷），人民文学出版社 2000 年版，第 310 页。
[5] 巴金：《说真话之四》，《巴金全集》（第 16 卷），人民文学出版社 2000 年版，第 389 页。

论他把自己骂得多么难听、多么严重,你看到的只是他的外形,而不是他的内心。正如最柔弱的蛤蜊往往需要最坚硬的贝壳,巴金检讨书中的那些锋利而不留情的自辱、自污的文句,其实也是他自我保护的一种策略。在这些程式化的检讨书中,你确实可以看到一个战战兢兢匍匐在地的"政治贱民",但他把自己贬得一钱不值,目的只是为了换得神恩的拯救,因此,这里没有正义,没有勇气,更没有尊严和人格,一切只是为了在政治高压下苟延残喘。

从一个不顾一切叛逆旧社会的激进作家,到唯唯诺诺、谨小慎微,生怕说错一句话、走错一步路、得罪一个当权派的社会名流,新中国成立后的巴金,地位越来越高,胆子却越来越小,名气越来越大,禁忌也越来越多。即使他有一些不同想法,也不敢坚持。比如"文革"时对丰子恺散文《阿咪》的批判,他就很不以为然,但是,随着批判的升级,他也开始动摇并怀疑丰子恺是否真的对新社会抱有反感,尽管他始终没有写批判文章,也没有公开表态,但是,即使在私下里,他也不曾替《阿咪》讲过一句公道话。为什么呢?因为"那个时候好像有一种强大的压力把我仅有的一点独立思考也摧毁了"[1]。又如批判满涛时,他为满涛二十年很好的表现换来一顶"反革命"的帽子极为不满,而且担心忠厚的满涛受不了这个打击,但是,在杀气腾腾的批斗会上,他"不敢讲一句真话",而是眼睁睁地看着大家将错就错,让满涛一夜之间平白无故地给剥夺了一切政治权利,"一声不响,埋着头装出若无其事的样子,实际上暗暗地用全力按捺住心中的不平,唯恐暴露了自己,引火烧身。我只是小心地保护自己,一点也未尽到作为一个作家、作为一个普通人所应尽的职责","满涛同志遭遇不幸的时候,我没有支持他,没有出来

---

[1] 巴金:《怀念丰先生》,《巴金全集》(第16卷),人民文学出版社2000年版,第315页。

说一句公道话，只是冷眼旁观"。[1]

众所周知，巴金在 20 世纪五六十年代创作的散文充满了豪言壮语和说不尽的大欢乐，但是，在《随想录》中提起这段历史，巴金说得最多的却是无限的"恐惧"和没有尽头的"害怕"，"我想起那十年的生活，感到的却是恐怖，不是厌倦。今天我的眼前还有一个魔影"[2]；"我害怕极了。我起初还分辩几句，后来一律默认。那时我信神拜神，也迷信各种符咒"[3]；"在那样的日子里我早已把真话丢到脑后，我想的只是自己要活下去，更要让家里的人活下去。……有时，我受到良心的责备，为自己的言行感到羞耻。有时我又因为避免了家破人亡的惨剧而原谅自己"[4]；"回想起那些日子，那些学习会，我今天还感到不寒而栗。我明明觉得罩在我四周的网越收越小、越紧，一个星期比一个星期厉害。一方面想到即将来临的灾难，一方面又存着幸免的心思，外表装得十分平静，好像自己没有问题，实际上内心空虚，甚至惶恐。背着人时我坐立不安，后悔不该写出那么多的作品，唯恐连累家里的人。我终于在会上主动地检查了一九六二年在上海二次文代会上的发言的错误。我还说我愿意烧掉我的全部作品。这样讲过之后比较安心了，以为自己承认了错误，或者可以'过关'。谁知这次真是一网打尽，在劫难逃"[5]。

看着身边越来越多的朋友一个个落入陷阱，面对这个越来越可怕的"革命"和越来越难以理解的"新社会"，巴金感到除了信神拜神外，无路可走。"这种时候，这种情况，我还能有什么希望呢？从此我

---

[1] 巴金：《怀念满涛》，《巴金全集》（第 16 卷），人民文学出版社 2000 年版，第 385—386 页。
[2] 巴金：《〈序跋集〉再序》，《巴金全集》（第 16 卷），人民文学出版社 2000 年版，第 321 页。
[3] 巴金：《再论说真话》，《巴金全集》（第 16 卷），人民文学出版社 2000 年版，第 238 页。
[4] 巴金：《说真话之四》，《巴金全集》（第 16 卷），人民文学出版社 2000 年版，第 389—390 页。
[5] 巴金：《三论讲真话》，《巴金全集》（第 16 卷），人民文学出版社 2000 年版，第 374 页。

断了念,来一个急转弯,死心塌地做起'奴隶'来……我自己后来分析说,我入了迷,中了催眠术。其实我还挖得不深。在那两年中间我虔诚地膜拜神明的时候,我的耳边时时都有一种仁慈的声音:你信神你一家人就有救了"[1]。

正如罗素所指出的:"宗教基本上或主要是以恐怖为基础的。"[2] 人越是恐惧,就越是容易信神、拜神。"文革"时期,巴金的拜神心理,与"文革"初期高度紧张和恐怖的政治环境密不可分,今天这个作家自杀,明天那个朋友挨打,后天又听说有人失踪,当朝夕相处的同志像是发了疯一样想出种种办法自相残害,还说是出于革命的义愤时,红色的政治恐怖让巴金噤若寒蝉,魂不守舍。"我下定决心用个人崇拜来消除一切的杂念,这样的一座塔就是建筑在恐惧、疑惑与自我保护上面,我有时清夜自思,会轻视自己的愚蠢无知,不能用自己的脑子思考,哪里有什么'知识'?有时受到批判、遇到挫折,又埋怨自我改造成绩不大。总之,我给压在个人崇拜的宝塔下一直喘不过气来。"[3] 因此,严格说来,在这种既敬畏又惶惑,既害怕又依赖的忐忑心态下,巴金所写的大量作品,其实就是一种"拜神"文学。无论是讴歌赞美,还是诅咒忏悔,均与真理无关,它是渺小的个体对于笼罩在自己头上的不可知力量的一种献祭、讨好和巴结。祭品被接纳时欢喜、幸福,以及祭品被拒绝时的惶恐不安,十分生动地记录和展示了巴金当时卑微、恐惧的生存状态。在这里,真实的是"求救"的心态,而不是表面的文章。

不过,神越是崇高,人就越是卑微,神越是伟大,人就越是渺小。

---

[1] 巴金:《十年一梦》,《巴金全集》(第16卷),人民文学出版社2000年版,第325页。
[2] 〔英〕罗素著,沈海康译:《为什么我不是基督徒》,商务印书馆1982年版,第25页。
[3] 巴金:《"紧箍咒"》,《巴金全集》(第16卷),人民文学出版社2000年版,第597页。

在这种颠倒的奴役的关系中,巴金做梦也想不到的是,他以降低自己的人格和理性批判精神为代价的适应,反而使自己越来越胆小,没有主见,以至于完全找不到自己。他发现自己只能按照造反派的逻辑思考,比如,承认自己从来没有写过好东西。"坦白地说,我那时真的认为自己所写的东西是很坏的。我不是农民,也不是工人,我住在一间有花园的大房子里,我对自己说,我享受着太多的特权——而我是有诚意的"[1];"那时我曾真诚的认为,自己写的十几本书,都是不好的,我的确是罪恶深重的人,别人把我当做罪人,我自己也承认自己有罪"[2];"我总以为过去所作所为全是个人奋斗、为自己,现在能照刊物的需要办事,就是开始为人民服务。这种想法,我今天觉得很古怪,可是当时我的确这样想、这样做,在'文革'的头三年中我甚至认为让我在作家协会传达室工作也是幸福,可是'四人帮'的爪牙却说我连做这种工作也不配。因此我只好经常暗中背诵但丁的诗篇,想象自己就站在阿刻龙特(Acherorte)河岸上,等着白头发的卡隆(Caron)把我当作'邪恶的鬼魂'渡过去。这是一场但丁式的噩梦啊!"[3]

其次,他相信自己罪孽深重。"我的确相信过迫害我的林彪和'四人帮'以及他们的大小爪牙,我相信他们所宣传的一切,我认为自己是'罪人',我的书是'毒草',甘心认罪服罪。我完全否定自己,准备接受改造,重新做人。我还跟大家一起祝过林彪和江青'身体健康,永远健康'。在十年浩劫的最初三四年中,我甚至决心抛弃写作,认为让我在作家协会上海分会的传达室当个小职员也是幸福。可是'四人帮'的

---

[1] 巴金:《答法国〈世界报〉记者问》,《巴金全集》(第19卷),人民文学出版社2000年版,第496页。
[2] 巴金:《与香港李黎的谈话》,《巴金全集》(第19卷),人民文学出版社2000年版,第557页。
[3] 巴金:《探索之四》,《巴金全集》(第16卷),人民文学出版社2000年版,第186页。

爪牙却说我连做这种工作也不配,仿佛我写了那些书就犯了滔天大罪一样。今天我也感到奇怪,我居然那样听话,诚心诚意地,不以为耻地卖力气地照他们的训话做";"今天我回头看自己在十年中间的所作所为和别人的所作所为,实在可笑,实在愚蠢,但当时我却不是这样看法"。[1]

第三,他认为知识越多越反动。"当时我的确把'无知'当作改造的目标。……有过一个时候,我真的相信只有几个'样板戏'才是文艺,其余全是废品。我彻底否定了自己,我丧失了是非观念。我没有过去,也没有将来,只是唯唯诺诺,不动脑筋地活下来。……""我甚至相信过一个没有文化、没有知识,当然也没有资料的理想世界"[2];"当时我真愿意早一天脱胎换骨,完成改造的大业,摘去知识分子的小帽"[3]。

最后,虽然受尽屈辱,仍然歌颂"文革"对自己的批斗是正确的。

正是这种可耻的精神堕落,使"文革"结束后巴金庆幸自己当时没有资格被重用,否则,还不知道会做出什么遗憾终身的错事,"在那个时期我不曾登台批判别人,只是因为我没有得到机会,倘使我能够上台亮相,我会看做莫大的幸运。……使我感到可怕的是那个时候自己的精神状态和思想状况,没有掉进深渊,确实是万幸,清夜扪心自问,还有点毛骨悚然"[4]。

与此同时,越是拜神,巴金就越是胆小。众所周知,新中国成立前,巴金最喜欢讲的两句话是:"我不怕……我有信仰。"[5] 在他笔下,他最喜欢的革命者也总是表示:"我从来没有失掉过信仰,我就靠信仰

---

[1] 巴金:《文学生命五十年》,《巴金全集》(第 20 卷),人民文学出版社 2000 年版,第 567、559 页。
[2] 巴金:《现代文学馆》,《巴金全集》(第 16 卷),人民文学出版社 2000 年版,第 292—293 页。
[3] 巴金:《再谈知识分子》,《巴金全集》(第 16 卷),人民文学出版社 2000 年版,第 638 页。
[4] 巴金:《解剖自己》,《巴金全集》(第 16 卷),人民文学出版社 2000 年版,第 398 页。
[5] 巴金:《〈爱情三部曲〉前记》,《巴金全集》(第 6 卷),人民文学出版社 2000 年版,第 1 页。

生活。我永远是乐观的。"[1] 但是，在《随想录》中，有了新的信仰的巴金谈的最多的却是自己的狼狈与可怜，"我回想起二十四年前的情景。那个时候我赤手空拳，一件武器也没有。每次别人一念'勒令'，我就得举手投降。……我一开始就承认自己有罪，也是为了保护自己。……其实我连保护自己的武器也没有，人家打过来，我甚至无法招架，更谈不上还手。在牛棚里我挨斗挨批，受折磨受侮辱，结结巴巴，十分狼狈"[2]；"我的一切都让'个人崇拜'榨取光了，那些年中间我哪里还有信心和理想？哪里还有什么'道德勇气'？一纸'勒令'就使我甘心变'牛'"[3]；"我完全给解除了武装，……我不曾灭亡，却几乎被折磨成一个废物"[4]。"文革"时期的巴金信"神"拜"神"，把自己的一切都交给了"神"，所以，一旦失去"神"的祝福，变成被"神"诅咒的人，那种透彻心骨的冰凉，使他如瑟瑟如秋风中的落叶，完全找不到存在的依据，甚至感觉不到存在的必要。他多次想自杀，如果不是挂念萧珊，放心不下可怜的孩子，他可能早就离开那个不可理喻的世界了。

在苟活的日子里，被逐出神殿的巴金感觉自己就像一个一无所有的乞丐，不仅可怜、卑微，而且虚弱得仿佛极度失血的病人，连呼吸都极为困难。更严重的是，因为一无所有，任何人都可以随意羞辱、踢打、鞭笞他，给他致命的打击，而他却不能申辩，更不能还手，他毫无防范之力，只能任人折腾和折磨，就像被剥光了衣服站在舞台中央的人，只能收获暴力的拳头和无休无止的唾骂与诅咒。

为了求得"神"的保护，巴金献出了自己的一切，但献身的结果却

---

[1] 巴金：《电》，《巴金全集》（第6卷），人民文学出版社2000年版，第404页。
[2] 巴金：《致树基（代跋）》，《巴金全集》（第16卷），人民文学出版社2000年版，第759—760页。
[3] 巴金：《"从心所欲"》，《巴金全集》（第16卷），人民文学出版社2000年版，第630页。
[4] 巴金：《文革博物馆》，《巴金全集》（第16卷），人民文学出版社2000年版，第690页。

是思想的瘫痪、人格的破产以及彻底的精神虚弱，这使得觉醒后的巴金沉痛地说："把自己的命运交给别人，甚至交给某一两个人，自己一点也不动脑筋，只是相信别人，那太危险了"[1]；"只有盲目崇拜才可以把人变成'牛'，主要的责任还是在我自己"[2]。作为悲剧的受害者，巴金认为自己也有不可推卸的责任。在《随想录》中，他真诚而坦率地写道："今天回想起来，觉得可笑，不可思议。反复思索，我有些省悟了：这难道不是信神的结果？"[3]"不能把一切都推在'四人帮'身上。我自己承认过'四人帮'的权威，低头屈膝，甘心任他们宰割，难道我就没有责任！"[4]"正是因为我们的脑子里装满了封建垃圾，所以一喊口号就叫出'万岁，万岁，万万岁！'"[5]批判的矛头直指自己精神深处的封建垃圾和尘埃。

三、"我在自己身上也发现了我大哥的毛病"

在写作《随想录》的时候，巴金对自己分析越深入，就越是惊讶地发现自己身上也有觉新的性格缺陷和精神弱点。1981年在谈《寒夜》和《激流》时，他写道：

> 挖得更深一些，我在自己身上也发现了我大哥的毛病，我写觉

---

[1] 巴金：《小人·大人·长官》，《巴金全集》（第16卷），人民文学出版社2000年版，第72页。
[2] 巴金：《病中三》，《巴金全集》（第16卷），人民文学出版社2000年版，第477页。
[3] 巴金：《灌输和宣传》，《巴金全集》（第16卷），人民文学出版社2000年版，第216页。
[4] 巴金：《〈探索集〉后记》，《巴金全集》（第16卷），人民文学出版社2000年版，第275页。
[5] 巴金：《"样板戏"》，《巴金全集》（第16卷），人民文学出版社2000年版，第682页。

新不仅是警告大哥,也在鞭挞我自己。[1]

我借觉新鞭挞自己的说法,也是最近才搞清楚的……有人说觉慧是我,其实并不是。觉慧同我之间最大的差异便是他大胆,而我不大胆,甚至胆小。以前我不会承认这个事实,但是经过所谓"文化大革命"后,我看自己可以说比较清楚了。在那个时期我不是唯唯诺诺地忍受着一切吗?这究竟是为了什么?我曾经作过这样的解释:中了催眠术。看来并不恰当,我不单是中了魔术,也不止是别人强加于我,我自己身上本来就有毛病。我几次校阅《激流》和《寒夜》,我越来越感到不舒服,好像我自己埋着头立在台上受批判一样。在向着伟大神明低首弯腰叩头不止的时候,我不是"作揖哲学"和"无抵抗主义"的忠实信徒吗?"[2]

逆来顺受、委曲求全、苟活麻木等确实是"文革"时期巴金与觉新十分相似的地方。但巴金是旧制度的坚决批判者和毫不妥协的战斗者,觉新是旧礼教的殉葬品,巴金爱的是国,觉新爱的是家,这是两种完全不同的生活,怎么会有如此神似的思想和人格表现呢?原因其实并不复杂。在20世纪中国,对绝大多数善良的中国人来说,国就是家的放大,忠就是孝的延伸,巴金爱国正像觉新爱家。所以,虽然他们生活在不同的时代,一个是封建时代的"孝子",一个是新社会的"忠臣",但是,他们的精神世界都与儒教有着千丝万缕的联系,只不过前者是在明处,后者更加隐形,如果不是经历"文革",恐怕巴金自己也很难相信束缚觉新心灵的儒教伦理也紧紧钳制着自己的思想。

---

[1] 巴金:《关于〈激流〉》,《巴金全集》(第20卷),人民文学出版社2000年版,第680页。
[2] 巴金:《关于〈寒夜〉》,《巴金全集》(第20卷),人民文学出版社2000年版,第689—690页。

爱国的情怀在巴金的思想中一直十分鲜明和突出，虽然早年他信奉无政府主义，反对国家偶像，但他从来不反对真正意义上的爱国。在某种意义上，他之所以献身于无政府主义，本质上也是为了改造中国，为了拯救中国，正如他在《绝不会忘记》中所说："我那个时候是一个狂热的爱国主义者。后来我相信了无政府主义，但爱国主义始终丢不掉，因为我是一个中国人，一直受到各种的歧视和欺凌，我感到不平，我的命运始终跟我的祖国分不开"[1]；"那时，我们多么希望自己的祖国强大起来！"[2]"我那时是无政府主义者，但我是爱国的"[3]。直到晚年写作《随想录》时，他仍然坚持"不管你跑到天涯海角，你始终摆脱不了祖国，祖国永远在你身边……即使你入了外国籍，即使你不承认自己是中国人，即使你在某国某地有产业，有事业，有工作，有办法，吃得开，甚至为子孙后代作了妥善的安排，倘使没有祖国母亲的支持，一旦起了风暴，意想不到的人祸从天而降，一切都会给龙卷风卷走，留给你的只是家破人亡"，因此，他说自己无论走到国外的什么地方，"我总觉得有一双慈爱的眼睛关心地注视着我"[4]。

谈到无政府主义与爱国主义的关系，巴金说："我过去一生的作品是无政府主义、人道主义和爱国主义的结合。很多人不了解，我的作品里爱国主义很浓厚。主要问题是从小出来，就感到中国人受外国人的气，影响很深，所以我一生要求自由主义，就是要求自由主义，但是有一点，总希望只要国家强，不要像以前中国人在日本人、法国人面前抬不起头来。总希望有一天中国人能站起来，能富起来。五十年代以后，

---

[1] 巴金：《绝不会忘记》，《巴金全集》（第16卷），人民文学出版社2000年版，第128页。
[2] 巴金：《答香港董玉问》，《巴金全集》（第19卷），人民文学出版社2000年版，第512页。
[3] 巴金：《答谭兴国》，《巴金全集》（第19卷），人民文学出版社2000年版，第515页。
[4] 巴金：《中国人》，《巴金全集》（第16卷），人民文学出版社2000年版，第105页。

国家改变了，站起来了，所以我想在这方面努力，把国家搞得富强，中国人可以站起来，因此尽量拥护，由于这个原故，国家就限住了自己，这三十年来，我觉得这方面努力就对了。结果文化大革命就把这当成我的罪行，我只想要中国好，愿意献出自己一切。"[1]

在其他地方，巴金也多次强调自己的作品是无政府主义和爱国主义、人道主义的结合，如"青年时，我受无政府主义的影响，当然以后逐渐改变了。总的来讲，我想，我作品的基本思想是人道主义、爱国主义或者两者的融合"[2]；"那时，我信仰无政府主义，也读各种各样的书，受到各种思想和主义的影响。但我爱国的心一直很强烈，从年轻时一直到现在"，"我曾一再说，我是个爱国主义者，从前是这样，现在还是这样。其实说起来也简单，我从前为什么边写作边感到痛苦？因为我爱国，反封建，要改造社会，但对无政府主义又了解不全面，它不能解答我时时碰到的实际问题，所以，我才有很多矛盾，才有苦闷，才有新的追求"，"我思想中爱国主义、无政府主义、人道主义都有"[3]。

但是究竟应该爱什么样的国？建设什么样的国家？巴金并没有清晰而明确的思考，他更多的是从国家富强、民族独立、人民幸福生活的层面理解和鼓吹革命和群众的反抗运动。他认为，旧社会之所以不好，是因为封建制度，因此，只要推翻旧制度，幸福、光明、美好的国度就会如愿以偿地降临人间。所谓"并不是人生来便是坏的，而是现社会的制度使他们变坏的"[4]，"人的自私与贪欲、社会的不满、罪恶、贫困、战

---

[1] 巴金：《和周策纵对谈》，《巴金全集》（第19卷），人民文学出版社2000年版，第590—591页。
[2] 巴金：《答瑞士苏黎世电台记者问》，《巴金全集》（第19卷），人民文学出版社2000年版，第607—608页。
[3] 巴金：《巴金访问荟萃》，《巴金全集》（第19卷），人民文学出版社2000年版，第670、673、674页。
[4] 巴金：《杂感》，《巴金全集》（第18卷），人民文学出版社2000年版，第100页。

争,都是由不合理的制度来的"[1]。他把旧制度视为自己最大的敌人。新中国成立前,他几乎所有的作品都在批判旧制度,他始终坚持不是人坏,而是制度坏,好人在坏制度下也不会做好事,因此,制度不变,中国永无翻身之日,好人也永无出头之日。

> 我习惯于通过人物来批判不合理的社会制度。在我所有的作品里面我认为有罪的是制度。倘使有人问:是人坏还是制度坏?我的回答自然是"制度坏"。所以我们必须推翻旧制度,建立新制度。[2]

对于这种制度迷信,巴金所熟习的小说家陀思妥耶夫斯基曾在《罪与罚》《卡拉马佐夫兄弟》中多次提出质疑。陀思妥耶夫斯基认为,对于人的罪孽和犯罪的问题,历史上有两种不同的解决办法。第一种观点认为,罪就是罪,必须受到法律的惩罚。第二种观点正相反,它认为,罪是由于社会制度的不合理造成的。既然社会制度不合理,不公正,那么就不能要求个人对其行为后果负责,所以,犯罪的人是没有责任的。如果想消灭犯罪和人的罪孽,首先必须根除社会制度的不合理。而由于要改良和医治现存制度需要很长时间,且没有希望,因此,那就该毁灭整个社会并把旧制度彻底扫除干净,然后在新的基础上开始新的事业。陀思妥耶夫斯基不同意这第二种观点,他认为,不能把一切都推给制度环境,因为如果一切都是制度环境的过错,那么人到哪里去了呢?社会不就是由一个个的人构成的吗?对陀思妥耶夫斯基来说,较之外在的制度环境之恶,真正难以改造的是深深地潜伏在每个人心里的"罪"。"毫

---

[1] 巴金:《怎样做人及其他》,《巴金全集》(第18卷),人民文学出版社2000年版,第528页。
[2] 巴金:《谈影片〈家〉》,《巴金全集》(第18卷),人民文学出版社2000年版,第699页。

无疑问，人类的灵魂深处就隐藏着恶，比以医治社会为己任的社会主义者所想象的还要深沉；无论在哪一种社会制度之下，恶是不可避免的，人类的灵魂仍然是不正常状态和罪恶的发源地。"[1]

人喜欢作恶或犯罪并会从恶行中感受到绝妙快乐的心理，这是陀思妥耶夫斯基小说中最令人迷惑的冷酷事实。正如地下室人所说，破坏同样让他感到快乐，"我认为，仅仅喜爱幸福生活甚至还有点不太体面呢。不管是好是坏，但有时毁坏什么东西也十分令人愉快"[2]。而《卡拉马佐夫兄弟》中的少女丽萨表述得更为直率，她直言不讳地承认自己根本不愿意成为有幸福的人。她盼望混乱，想偷偷地放火烧房子，而不想帮助任何人，即使大家全贫穷，她也仍旧吃自己的糖果、奶油，谁也不给一点。她认为："大家都说他们憎恶坏事，暗地里却都爱它。"[3]

为什么一定要做个高尚的人？"你们为什么那么坚定地、那么庄严地确信，只有正常、良好的，一言以蔽之，只有幸福美满的生活才对人是有利的呢？理智在利益的问题上是否出了差错？须知，或许人并不只喜爱幸福？或许他同样喜爱苦难呢？或许苦难如同幸福一样，在同等程度上对他是有利的呢？有时人特别喜爱苦难，喜爱得要命，这也是事实。"[4]对人性阴暗面的深刻透视，使陀思妥耶夫斯基对社会革命的有效性极为怀疑。在《罪与罚》中，他曾借人物之口说过以下这段话。

---

[1] 参见〔俄〕陀思妥耶夫斯基著，刘季星、李鸿简译：《〈安娜·卡列尼娜〉具有特殊意义的事实》，见《陀思妥耶夫斯基散文选》，百花文艺出版社2000年版，第163页。
[2]〔俄〕陀思妥耶夫斯基著，曹中德等译：《地下室手记》，见《陀思妥耶夫斯基中短篇小说选》，人民文学出版社1997年版，第420页。
[3]〔俄〕陀思妥耶夫斯基著，耿济之译：《卡拉马佐夫兄弟》（下），人民文学出版社1981年版，第880页。
[4]〔俄〕陀思妥耶夫斯基著，曹中德等译：《地下室手记》，见《陀思妥耶夫斯基中短篇小说选》，人民文学出版社1997年版，第419页。

> 一切事情在他们看来都是："环境的影响"，别的什么都不是。这是他们的口头禅！从这点推定，当然，如果社会组织正常的话，一切犯罪都会立刻消灭了，因为没有东西可反抗，所有的人马上都会变得正直了。人性是不加以考虑的，给排除了，他们不承认有人性！……他们把一切事情都归纳成为社会主义公共住所里的筑墙和计划房间与走道的事情了！不错，公共住所是准备了，但是你的人性对于公共住所却没有准备——它要求生活，它没有完成它的生活过程，到墓地去还未免太早了！你不能够用逻辑跳过人性。逻辑假定三种可能性，但是可能性有一百万哩！把一百万一笔勾销，归纳成为一个舒适问题！这是最容易的解决问题的办法！……[1]

对陀思妥耶夫斯基来说，人的本性究竟能否改正，永远是个未知数，因此，他不主张社会革命，而且也反对以恶抗恶，因为手段的恶不能以目的正确和善良而为自己签发通行证。

但是，不以恶抗恶说来容易做来难。特别是当一个人看见人们都在作孽的时候，心里的困惑常常使他在目的与手段的选择中迷茫。陀思妥耶夫斯基却始终坚信应该用温和的爱来征服整个世界，但在没有基督教背景的中国，陀思妥耶夫斯基的非暴力思想和"爱"的说教从来都是知识界、学术界和读者最受非议和最难接受的东西。正如鲁迅所说，人被压迫了为什么不反抗？所以他坚持"一个都不宽恕"。

> 不知道我的性质特别坏，还是脱不出往昔的环境的影响之故，我总觉得复仇是不足为奇的，虽然也并不想诬无抵抗主义者为无人

---

[1]〔俄〕陀思妥耶夫斯基著，韦丛芜译：《罪与罚》，浙江人民出版社1990年版，第302页。

格。但有时也想：报复，谁来裁判，怎能公平呢？便又立刻自答：自己裁判，自己执行；即没有上帝来主持，人便不妨以目偿头，也不妨以头偿目。有时也觉得宽恕是美德，但立刻也疑心这话是怯汉所发明，因为他没有报复的勇气；或者倒是卑怯的坏人所创造，因为他贻害于人而怕人来报复，便骗人以宽恕的美名。[1]

鲁迅认为至少在现代中国"费厄泼赖"应该缓行。"听说刚勇的拳师，决不再打那已经倒地的敌手，这实足使我们奉为楷模。但我以为尚须附加一事，即敌手也须是刚勇的斗士，一败之后，或自愧自悔而不再来，或尚须堂皇地来相报复，那当然都无不可。而于狗，却不能引此为例……总之，倘是咬人之狗，我觉得都在可打之列，无论它在岸上或在水中。"[2]

巴金也认为，为了爱，必须先学会憎，学会诅咒，学会复仇，因为只有这样，人们才不会被骗、被害、被杀。在他的第一部小说《灭亡》的序言中他这样解释："我有一个哥哥，他爱我，我也爱他，然而为了我底信仰，我不得不与他分离，而去做他所不愿意我做的事情"；"我有一个'先生'，他教我爱，他教我宽恕"，然而，为了实现这种爱，"我反而不得不背弃了他所教给我的爱和宽恕，去宣传憎恨，宣传复仇"。[3]在小说中，他借主人公杜大心的口愤激地发表"憎"的宣言："至少在这人掠夺人、人压迫人、人吃人、人骑人、人打人、人杀人的时候，我是不能爱谁的，我也不能叫人们彼此相爱。凡是曾经把自己底幸福建筑

---

[1] 鲁迅：《杂忆》，《鲁迅全集》（第1卷），人民文学出版社1981年版，第223页。
[2] 鲁迅：《论"费厄泼赖"应该缓行》，《鲁迅全集》（第1卷），人民文学出版社1981年版，第271页。
[3] 巴金：《〈灭亡〉序》，《巴金全集》（第4卷），人民文学出版社2000年版，第3页。

在别人底痛苦上面的人都应该灭亡。我发誓，我拿全个心灵来发誓说，那般人是应该灭亡的。至少应该在他们灭亡之后，人们才能相爱，才配谈起爱来。在现在是不能够的。"[1] 在小说《利娜》中他一如既往地为自己的"憎"的哲学辩护："我甚至愿意牺牲我的性命来阻止一个小孩流眼泪，我不肯拔掉一只小狗的毛，可是如今我明白了，倘使必须用'恶'来达到'善'，这也不是我们的错。"[2]

为了使每一个人都得着春天，每一颗心都得着光明，每一个人的生活都得着幸福，每个人的发展都得着自由，巴金以最大的愤怒批判专制制度，批判强权，号召人们起来投身于复仇的事业，他的革命小说几乎从头至尾在宣扬这种"反抗的新宗教"，尤其是《海的梦》和《利娜》等小说充满了启示录式的预言精神，他和他笔下的主人公一样充满了传教的激情和献身的渴望，如"一种新的宗教就要起来了。扬和我并不是新宗教的创造者，我们不过是它的信徒。……每个奴隶在做完了一天繁重的工作以后，都含着眼泪跪在地上，虔诚地祈祷救世主降临来解救她们……"[3] 在这部小说中，他还借人物之口说："赶走那些屠杀者，建立我们的自由国家，实现我们的新宗教"[4]，"如果我能够出去，重回到自由人间，那么我的第一个行动就是继续宣传反抗的新宗教"[5]。

巴金富有宗教的激情，他从十四岁开始就有强烈的献身渴望。在他眼中，殉道的死是最光荣、最可敬、最值得向往的。孙郁说："巴金身上有一种圣徒的东西。"[6] 夏志清说："巴金是一个具有强烈道德——

---

[1] 巴金：《〈灭亡〉序》，《巴金全集》（第4卷），人民文学出版社2000年版，第86页。
[2] 巴金：《利娜》，《巴金全集》（第5卷），人民文学出版社2000年版，第431页。
[3] 巴金：《海的梦》，《巴金全集》（第5卷），人民文学出版社2000年版，第24页。
[4] 同上书，第31页。
[5] 同上书，第72页。
[6] 孙郁：《鲁迅与巴金》，《巴老与一个世纪》，上海社会科学院出版社2005年版，第97页。

甚至可以说，宗教狂热——的人。"[1] 但也正是这种宣教的激情和献身的渴望，使巴金在新中国成立以后，将献身的目标定格在领袖、伟人身上；高呼"今天的'圣人'是党，是政府，是毛主席，是人民"[2]。直到"文革"结束，他才对自己的迷失若有所悟。1980 年，他之所以在写《怀念老舍同志》一文中特别指出《茶馆》中最有思想的一句台词是："我爱咱们的国呀，可是谁爱我呢？"说明他已经意识到了问题的症结所在。巴金说当他重看《茶馆》时，他感到有人拿着扫帚在清除他心灵中的垃圾和灰尘，所以在半年多的时间里，他始终无法忘记老舍的"天问"。过去他只想着要爱国，但国家与个人之间是什么关系，他不清楚，也不觉得这是一个问题，更不觉得有弄清楚的必要。他爱国，就像觉新爱家一样，已经到了不需要论证的境界，无比的深厚，但也十分的茫然。巴金从来没有认真想过现代意义上的国家与个人的关系，所以，1982 年接受周策纵的采访谈到"文革"时自己的责任和教训时，他仍然一如既往地称赞中国知识分子任劳任怨、不计代价、不讲条件、无怨无悔地牺牲和奉献自己，全心全意为国家，没有任何奢望："中国知识分子实在是不错的。他总是想，首先就是爱国，他因为经过这一百多年的国耻，感到我们受气，受别人的欺侮，地位低落，他感到有把国家搞好的必要。……解放以后，国际间又不同了。那时候知识分子最愿意尽力量把祖国搞好。"[3] 赤胆忠心的爱国固然是对的，但是国家是否也应该善待他们呢？在国家面前，个人有哪些权利是不可剥夺的？周策纵从权利意识的角度提示巴金，但巴金仍然只能回答："文革"之所以弄得这

---

[1] 夏志清：《巴金论》，丹晨编：《巴金评说七十年》（下），中国华侨出版社 2010 年版，第 305 页。
[2] 巴金：《"圣人出，黄河清！"》，《巴金全集》（第 18 卷），人民文学出版社 2000 年版，第 600 页。
[3] 巴金：《和周策纵对谈》，《巴金全集》（第 19 卷），人民文学出版社 2000 年版，第 568—569 页。

么糟,"主要我觉得是中国人的文化水平比较低。首先应该提高我们的文化水平。使人人能真正独立思考"。接着,周策纵追问一句:"是要能独立思考。可是怎样才能保障提倡独立思考呢?"[1]这时候,巴金若有所悟,他承认:"我们还没有这个习惯,就是这样子。"周策纵问,在中国一般的老百姓是否根本不知道他有什么权利。巴金回答:"是啊,他也没有关心到这事!"[2]其实何止一般老百姓,就是知识分子,包括巴金、老舍、韦君宜,他们的政治觉悟和思想素质又好到哪里呢?

在没有宗教传统的现代中国,借助国家元素,儒教的圣人崇拜是很容易复活在现代人的精神世界中的。而当不具有终极性的领袖、伟人、主义、国家等获得了宗教的神圣性时,必然降临的是奴役的恐怖,而不是自由的福音,必然会被扼杀的是理性的判断,而不是奴性的服从与适应。这可能是巴金的《随想录》在思想史和文学史上留给后人的最大的启示。

---

[1] 巴金:《和周策纵对谈》,《巴金全集》(第19卷),人民文学出版社2000年版,第572页。
[2] 同上书,第569页。

第六章　中国现代革命作家的"准宗教心态"
——以韦君宜研究为中心

众所周知，在中国现代文学史上，亲近宗教的作家虽然很多，但真正皈依或信仰某一宗教的始终是少数，绝大多数作家都声称自己是无神论者，对于这些作家，儒教的潜在影响和精神束缚往往比有形的佛教、基督教、伊斯兰教更大。本章拟从解析韦君宜的《思痛录》和《露沙的路》入手，对中国现代作家掩藏在"无神论"外衣下的准宗教心态及其表现方式进行深入细致的考察，指出传统的"忠孝"观念和现代意义上的权威服从，是革命作家在遭遇权威非正义或不道德命令时失去判断的能力和行动的勇气的最根本原因。

第一节　"回家"与"成了共产主义真理的信徒"

一、走上共产主义道路

韦君宜的《思痛录》、《露沙的路》在20世纪末产生了极大的影

响。据她自述,她之走上共产主义道路,成为马克思主义信徒,主要原因有三:

一是要革命。韦君宜出生在官宦之家,但并不养尊处优,中学毕业时她以优异的成绩考入清华大学,成为家里的骄傲。在清华,她积极参加社会活动,18岁加入中国共产党,义无反顾地投身于民族解放事业。韦君宜说自己入党不是因为家里贫穷,也不是为了高官厚禄,而是为了追求真理,这种正义感和使命感给她的清华同学黄秋耘留下了深刻的印象,在谈到韦君宜为什么要选择"哲学"而不是更适合女生的"文学"作为自己的终身事业时,黄秋耘说:"她觉得文学没有什么大作用,解决不了中国社会的根本问题,那时候,哲学被看成'科学之科学',学了可以掌握万能的钥匙。"[1] 在20世纪二三十年代,马克思主义哲学被视为科学中的科学,它的科学性、革命性以及它的终极性极大地吸引了急欲找到人生问题之终极答案的韦君宜。直到晚年,谈及马克思主义难以抵挡的魅力时韦君宜仍然坚持:"入党后我从不怀疑党的光荣伟大。为这一点,一切都可以牺牲。多少同学找机会奔往美国学习,我的父母愿出资送我留美,而我放弃了这一机会。我在学校本来是很不错的学生,在中学屡次得奖,入大学读哲学,也觉得金岳霖的逻辑、冯友兰的哲学史什么的很有味道、实在;而休谟的人性论,使人深思,得一种思辨的快乐。但在决心入党之后,我把读书所得一切都放弃了。我情愿做一个学识肤浅的战斗者,坚信列宁、斯大林、毛泽东说的一切,因为那是我所宣布崇拜的主义。我并没有放弃我一向信仰的民主思想,仍想走自由的道路。但是共产主义信仰使我认为,世界一切美好的东西都包含在共

---

[1] 黄秋耘:《良知和心灵的代价——黄秋耘谈韦君宜》,《文化广角》2002年第2期。

产主义里面了，包括自由与民主。我由此成了共产主义真理的信徒。"[1]

二是要抗日。20世纪30年代民族矛盾和阶级矛盾急剧恶化，日本帝国主义的侵略暴行激起了一切有良知的中国人的愤怒，而蒋介石政府不积极抗日，反而把"剿共"当做重中之重，置民族国家利益于不顾，"唯一的抗日之路是左倾的路"，"政府不支持爱国，只有共产党才说必须抗日，左派刊物高呼无保留地支持学生的抗日运动，愚蠢的日本帝国主义和国民党政府，共同把我这样的青年推到了共产党的旗帜之下"[2]。在当时的中国，中共的实力并不强大，影响也很有限，但对进步青年和左翼知识分子来说，它却是唯一可资借助的现实力量，正是这一点，使韦君宜与献身民族抗战的同学们毅然地做出了人生的庄严选择，"我明白了，我要爱国，必须从此全身心地跟着共产党"[3]。

三是要报仇。韦君宜的未婚夫死于日机的轰炸。国仇家恨使她痛不欲生，在《牺牲者的自白》中她这样写到："在民族的献祭台前，有人走上来，说：'我献出金钱。'有人说：'我献出笔墨。'有人说：'我献出劳力。'我将上台大声宣布：'我献出了我的爱人！'我总算倾其所有，使同献者再也没有话说了。我想退去，但是民族的神灵对我说：'不！你还有！''我还有什么呢？''你还有你的生命！'"[4] 可以说，为亲人复仇的决心把韦君宜彻底推向了革命和民族战争的第一线。

不过，全面考察韦君宜在革命队伍中的生活，可以发现，除了上述三个显在原因外，还有一个隐性的，但并非不重要的原因，那就是对终极归宿的渴求。具体来说，就是渴望"回家"。

---

[1] 韦君宜：《思痛录·露沙的路》，文化艺术出版社2003年版，第4—5页。
[2] 同上书，第3—4页。
[3] 同上书，第4页。
[4] 转引自王培元：《在朝内166号与前辈魂灵相遇》，人民文学出版社2007年版，第122页。

二、迷恋"革命"与渴望"回家"

对家的依恋始终潜藏在韦君宜的潜意识深处,但早期的她对此是不自觉的。上大学时,她说自己迷恋的是"革命",但真正吸引她的却是革命大家庭中亲密无间的、不是家人却胜似家人的浓厚亲情。[1] 到了延安,真正打动她的,也不是清华教给她的自由和民主,而是"革命大家庭"里情同手足不分彼此的舒心和快乐。晚年的韦君宜在《思痛录》中说她当年也是怀着"游子归家"的激动心情奔赴延安的,坚信在延安党将像母亲一样爱抚她。"我是抱着满腔幸福的感觉,抱着游子还家的感觉投奔延安的。……我觉得到了延安便一切都会好了,党将爱抚我,抚平我的创伤,给我安慰和温暖,鼓舞我拿起枪来继续战斗。"[2] 因此,一踏上延安的土地,她就激动得难以自抑:"延安的天!够多么蓝!太阳多亮!"[3]

正因为在"革命"的背后迷恋的是"家园般的归宿感",所以,韦君宜在延安真正感兴趣的并不是"革命",或者说并不仅仅是"革命",而是"革命的家"。她用"革命的家"替换了"封建的家",对于这一点,她自己有时也会感到迷惑。在自传体小说《露沙的路》中,她特别写到了露沙在延安的一次滑稽的不可思议的婚姻。那时,露沙刚到延安不久,作为过来人,她深知婚姻不是儿戏,她谈过两次恋爱,追求的人一大堆,可以说经验很丰富,但是在延安,她居然不假思索地、糊里糊

---

[1] 韦君宜:《思痛录·露沙的路》,文化艺术出版社 2003 年版,第 5 页。
[2] 同上书,第 7 页。
[3] 同上书,第 207 页。

涂地就随大流地和一个长得帅气却十分平庸的宋安然结了婚,而这一切居然就起因于生病时宋安然的体贴和照顾使她产生的一种奇异的感觉。

"你发烧了。"

露沙脸对着火盆烤了半天,的确也觉得有些发热,于是就说:

"我回屋睡觉去了。"

宋安然更不松手,揽着她的腰说:

"可不行,发了烧,不能在外面冒风,就在这里过一夜吧。"

未等她开口拒绝,又对她下保证说:

"你只管安心睡觉,我坐在旁边看护着你,如果动你一指头,就不是我宋安然干的事,你明天别理我。"

说罢搀扶着她,向自己的卧榻走过去。

就好像他身上有什么魔力,露沙这时不知怎么这么听话,由他搀着就躺在他床上。他把被子替他盖好,伸手又摸了摸她的头说:

"还热。"

自己就拖了一个小马扎,坐在床边。

露沙闭上眼,不想任何事情,只觉得在一间温暖的屋里,自己在别人温暖的保护下面,如同在父母身边,只想睡觉,于是迷迷糊糊就睡着了。直到一觉睡醒,惺忪眼睛,看见宋安然还坐在旁边马扎上,不由得说了一句:

"你怎么不歪一会儿呢?不累吗?"

这句话很显然带出怜惜的意思,他听了即刻温存地回答:

"不累,你一夜睡得很好,我摸了你的头几回,你都不知道。"

露沙起身回到自己屋里,这一夜的"同居",马上在朋友中间

传遍了。……[1]

不久，迫于朋友们的好意，也基于自己对"家"的渴望和幻想，露沙就和宋安然一起参加了延安的集体婚礼。婚礼非常热闹，但露沙感觉好像在做梦，看看身边这位自己并不了解也并不满意的丈夫："自己心里也不由不摇头。说什么呢？凑热闹的婚礼，赶时髦的恋爱，这不是活该吗！"[2]

韦君宜的这一心态，在中国现代投身革命的左翼知识分子中是相当典型的，正如徐贲所说："参与革命的人既反叛自然家庭的黏合关系，却又在同时向往一种与家庭关系类似的关系，结果加入到一种替代自然家庭的类家庭关系中去。"[3] 据倪婷婷研究，在延安，20世纪40年代知识分子最热衷的一个议题就是"延安的大家庭里是否有足够的友爱与温暖"[4]。韦君宜也把延安视为自己灵魂的再生之地，她为自己的新生而高兴，但是，她做梦也想不到，在这光明、理想的天堂自己居然被怀疑、被隔离、被审查、被驱逐、被迫承认莫须有的罪名，"反正不论你怎样忠心耿耿为党贡献一切，总有国民党特务这顶奇怪的帽子跟着，叫做无所逃于天地之间"[5]。 突如其来的"抢救运动"使她晕头转向。那种蛮不讲理的批斗、置人于死地的揭发、明目张胆的造假、为所欲为的迫害，使她从头直凉到脚心，不断地在心里反问：这是"自己的家里人"吗？为什么会这样?! 写于此时的长诗《家》非常真实记录了她这一时

---

[1] 韦君宜：《思痛录·露沙的路》，文化艺术出版社2003年版，第225—226页。
[2] 同上书，第250页。
[3] 徐贲：《在傻子与英雄之间》，花城出版社2010年版，第106页。
[4] 转引自许志英主编：《中国现代文学主潮》（下），福建教育出版社2001年版，第44页。
[5] 韦君宜：《思痛录·露沙的路》，文化艺术出版社2003年版，第282页。

期万念俱灰的悲愤和绝望。

> 八年来
> 对人说
> 这儿是我们的家
> 可是
> 如今在家里
> 我们却成了外人
> ……
> 七年！
> 八年！
> 在外面受人的气
> 都不算
> （我看过人家姨太太的脸）
> 为信仰受人迫害
> 是当然
> （他叫人捉进过监狱）
> 尽管他风吹雨打啊！
> 我们可有个家
> 家在陕北黄土高原
> 温暖的声音向四方召唤
> 为有这个家
> 爹娘跑……万里来找我
> 我连娘的面都不愿见

尽管这家

少的是繁华

多的是风沙

我们爱她

没到延安就指着清凉宝塔

看哪

红日青天

够多灿烂的新天下!

看那少年人来

我想:

"你也到我家来啦!"

看那年纪大点的来

我想

"咱们一同回家啦!"

这一串

都不能再想

想起来

热泪望笔端直淌

家啊!

你对我们

就是这般模样!

究竟谁是手足!

谁是仇人?

谁是亲人？

谁是奸臣？

光明的世界里

却搅在一团糊打混

我们如今成了外人

有辱骂

有冷眼

有绳索

有监狱……

半夜里睁眼

我追想这八年

这是什么世界

天翻到地

地变成天

这本是我们的家呀！

我惭愧了

这八年

槌碎了胸腔

把记忆从头铲

是和非从今都不算

咬紧了牙关

看那些冷眼

世上人有什么肝胆？

八年只算个飞腾的梦

梦醒来

高原的老北风

吹得热身子冰冷

把心撕碎放在牙缝里咬

看还知道痛不知道！

……

家呀

（让我再呼唤这一声！）

我们对得住你

你愧对了我们

世界

人生

革命

学来好大个聪明！

如今

已变成无家的流民

夜晚寻不上宿头

让我弹一曲没弦的琴

你听

站在旷野里

呆望着

最远的星星……[1]

---

[1] 韦君宜：《思痛录·露沙的路》，文化艺术出版社2003年版，第194—199页。

整首诗最核心的主题的就是"在自己的家里，我们却成了外人"。和成千上万要求进步的年轻人一样，韦君宜不怕吃苦，不怕受累，也不怕牺牲，但无法接受"家里人"的暴虐。为"家"所驱逐，对她来说，这比"死"还难过。

无独有偶，瞿秋白在遭受残酷斗争、无情打击时，也曾萌生"家在何方"的迷茫。20世纪20年代末30年代初，由于党内政治生活不正常，饱受"内斗"之苦，万念俱灰的瞿秋白说自己唯一的渴望就是"回家"，"每天盼望着散会，盼望着同我谈政治的朋友走开，让我卸下戏装，还我本来面目——躺在床上极疲乏的念着回'家'去罢，回'家'去罢，这确是很苦的"[1]；"这真是十几年的一场误会，一场噩梦"[2]。

"家"在传统中国人的观念中不仅仅是一个生存的场所和安身立命的根基，更是一种终极的情感归宿和价值关怀。中国人没有宗教传统，也不信上帝，"家"就是中国人的宗教代用品。正如梁漱溟先生所说："中国缺乏宗教，以家庭伦理生活来填补它。"[3] 对中国人来说，无家可归的人无异于孤魂野鬼，那是一种不可承受的惩罚，一个中国人，不到山穷水尽，彻底绝望，是不会诅咒或背叛自己的家的，除非他又找到了新的"家"，这一点正如一个信教的西方人绝不肯背叛上帝或失去了上帝的保佑一样。就在这个意义上，韦君宜的丈夫杨述在读了她的《家》后，补写了下面的诗句：

不管家里把我们当作外人

我们也是家里的人

---

[1] 瞿秋白：《瞿秋白文集》（政治理论编）第7卷，人民出版社1992年版，第715页。
[2] 同上书，第699页。
[3] 梁漱溟：《中国文化要义》，上海人民出版社2003年版，第103页。

> 就是死了也愿意——
> 葬在家里的地
> 就是变做杜鹃
> 也住在家里的屋檐
> 因为我们只有一个家——
> 惟一的家
> 无论遭到怎样的摧残
> 怎样的迫害
> 不论被践踏得有如粪土
> 有如草芥
> 我还依恋着家
> 尽管被当作狗似的乱棍打出
> 我还是要进家门来
> 因为打不掉也抹煞不了的——
> 一颗共产主义的心。[1]

将个人与组织的关系描写得这样卑微、虔诚，又这样的坚定、顽强、执著、九死犹未悔，其感人的力量正与基督教文学中惯常的以蔑视自我来向圣化的上帝表达信仰的虔诚的修辞一样，它已经超离了理性，它的魅力正在于它的不理性。韦君宜曾说杨述的"忠"堪比历史上的忠臣。在封建时代，无论君王昏庸与否，做臣子的都只能效忠到底，所谓君可以不仁，但臣不可以不忠，父可以不慈，但子不可不孝，夫可以不贤，但妻不可以不顺。但是在现代社会，公民对国家、组织的忠诚，却

---

[1] 韦君宜：《思痛录·露沙的路》，文化艺术出版社2003年版，第200页。

不必以个人的灭亡为代价,正如周作人在《新文学的要求》中所说:"古代的文学纯以感情为主,现代却加上了多少理性的调剂。许多重大问题,经了近代的科学的大洗礼,理论上都能得到了解决。如种族国家这些区别,从前当作天经地义的,现在知道都不过是一种偶像。所以现代觉醒的新人的主见,大抵是如此:'我只承认大的方面有人类,小的方面有我,是真实的。'"[1] 但是,以准宗教的心态献身革命的韦君宜却没有这种觉悟,而且即使明白,准宗教心态也会使她在行动上感到力不从心。

三、革命好比"旧式女子的出嫁"

在《露沙的路》中,韦君宜形象地把自己的革命比为旧式女子的出嫁,一旦嫁人就再无自由之身,"她忽然明白了。她是带着不满跟他们走的。可是她不能离开他们。这就好比从前一个女孩子已经许配了人家,就有天大的不满也要跟着丈夫走,不能弃绝"[2],她感叹自己再也回不去了[3]。后来终于有一个机会让露沙可以回北平老家看父母亲人了,小说是这样描写她如释重负的心理活动的:"真可以不再来,不再来解放区了。海阔凭鱼跃,天高任鸟飞。这十年,心里想不通的事都可以扔在一边了。哪怕中央决定,主席精神,你们谁也管不住我了……"[4] 但是在完成任务后,她还是决定回到解放区。

---

[1] 周作人:《新文学的要求》,《艺术与生活》,河北教育出版社2002年版,第22页。
[2] 韦君宜:《思痛录·露沙的路》,文化艺术出版社2003年版,第344页。
[3] 同上书,第305页。
[4] 同上书,第369页。

主要理由有三：

首先，她认为"不管在这里受了多少批判，人却不能换另一种生活"[1]。她生是解放区的人，死是解放区的鬼，"因为我是解放区的人，不论过得好也罢，坏也罢，甚至生也罢，死也罢，都得在这里，不可动摇。如果动摇了，说过的一切话都作废了，那我还成个什么人呢？一生的事业都完了！那是不能想象的"[2]。

其次，现实中也确实并没有"稍稍令人满意的第二条路可以走"，所以她安慰自己还是"好好地、忠心耿耿地跟着共产党吧"[3]。

第三，则是阿Q式的自我安慰。世界上没有理想的净土，要想完全光明没有阴影，那是不可能的，所以人还是现实一点，接受比较好的生活吧。"哪里也不会有一个完美的生活、理想的世界。想要完美，那是孩子话；不太完美，就是我们生活的理想。一切好的都是与坏的比较而得来，人总选择那些比较好的生活。回去吧，走吧……"[4]原路返回，这就是理想幻灭后露沙没有出路的出路。

在这三个原因中，第二、第三都不是真正有说服力的理由。因为不干革命仍有其他选择，如做学者或出国深造等，而第三条路其实就是对从前盲目信仰的一种否定。革命不是天堂，更不是人生唯一的出路，宗教式的献身是荒谬的，但问题是回不去了，正如在徐贲在《告别"送芒果"的礼物关系》一文中所说："革命者挣脱自然家庭，参加到革命组织的大家庭中，在极左时代的革命话语中，这是出于革命觉悟的'自由'选择。然而，这是一种只能选择入，不能选择出的自由。你可以

---

[1] 韦君宜：《思痛录·露沙的路》，文化艺术出版社2003年版，第370页。
[2] 同上书，第369页。
[3] 同上书，第344页。
[4] 同上书，第388页。

'自由'选择加入组织,但这种加入的附带条件是你决无自由退出的选择。退出组织者获得的不再是自由之身,而是'叛徒'、'内奸'(至少是'脱离分子')的'污点'身份。就在革命同志们因理念或利益不合,权力斗争搞得你死我活的时候,你仍然不可能自由选择摆脱与那些实际上已成为'敌人'的他者关系。"[1]

第二节 "愚忠"与"革命"

一、信仰共产主义就像信仰上帝

在自传体小说《露沙的路》中韦君宜多次谈到自己当年对共产主义的信仰就像基督徒对上帝的信仰,如抢救运动中,"她觉得自己当初幼稚得好像信徒对天父的信仰,如今已经为这次'抢救'运动所动摇,犹犹疑疑的"[2]。又如,抢救运动过后,在延安的中央党校,她见到一个新来的女学生向她讨教革命的真理,"她说着,双手伸向天空,眼睛向着迷茫的空际,好像是面向着上帝"[3],她想起自己,唏嘘不止。而她的丈夫杨述,在信仰方面甚至比她更执著更热烈,他不仅动员自己的母亲兄嫂全家一起毁家纾难投身革命,而且在屡被污蔑、迫害、折磨、痛不欲生时,从不对自己这"宗教式的信仰发生疑问"[4],令韦君宜自叹不如。

---

[1] 徐贲:《在傻子和英雄之间》,花城出版社 2010 年版,第 107 页。
[2] 韦君宜:《思痛录·露沙的路》,文化艺术出版社 2003 年版,第 289 页。
[3] 同上书,第 367 页。
[4] 同上书,第 104 页。

新中国成立后，韦君宜和丈夫杨述都身居高位。开国初期的新气象、当家做主的主人公意识以及对领袖的崇拜使他们坚信跟着党中央毛主席只会从一个胜利走向另一个胜利："我想起了抗日战争刚开始的时候，八路军只有三万五千人，蒋介石有雄兵数百万，却丢尽了华北、华中城市。而毛主席谋略出奇制胜，领导我们这一点人深入华北乡村打游击战，逐渐壮大起来。终于紧紧包围了平津，蒋军坐飞机来也赶不上了。也想起当年在延安，没有吃、没有穿，穷陕北老百姓养不起我们。毛主席定下方针，搞大生产，自己动手，吃尽一切辛苦，不管是谁，人人自己挥锄种地，自己用木纺车纺织。到1945年，有吃有穿，困难渡过去了，局面扭转了，解放军站住了。毛主席领导我们得到了胜利，我们全心全意拥护他，他是我们真正的领袖。"[1]正因此，在实际生活中，一旦有问题出现，她总是习惯性地反躬自省，埋怨自己觉悟不高，眼睛不亮，水平太低，即使荒唐的事情层出不穷，她的反应最多也只是"震惊"、"没想到"或"太冤枉"。在新中国成立后的历次政治运动中，韦君宜自觉地与中央保持一致，镇压反革命，她认为"天公地道"，"三反"、"五反"，她"双手赞成"，批判"胡风反革命集团"，她虽然"震骇到了极点"，但也没有异议。她说自己当时的思想逻辑就是相信中央不会错："当时我想，中央再怎么也不会在这样的大问题上冤枉人。那么，胡风反革命集团真的是反革命了！至于他们在解放前确实做过进步的工作，胡风的《密云期风习小记》和他编的《七月》确曾影响过我，我就没有脑筋去想这个了。我只觉得这些人怎么坏得这样出奇，怎么能隐藏得这样深！连将材料交上去的周扬，也在讨论会上声称真想不到胡

---

[1] 韦君宜：《思痛录·露沙的路》，文化艺术出版社2003年版，第5页。

风集团根本就是反革命！"[1] 以中央的思想为自己的思想，即使有牢骚和看法顶多只是在私下里说说而已，像信神一样迷信毛主席，完全没有自我，正是这种思想的"沉沦"使她后来由衷地感叹："中国的可怜的老百姓，太容易高呼万岁了！"[2]

苏共二十大报告传达后，韦君宜一度思想活跃，但反右的恶浪很快给了她当头一棒，使她如惊弓之鸟般地谨小慎微。此后的大跃进、反右派、反右倾以及"文化大革命"，虽然有很多荒诞滑稽的批斗在她眼皮底下进行，但她"仍然对那些抱着不敢完全怀疑的态度"[3]。如对 1962 年冬天召开的八届二中全会和北戴河会议上提出的"利用小说反党"的命题，她当时就认为："这种做法，实在说不出理由。他们要反党，要夺权，写这么一部小说干什么？一般读者连看也不会看出来其中有高岗，起什么翻案作用？而且即使读者因此对高岗有一点点好感，那又怎能反得了党？逻辑也说不通啊！可是当时就是这样定了案。"[4] 想不通，但又必须相信，于是拼命地给自己做工作，因为"人必须听共产党的"、"不紧跟不行"[5]，这些绝对的道德律令就如上帝的命令一样时时炸响在她的头上，紧紧地束缚和规约着她的心灵和大脑。

韦君宜早年是学哲学的，思辨是她的强项，作为清华高材生和历经风雨政治经验丰富的"老同志"，她对形势的判断，对社会的认识是远超过一般读书人的。但是思想的禁区使她不敢直面现实。早在延安她就敏锐地发觉，想得太多太深，不仅痛苦，还会损害甚至动摇对党对革命

---

[1] 韦君宜：《思痛录·露沙的路》，文化艺术出版社 2003 年版，第 31 页。
[2] 同上书，第 56 页。
[3] 同上书，第 81 页。
[4] 同上。
[5] 同上书，第 99 页。

的信念。出于维护党的威严和形象的目的,抢救运动后,她和杨述一起决定以信仰代替自己的思想,党怎么说,自己就怎么做,紧紧跟随,不要自作主张。在自传体小说《露沙的路》中,她曾把他们夫妻关于"愚忠与革命"的思考、争论写进小说。

小说中的露沙无法接受抢救运动的荒谬与残酷,"她越想越义愤填膺。想起自己的一生,次英的一生,还有很多人的一生,就断送在这种人手里,实在不值得"[1]。丈夫崔次英十分担心,虽然他也受尽冤枉,被迫承认莫须有的罪名,但他极力开导露沙,这都是少数坏人混进党内搞的破坏,一定要相信党。"姓季的不好,党内绝没有这个道理,将来上级总说得通的,我们只要相信毛主席是英明的,将来总会平反我们的冤狱。"[2] 后来,他还亲自去了一趟延安,想找上级反映情况,讨个说法,制止下面的胡作非为。但他没有想到,延安的情形更糟更可怕。"头一条,延安搞'抢救'运动,只有比绥德更厉害的。去那里告'御状',谈这里的黑暗呀,什么呀,只不过小意思。鲁艺一个教员,全家因被'抢救'打成特务,没处申冤,全家自焚了。这个消息在延安都传遍了。自杀的又何止一个!"[3] 回来以后,他不敢将真相告诉露沙,引起了露沙的怀疑,最后只好和盘托出,并安慰她:

> 沙!我一切都是为了你。我够苦了,我怕你为我操心,把你的信心毁坏了。我还不知道我遇见的一切都坏透了?坏到任何有良心的中国人都不能容忍。还要口口声声自称革命。坏!真坏!可是我直到这个地步,还要保留着信心,因为我特别爱我们共同的信心。

---

[1] 韦君宜:《思痛录·露沙的路》,文化艺术出版社2003年版,第286页。
[2] 同上书,第292页。
[3] 同上书,第295页。

知道吗？这信心不是属于他们几个人的，是属于我们的，我们为了这个信心，不惜抛头颅洒热血，难道因为有人干坏事，我们就把自己的信心抛掉吗？[1]

崔次英强调要用"信心"战胜眼前的苦难和不公，但恰恰是这个"信心"让露沙气不打一处来，她反问：

> 你是为保护我的信心，我明白了。可是这信心是从哪儿来的呀？我们爱祖国，有人破坏祖国，我们恨透了。这时候有人领头出来反对那些破坏祖国、出卖祖国的人，我们就相信他，跟他走了，这就是信心。如果这时候领头的人言行相反，践踏真理，伤害人民，我们凭什么还跟他走？我们又不是古代的忠臣比干，皇上把我杀了，我还要忠于皇上。[2]

露沙所说的"信心"建立在理性思考与常识判断上，它与崔次英讲的接近"信念"的"信心"不是一个概念。对她来说，如果理性与信仰出现了矛盾，那么正确的做法就应该是选择理性，而不是让理性给信仰让路。她反对盲目效忠和无条件服从，而这恰恰是崔次英"信念"伦理所特别强调和看重的品质。崔次英不同意露沙的"愚忠"说法，他认为比干是愚忠，因为纣王是坏人，比干还忠于他，而革命者不是，革命的领导人虽然有错误，但还在改，所以不能相提并论。他劝露沙把眼光放远一点，但露沙想来想去，总觉得自己为之奋斗的事业，"越看越像明

---

[1] 韦君宜：《思痛录·露沙的路》，文化艺术出版社2003年版，第296页。
[2] 同上。

朝"[1],"还是那句话,延安不相信我们,共产党不相信我们,难道我们还要无条件地相信共产党吗?"[2]直到最后,崔次英有一句话猛然点醒了她,使她哑口无言:"难道你还能认为我们可以和那些杀人罪犯和平共处吗"[3]?

崔次英的大哥被国民党杀害,露沙的未婚夫虽然死于日机的轰炸,但与国民党的不抗日直接相关,他们怎么能与杀害了自己亲人和无数无辜者的国民党合作呢?和众多投身革命的爱国青年一样,他们和共产党尽管有分歧,但还是一家人,至于共产党的对立面——国民党,除了绝对的痛恨,没有任何合作的前提和可能。明白了这一点,虽然心里还是不服气,嘴上仍然在抗辩,但是露沙知道自己已经败下阵来,崔次英取得了辩论的胜利。不过从小说后面的情节看,崔次英并不明白他的胜利是建立在现实的考量上,是现实的胜利或者说是暂时的胜利,而不是绝对的、永恒的、终极的不败。

二、共产主义的"圣徒"

小说中的崔次英就是韦君宜后来的丈夫杨述。据韦君宜回忆,杨述在生活中严于律己,时时处处注意与中央保持一致,真正做到了党怎么说,他就怎么想,"指到哪里,打到哪里",绝对服从,十分正派。反右运动中,她因为言论出格,招致批判,压力很大,杨述对她不离不弃,"仍然忠实待我,想法子哄我高兴"[4],实为难得。但是,另一方面他也

---

[1] 韦君宜:《思痛录·露沙的路》,文化艺术出版社2003年版,第297页。
[2] 同上书,第298页。
[3] 同上书,第308页。
[4] 同上书,第107页。

绝不怀疑中央,"他认为既然党决定发动反右运动,那就不会错。有错的只是个别人"[1]。三年困难时期,他吃着咸菜,眼看着老百姓饿得腿都浮肿了,很多人发牢骚,讲述从农村里来的坏消息,他却从来闭口不谈,"不论是对家里的保姆,孩子,还是对从农村来的我下放时期的农民朋友,都是一本正经地跟他们宣传党的政策——要熬过困难,要相信党。人前人后,从无二话,以至有的亲戚开玩笑说他真正是个'彻底的宣传家',不择对象地进行宣传"[2]。"文革"时期,杨述被造反派挂黑牌,剃阴阳头,打断三条肋骨,死里逃生,捡回一条命,但是,他坚信历史会还他清白,黑暗与倒退只能是暂时的。他受尽折磨,但最担心的却不是自己,而是妻子和孩子,他怕他们因此而动摇对党的信心,他对上高中的女儿说:"我这次可能被乱棍打死,但是我实在不是反革命,搞革命总有牺牲,我就是死了,翻不过案来,你也一定要永远跟着党走。"[3]他对欲以死抗争的妻子说:"这次运动搞成这样一定是有反革命分子混进来了,也许是国民党进来搞的,这种事早晚能弄清楚,你得忍耐,得等待。"[4]对信仰的坚贞,使杨述将所有罪恶都推到"个别坏人"身上,他坚信"当前的坏事情总会变,毛主席总是英明的。"[5]虽然他的忠诚信仰换来的只是乱批乱斗和无穷无尽的精神虐待,但他从不后悔。他真正不能忍受的是"四人帮"已经垮台了,却迟迟不给他平反。他等啊盼啊,"只为了要向党证明自己的纯洁、自己的忠心。为了希望党承认他这一点,得不到这一点他就不能活"[6]。这种至死不渝的信仰,在韦

---

[1] 韦君宜:《思痛录·露沙的路》,文化艺术出版社 2003 年版,第 107 页。
[2] 同上书,第 107—108 页。
[3] 同上书,第 108 页。
[4] 同上书,第 109 页。
[5] 同上书,第 110 页。
[6] 同上书,第 118 页。

君宜看来,足以泣鬼神。

从宗教学的立场看,信仰既可以有宗教的形式,也可以有非宗教的形式。盲目崇拜某个神灵或上帝,狂热地迷信某种神圣的宗教教义是信仰主义的宗教心态,非理性地崇拜和无条件地献身某一政治权威或道德偶像、主义学说,把他们的主张和理论绝对化为唯一正确的绝对真理,本质上也是一种信仰主义的宗教心态,尽管它可能没有宗教的外形,但一样可以催生出无数的"圣徒"。现实生活中的杨述,在韦君宜眼中正是这样一位"共产主义圣徒",在《当代人的悲剧》中,她痛苦而又悲愤地写道:

> 他是个平凡的人,生平没有什么重大成就和功业值得絮絮叨叨,当然也有些成绩,也有明显的缺点,而使我永远忘不掉的却是他一生的遭遇。这是个老实忠厚人,有时简直老实到迂呆的程度,无论对党和对朋友。但是,他却在"三家村"被点名之后,立即作为"三家村"干将被登报在全国点了名,所受的残酷折磨和精神压迫,到了"逼得石头要说话"的地步,这真是个人间悲剧。我要写的不是我个人的悲痛,那是次要的。我要写的是一个人。这个人在十年浩劫中间受了苦,挨了打,挨了斗,这还算是大家共同的经历,而且他的经历比较起来还不能算最苦的。实际上他最感到痛苦的还是人家拿他的信仰——对党、对马列主义、对领袖的信仰,当做耍猴儿的戏具,一再耍弄。他曾经以信仰来代替自己的思想,大家现在叫这个为"现代迷信",他就是这么一个典型的老一代的信徒。但是,人家那种残酷的游戏终于迫使他对于自己这宗教式的信仰发生疑问。这点疑问是不容易发生的啊!是付了心灵中最苦痛的代价

的！可惜他并没有来得及完成这个自我解剖的过程，是怀抱着这些疑问死去的。我相信，如果他再活几年，他会对自己看得更清楚些。现在是不可能了，只能由我代他写下来。[1]

杨述的悲剧，本质上是政治立场与价值理想错位的悲剧。政治立场是世俗的产物，价值理想因为带有一定的宗教元素，很容易变为宗教的替代品。当二者错位时，以近似宗教的激情和信念拥抱原本世俗的政治事业，最后的结果只能是缘木求鱼，适得其反。作为革命家，杨述可能做梦也不会想到，他的隐忍、牺牲和他的忠心，本质上是在为极"左"路线的延续贡献自己的力量和生命。他越是"忠"，就越是使他对祖国和人民的爱落空，甚至在一定意义上可以说，他的愚忠其实是既害了自己，也害了他所热爱的事业，而这正是噩梦醒来后最令韦君宜伤心、困惑和内疚的地方。

第三节 "权威服从"与"作恶的工具"

一、"权威服从"与"刘白羽现象"

在《思痛录》中，韦君宜说自己最感后悔的是在历次政治运动中自己既是受害者又是害人者，革命与良知的不可调和的冲突使她在政治高压下备受折磨。作为普通人，韦君宜为人正直，热情朴实，作风正派，

---

[1] 韦君宜：《思痛录·露沙的路》，文化艺术出版社 2003 年版，第 103—104 页。

但是在残酷的政治斗争中,作为革命者,她却要说假话、耍手段、玩权术,一次又一次地违背和牺牲自己的良知,直至必须以参加政治迫害来证明自己的立场坚定和党性纯洁,伤害了一大群不应该伤害的人。她无法原谅自己,更觉得愧对历史,"参加革命之后,竟使我时时面临是否还要做一个正直的人的选择。这使我对于'革命'的伤心远过于为个人命运的伤心"[1]。其实,在造神运动登峰造极的极"左"年代,违背良知、整人害人的又岂止是韦君宜一个人呢?韦君宜在回忆录《思痛录》中说到的"刘白羽现象"不也是这种情况吗?

> 刘白羽本人是作家,但是那一阵他在作家协会表现真厉害。在作家协会的一次全体大会上,他作报告说:"中国作家协会藏垢纳污,等于一个国民党的省政府!"而这个人又真奇怪,当散了会之后,你去单个拜访他,他会真的像一个作家一样,跟你谈什么作品呀、普希金呀。我记得有一次他问过我:"你青年时代最喜欢哪个作家?"我说我喜欢屠格涅夫,他写的那两代矛盾,青年一代的苦闷,叫我联想起自己。这时他就谈起来,说他自己从前最喜欢契柯夫,像那条狗木木,叫你永远忘不了,还有那篇《困》,哎呀怎么怎么困呀!困死人了……他这么说着,好像与作报告意欲将别人置之死地的人,不是一个人。
>
> 他手下最得力的是一班女将,当时编制在作协的一班作家们,一听说她们,真是闻风丧胆。我记得那一次开全体会,由其中一位主持会议,她宣读划罗烽、白朗为右派的决定,那声音刚脆,森冷瘆人。简直使人觉得那声音本身就有杀伤力,每一句话就是一把刀。

---

[1] 韦君宜:《思痛录·露沙的路》,文化艺术出版社2003年版,第48页。

真可怕！还有一位，用纤手指着一个老编辑，说："就是要狠狠地整你！"那模样至今仍在我眼前。她们几位，都是只有中学程度（大约是初中）的干部，参加革命却都很早。在革命的学校里饱受党领导一切的教育，然后出来就在作家们中间做党的工作，俨然变成党的化身。但她们实在不懂文艺。（这并非贬低她们，当时的我，也比她们高得有限，我是后来几经挫折，才觉悟了这一点的。）于是，在从上边来的各种指令之下，由她们动手来搞这个运动那个运动，整人。而她们还觉得自己是在执行神圣任务。这些事情，能专怪她们吗？[1]

罗素在《为什么我不是基督徒》中指出："神学的危害不是引起残酷的冲动，而是给这些冲动以自称是高尚的道德准则的许可，并且赋予那些从更愚昧更野蛮时代传下来的习俗以貌似神圣的特性。"[2] 对照新中国成立后政治运动中种种令人发指的诬陷、迫害、告密、揭发以及把人往死里整的残酷，我们会发现罗素的论断是多么的精辟深刻而又发人深省！

费尔巴哈在探讨道德时说，道德与宗教是对立的，因为道德是调节人与人之间关系的行为准则，而宗教是处理人与神关系的律令。道德强调作为社会主体的人要相互承担义务，而宗教只要求对神的绝对信仰和无条件服从。人越渺小，神越伟大，对神的绝对肯定，必然导致对人的彻底蔑视。"文革"其间无数冤假错案和整人悲剧之所以越演越烈，固然应归根于始作俑者及其主事者，但怀着对领袖、对主义的狂热信仰

---

[1] 韦君宜：《思痛录·露沙的路》，文化艺术出版社2003年版，第48—49页。
[2] 〔英〕罗素著，沈海康译：《为什么我不是基督徒》，商务印书馆1982年版，第174页。

参加进来的人，也有不可推卸的责任。轻信盲从与助纣为虐往往互为因果。在《思痛录》第二章"解放初期有那么一点点运动"，韦君宜回忆自己之所以错待了舅父及单位里的同事就是因为此。韦君宜的舅父在新中国成立前是旧铁路职员，在新中国成立后他要求韦君宜夫妇介绍工作，他们未加考虑就把他介绍到贸易部。没过半年，他作为"反革命"被逮捕了，罪案是在日本占领时期参加国民党的"国际问题研究所"，那是特务组织。

> 当时把我吓坏了，连忙划清界限，向组织交代，表示我确不知情。我以为这种案子错不了，他一定真是罪大恶极。但是，到底是怎么回事呢？我向留在北平、天津的父母兄弟妹妹询问了一番，大致就是在沦陷时期他们只知道地下工作就是抗日，抗日就都是一样。当这位舅父认识了一位"地下工作者"之后，他还曾托这个人给在延安的我"带东西"。那"地下工作者"向舅父要铁路运动情报，他都办了。就这样参加了"国际问题研究所"。到日本投降之后，国共两党对立的形势明朗化了。那"地下工作者"就开始来接收房子，包括舅父和我家的房子。为房子他和那"地下工作者"吵起来闹翻了。此外，按他本人的认罪书，其主要罪行就是在铁路线上向铁路工人讲过一次铁路是会通车的，因为共产党是会被"国军"打败的。就是这，他被判刑十二年！我们全家自他被捕之日起，再没和他见过一面，至今不知他死活如何。[1]

一波未平，一波又起，不久中央要求按比例划出每个单位里的贪污

---

[1] 韦君宜：《思痛录·露沙的路》，文化艺术出版社 2003 年版，第 21—23 页。

分子，明知本单位是清水衙门，所有人都正派上进，没有问题，但还是打着灯笼去找，终于把一个有才华的青年编辑划为"贪污分子"，理由是他在交本月小组党费时自己忘记带钱，马马虎虎地把别人的五角钱写在自己名下。对于这个"老虎"，韦君宜说自己："翻来覆去和他谈，叫他交代。他记也记不清自己到底是写了五角还是三角，我就在这几角钱的问题上穷追，我说钱多钱少不在乎，贪污的罪行是一样，叫他深挖思想动机。弄得他多日失眠，正在和他恋爱的女孩子秦式也要跟他'吹'了。后来总算收场收得较早，秘书长荣高棠认为丁磐石这一'案'算不了什么。杨述亲自去说服了秦式，此事才算了结。这只能算是个小小的前奏曲。而我，实在是从这时开始，由被整者变成了整人者，我也继承了那个专以整人为正确、为'党的利益'的恶劣做法。"[1]

不过，最让她伤心的还是她按这种逻辑错待了原本应该感激的堂兄杨肆。杨肆是杨述的堂兄，年轻时数学极好，抗战初期，他原在国民政府交通部工作，后来李克农把他发展为共产党员，打进军统局戴笠系统，直到升为少将，戴笠始终没有发现他的秘密活动。新中国成立后他到北京，李克农当即同意由军委技术部录用他，而且交代可重新入党，但是没过多久，他在"肃反"运动中以反革命罪被捕。对于杨肆案件，韦君宜说，自己当年和杨述从有罪推论的角度推断：

> 那种部门既肯录用他，忽又拘捕他，一定是发现了他什么不可告人的坏事。他一向置身于戴笠系统，又脱离组织那么多年。有一度他到我婆婆（他的婶母）那里去，曾有特务跟踪过。后来他回重庆又没事了。于是我们分析：可能是戴笠方面发现了他和共产党有

---

[1] 韦君宜：《思痛录·露沙的路》，文化艺术出版社2003年版，第23—24页。

关系,所以才来盯梢;后来又能解脱开,准是他叛变投降,把党的事情向戴笠交代了。这事我党过去不知道,大概到建国后组织上才调查清楚。这可是件神秘而又机要的大案子!这样越分析越像,我们始终对这种推理相信不疑,因此到杨述去世为止,我们一直对他冷冷的。也是这个缘故,他来北京,也不热心招待他。为什么?因为我们相信组织决定拘捕这样一个为党做出过出生入死工作的人是绝不能轻率的啊![1]

现代法律禁止有罪推论,按照现代人权思想,任何人在没有被判处有罪之前,都应当有权被推定为无罪,也就是说,非经法院审判对任何人都不得定罪,非依据法律规定,也不得对任何人定罪,在最后结果出来之前不能轻易下结论。"文革"时期,有罪推论之所以畅通无阻,原因正在于人们相信党和中央绝不会冤枉一个好人,而为了表达自己的忠诚和坚定,人们会登峰造极地把错误进行到底,以至于冤假错案堆积如山。"文革"结束后,杨肆被平反,韦君宜说:"最令我吃惊的是,全部结论没有一句是说他干过什么坏事或出卖党的机密的罪行,他的全部罪状只是在国民党内所任的各级职务,别的什么也没有!没有神秘,没有机要!他们逮捕他只是因为他是一个国民党的少将!看来肯定是那一年搞镇反和肃反运动,凡够'职务线'的一律或审查或拘捕,就这么糊里糊涂让他坐了这么些年牢!"[2]杨肆事件给韦君宜极大的刺激和打击,在《思痛录》中痛彻心扉地写道:

---

[1] 韦君宜:《思痛录·露沙的路》,文化艺术出版社2003年版,第28页。
[2] 同上书,第29页。

我觉得最惭愧、最对不起人的是我们那时的那种分析，以及由于那种错误分析而对他采取的冷淡态度。全错了！认友为敌，眼睛全瞎。毛病出就出在对"组织上"的深信不疑。我也跟着对一个遭冤枉的人采取了打击迫害的态度。更觉得遗憾万分的是，杨述至死也不知道，年轻时曾影响过他的堂兄并未犯罪。他从前是对我讲过的，最早给他进步书籍看的，就是这个在上海上大学、回乡度暑假的四哥。他热心介绍四哥去参加革命，但到最后却完全相信了哥哥就是坏人。悲剧！无可挽回的悲剧！这悲剧，当然得由我们俩自己负一部分责，可是，能完全由我们负责吗？我心里难过极了。这是一种什么样的"斗争哲学"？把家人父子弄到如此程度，把人的心伤到如此程度！[1]

二、价值妥协与"作恶的工具"

人有服从权威的天性，但无条件地服从权威或领袖又会使人在遭遇权威非正义或不道德的命令时失去判断的能力和行动的勇气，沦为"作恶的工具"，这是一切宗教或准宗教意识形态最可怕的地方所在。美国哲学家威廉·詹姆斯在《宗教经验种种》中说："圣徒的脾气是道德的脾气，而道德的脾气往往是残忍的。"[2] 罗素也在《为什么我不是基督徒》中指出，历史上宗教信仰越虔诚，非人道的残忍行为就越猖狂："大家可以看到这种咄咄怪事，就是历史上无论什么时期，只要宗教信仰越狂热，对教条越迷信，残忍的行为就越猖狂，事态就变得越糟糕。

---

[1] 韦君宜：《思痛录·露沙的路》，文化艺术出版社 2003 年版，第 29 页。
[2] 转引自吕大吉：《人道与神道》，上海人民出版社 1991 年版，第 365—366 页。

在所谓宗教信仰的时代里,当人们不折不扣地信仰基督教义的时候,就出现了宗教裁判所和与之俱来的严刑,于是也便有了数以万计的不幸妇女被当作女巫烧死,在宗教的名义下,对各阶层人民实施了各种各样的残酷迫害。"[1] 从人道的立场看,宗教裁判所的异端迫害是令人发指的暴行,而从宗教神学道德的角度看,它却是符合宗教道德标准且应该予以表扬的美德。在新中国成立后的政治运动中,许多明显越过道德底线的错误行为之所以能够被社会接纳并被合法化,正因为它打着"革命神学"的旗号,一般人难以识别,也不敢揭穿。韦君宜在《思痛录》中说:"我从少年起立志参加革命,立志变革旧世界,难道是为了这个?为了出卖人格以求取自己的'过关'?如果这样,我何必在这个地方挣这点嗟来食?我不会听从父母之命远游美国,去当美籍华人学者?参加革命之后,竟使我时时面临是否还要做一个正直的人的选择。这使我对于'革命'的伤心远过于为个人命运的伤心。"[2] 应该说,这种良知折磨,本质上正是神学道德与人道道德不兼容造成的。

荒谬的造神运动使韦君宜饱受良心的折磨,但并未使她真正回到人道和理性的轨道上来,"实际情况是一面牢骚满腹,一面继续做'驯服工具',还在努力说服自己。只要气候上稍微转暖一点点,马上就欢欣鼓舞,全原谅了"[3]。她解释说,这种心理很像孩子被父母责骂却从不记恨在心一样。"我们真是天真极了。尽管我经历了那么多的运动,亲身尝受了不公正的待遇,但是那时我真像一个调皮孩子挨了妈妈的打,气一会儿,却仍然爱妈妈。那些教训还不够提高我的认识,我又相信起一

---

[1] 〔英〕罗素著,沈海康译:《为什么我不是基督徒》,商务印书馆1982年版,第24页。
[2] 韦君宜:《思痛录·露沙的路》,文化艺术出版社2003年版,第47—48页。
[3] 同上书,第43页。

切来。"[1] 在这里，我们再一次看到准宗教的儒家"忠孝"伦理对现代中国知识分子的精神束缚是无论如何估价都不为过分的。无独有偶，陈四益在《不该忘却的历史——读〈思痛录〉》中也写到他姑妈的一段类似的经历：

> 我的一位姑妈在南京读大学时，因为参加"一二·九"运动被开除了学籍，于是到北京当了旁听生，又因为要爱国抗日，芦沟桥事变后，便辗转奔赴了革命圣地延安。后来，又托人带信，把我二姑也接去，说是革命抗日，奔向光明。因为家累太重，父亲说，"你们去为国，我来为家"。独自一人带着年迈的父母，年少的弟妹，年幼的子女逃难，从此同两位姑妈失去了联系。祖母每天烧三炷香，我以为是她的迷信，及至解放后她不再烧香，才懂得那三炷香不过是她深藏心底的对亲人的祝福，而这些事，照例是不会同小孩子说的。
>
> 解放了，家人团聚，其乐融融。大姑妈天性乐观，整天笑呵呵的。有时候同我们这些孩子讲一些延安的事情，也都是毛主席如何英明呀，边区的大生产运动怎么热烈呀，教我们唱的歌也都是歌颂领袖和党的。我怎么也想不到她到延安不久，就被社会部无端怀疑为特务而关押了六七年之久。她的革命经历，竟有一半是坐牢的经历。我的二姑是接到大姑的信后"奔向光明"的。但她到了延安受到的第一个打击，就是动员她奔向光明的姐姐，竟被当作特务关押于黑暗的囹圄，不能再见面了。她心脏病的根子就是那时候种下的。大姑得到甄别时，已是1943年了，一同甄别的还有一大批冤案的受害者。一个热血青年，为了抗日奔赴延安，非但不能抗日，反而

---

[1] 韦君宜：《思痛录·露沙的路》，文化艺术出版社2003年版，第58页。

缧绁入狱,这是何等的痛苦。但是,一经甄别,毛主席在大会上来了一个敬礼、道歉,便多年的冤屈丢到了九天云外,心中毫无芥蒂,全心为党为国,这又是何等的胸怀。二姑和二姑丈都是经历了所谓"抢救运动"的。白天黑夜的轮番"抢救",就像车轮战似的审讯,目标就是要你承认是派进来的特务,而且要编造失足的经过。受不了了,承认了,编造了,就抢救过来了,马上就有一顿"优待饭"吃。不肯自污,如我二姑丈那样一直挺下来的,所受的罪就可想而知了,但是,他们都以宽容的心原谅了这一切。在抢救运动中,没听说查出了几个货真价实的特务,但冤屈好人,戕害革命力量,作下了许多罪孽的人,如康生之流,也再没有人去同他算这笔账。读韦君宜的《思痛录》,因为遭际的相同,使我想起了自己的亲人,也更证实了这样的噩运,绝非少数几个人的悲剧。

他们那一代革命者,真是伟大的理想主义者。他们对党、对党的领袖、对自己信仰的领袖、对自己信仰的主义,忠诚到了无以复加的地步。他们宁可自己吃苦、遭打击、受冤枉,甚至抛头颅、洒热血也不愿让党、领袖、主义受到一丝一星的损害。因此,对于革命过程中出现过的种种错误乃至罪恶,只要有可能损及他们钟爱的一切,便缄口不言,像是保守重要的机密。他们也真心地相信这样的错误乃至罪恶,只要认识了,就再也不会重犯。这样的忠诚,曾经造就了一个无瑕无疵的党,无瑕无疵的领袖,但也因此掩盖了革命过程中实实在在存在过的恶,和曾经作恶多端的人。我曾想,如果在我们读过的党史中,有过苏区肃反、延安抢救运动的详细记载和总结,如果康生之流当年以革命的名义残害同志的恶行能公之于众、引以为戒,那么,"文革"中那种怀疑一切、打倒一切的思潮,能否在青年中如此风行？康生之流还能不能重操故伎，指这个为特务、那个为叛徒，肆无忌惮地残害无辜？四位老帅、两位副总理的所谓"大闹怀仁堂"，一条"罪状"就是所谓要翻延安整风的案，其实不过是重提旧事，希望记取"抢救运动"的教训，哪里是要否定整风的成绩。但是当年的错误被包裹得严严实实，年轻人哪里知道，所以一听说有人要翻整风的案，便炮打火烧，闹得人妖颠倒，而康生之流，也就有机会摇身一变，成了过去正确、现在正确、永远正确的"康老"了。……我十分尊敬包括我的亲人在内的老一代革命者。他们的理想主义、乐观主义，他们对自己理想、信念的忠贞，都使我至今深深感动。但是，他们对于错误、对于历史所取的态度，却不能令我折服。或许，他们身处尖锐的敌我斗争中，生怕暴露了错误会被敌人利用吧；或许他们以为只须把成功的经验代代相传而没有必要把错误的教训也当作遗产让后辈加以承继吧。他们的愿望绝对是善良的，是纯洁的，但他们没有想到的是，如果这善良、纯洁的愿望，遇到了奸恶而不知改悔的野心家呢？……[1]

价值妥协和人格屈服使革命的知识分子为自己的准宗教心态付出了沉重代价，他们像孝顺父母一样忠于自己献身的党和组织，但是，混淆了家族伦理与现代公民道德，既严重地阻碍了他们自身的人格独立和思想成熟，也使他们为之献身的事业受到重大的损失。这可能是韦君宜《思痛录》给予后人最大的启示之一。据韦君宜回忆，1945年延安整风运动之后毛泽东向整风运动中被冤屈的同志道歉。

---

[1] 陈四益：《不该忘却的历史——读〈思痛录〉》，邢小群、孙珉编：《回应韦君宜》，大众文艺出版社2001年版，第276—279页。

在中央党校的一次大会上,毛主席说:"整风整错了的同志!是我错了,我向你们道歉。"说罢举手齐帽行了一个军礼,又说:"我行了礼你们要还礼,不还礼我的手放不下来呀!"有这几句话,我们就全都原谅了,而且全都忘掉了。因为我们自认是为了革命才来延安的,革命还正在进行,党中央把我们弄错了,但是毛主席本人都道了歉了,还不就算了吗?大家总是一家人呀。[1]

如果说过去根据"一家人"的伦理,韦君宜不计前嫌向前看是支持革命,那么后来她能大无畏地自揭家丑,而不是一味地"父为子隐,子为父隐"[2],将批判反思的矛头对准自己和自己所献身的革命,不掩饰,不推诿,不避重就轻,不因所犯的错误是执行上面的命令而原谅自己,则真正显示了中国现代知识分子的成熟和希望。

---

[1] 韦君宜:《思痛录·露沙的路》,文化艺术出版社2003年版,第19页。
[2] 《论语·子路篇》,杨伯峻译:《论语译注》,中华书局2000年版,第139页。

第七章　儒教与中国现代作家的"变"与"不变"
——以郭沫若研究为中心

在中国现代作家中，具有明显的尊孔意向，且一生尊孔的是郭沫若。在20世纪中国文坛上，以"趋时善变"著称，同时又以"逢场作戏"为人所诟病的同样也是郭沫若。与同时代作家相比，郭沫若的"变"与"不变"非常典型地反映了在儒教传统中成长起来的中国现代知识分子在信仰问题上的务实立场和心灵深处似是而非的空疏与荒凉。

第一节　"动的泛神观"与狂放的诗风

一、"动的泛神观"

从"五四"时期开始，郭沫若就表现出明显的尊孔意向，他不同意当时有些人把孔子说成是中国的罪魁祸首，他认为儒家思想是进取的，孔子的人生哲学"以个人为本位，它的究竟是望人人成为俯仰无愧的圣贤"[1]，因此，孔子是一个可以和斯宾诺莎相提并论且"兼有康德与歌德那样的伟大的天才，圆满的人格，永远有生命的巨人"[2]。"五四"时期的郭沫若明确地向世人宣告："我们崇拜孔子。说我们时代错误的人们，那也由他们罢，我们还是崇拜孔子……"[3] 此外，在《论诗三札》《读梁任公〈墨子新社会之组织法〉》《惠施的性格与思想》等文章中，他也极力推崇孔子的人格和学说，直到20世纪40年代，郭沫若仍然认为"五四"把孔子否定得太过火是不对的。应该说，这种思想，在新文化运动的倡导者中是不多见的。

郭沫若对儒家的偏爱，除了受到幼年时期传统教育的影响外，主要来源于1915年对王阳明著作的阅读。当时他正在日本留学，寄居异乡的孤寂、学业的压力、病痛的折磨以及失意婚姻的悲苦，使他进入了一生中"最彷徨不定而且最危险的时候"[4]，有时想去自杀，有时又想去当和尚，他不断地在心中问自己，是应当肯定自我的一切本能来执著这个世界呢？还是否定自我的一切本能而去追求另外一个世界？正是在这个时候，他接触到了泰戈尔的诗和王阳明的作品，并与之结下了不解之缘。在泰戈尔的诗中，郭沫若感受到一种超越诗美以上的"涅槃的快乐"[5]，这使他把当时能找到的泰戈尔作品如《新月集》《园丁集》《吉檀迦利》

---

[1] 郭沫若：《论中德文化书》，《郭沫若全集》（文学编）第15卷，人民文学出版社1990年版，第156页。
[2] 郭沫若：《中国文化之传统精神》，《郭沫若全集》（历史编）第3卷，人民出版社1984年版，第259页。
[3] 同上。
[4] 郭沫若：《太戈尔来华的我见》，《郭沫若全集》（文学编）第15卷，人民文学出版社1990年版，第270页。
[5] 同上书，第270页。

《爱人的赠品》《暗室王》等都如饥似渴地找来读了。泰戈尔的诗具有浓厚的宗教哲学意味和神秘性,尤其是他的成名作《吉檀迦利》。"吉檀迦利"的印度语意为"献给神"。《吉檀迦利》是一部献给神的诗集,讴歌神的无限恩泽,赞美神的无限意志和无限爱是这部诗集的灵魂,这也是它当时特别打动郭沫若的地方。多年以后,回忆往事,郭沫若仍然深有感慨地说,宗教意识产生于"人的孤寂和痛苦中"[1],而泰戈尔和王阳明的作品之所以深深地打动他,使他欲罢不能,正因为它们的宗教魅力。在《王阳明礼赞》中,他是这样叙述自己与王阳明的因缘的:

> 民国三年正月我初到日本,六月便考上东京第一高等学校,因为过于躐等躁进的缘故,在一高预科一年毕业之后,我竟得了剧度的神经衰弱症。心悸亢进,缓步徐行时,胸部也震荡作痛,几乎不能容忍。睡眠不安,一夜只能睡三四小时,睡中犹始终为恶梦所苦。记忆力几乎全盘消失了。读书时读到第二页已忘却了前页,甚至读到第二行已忘却了前行。头脑昏聩得不堪,沉重得不堪,炽灼得象火炉一样。我因此悲观到了尽头,屡屡想自杀。民国四年的九月中旬,我在日本东京的旧书店里偶然买了一部《王文成公全集》,不久萌起了静坐的念头,于是又在坊间买了一本《冈田式静坐法》来开始静坐。我每天清晨起来静坐三十分,每晚临睡时也静坐三十分,每日读《王文成公全集》十页。如此以为常。不及两礼拜功夫,我的睡眠时间渐渐延长了,梦也减少了,心悸也渐渐平复,竟能骑马竞漕了。——这是在我身体上显著的功效。……荏苒之间也就经过

---

[1] 郭沫若:《太戈尔来华的我见》,《郭沫若全集》(文学编)第15卷,人民文学出版社1990年版,第269页。

八年了,《王文成公全集》我在六年前已经转赠了别人,静坐的工夫近来虽没有一定的时间实行,但是王阳明的影响却是深深烙印在我的脑里,冈田氏在脐下运气的工夫我是时时刻刻提醒着的,我的身体在同侪之中还算结实,我的精神在贫困之中还见静定,这和学习过静坐恐怕有一些关系。[1]

泰戈尔诗歌从神性的角度让郭沫若感受到宗教的魅力,王阳明的著作则使他在意志的层面感受到宗教的伟大,尤其是王阳明屡次跌倒屡次爬起,在人生的大风大浪中履险如夷的精神定力,给他极大的震撼和启示。"这是何等宁静的精神,何等沉毅的大勇呢!……他五十七年间在理想的光中与险恶的环境搏斗着的生涯,他努力净化自己的精神,扩大自己的精神,努力征服'心中贼'以体现天地万物一体之仁的气魄,……他的精神我觉得真是如象太空一样博大,他的生涯真好象在夜静月明中乘风破浪。"[2]

青年时期的王阳明二十八岁即会试及第,步入官场,他性格豪放,才思敏捷,志向远大,曾先后任刑部云南清史司主事,兵部武选清史司主事等职,但三十四岁那年,却因宦官刘瑾的陷害被贬下狱,后又被放逐到偏僻的贵州龙场驿为驿丞。龙场地处贵州西北,万山兀立,荆棘丛生,交通险阻,人烟稀少,没有住处,只有寄居山洞,食物不足,只得握锄种地。政治上的打击、精神上的苦闷以及生活上的艰难,使满怀抱负的王阳明顿入困境。在这里,正是禅宗的静坐功夫以及无滞碍、不染著的境界给了他超然物外、不惊不怖、沉静自守的精神定力。在王阳明

---

[1] 郭沫若:《王阳明礼赞》,《郭沫若全集》(历史编)第3卷,人民出版社1984年版,第289—290页。
[2] 同上书,第289页。

的身上，郭沫若发现禅宗里确实有些清湛而深邃的东西，完全可以作为儒家的补充，他一生坚持崇儒又崇释的人生立场，应该说与王阳明的影响是分不开的。

不过，总体上看，郭沫若对王阳明的研究并不深入，由于他当时急需摆脱人生困境和精神痛苦，这种病笃乱投医的心态，使他在阅读王阳明的著作时，很难以客观的态度、分析的立场去探求王阳明思想的真谛。用他自己的话来说，他读王阳明，主要是为了"以彻底的同情去求身心的受用"[1]，因此，他对王阳明的认识也是更多地集中在宗教定力这一方面。在《王阳明礼赞》一文中，郭沫若坦承："对于王阳明的生涯和学问，我没有精细地分析过，我没有甚么有系统的智识。"[2] 但是，另一方面，我们也应该看到，由于王阳明真正打动了郭沫若的心灵，其影响又是其他思想家所难以企及的，因此，透过他对王阳明的分析，我们有可能更清晰地把握他早年的思想动态和特色。

首先，郭沫若认为，王阳明的"理"就是"宇宙的第一因原，是天，是道，是本体，是普遍永恒而且是变化无定的存在，所谓'亦静亦动'的存在"，它存在于万物之中，就如水动为波，波是水之表相，水的表相显现在波中，波之流徒便是水之动态一样，所以理不在心外，心即是理，"这是王阳明的万物一体的宇宙观，也是儒家哲理的万物一体的宇宙观"[3]。由此出发，郭沫若进一步将王阳明的带有具体的社会、历史、文化等丰富内涵的"理"，进行了抽象的处理和提纯，他发现作为终极本体，王阳明的"理"与老庄的"道"、印度的"梵"、斯宾诺莎的

---

[1] 郭沫若：《王阳明礼赞》，《郭沫若全集》（历史编）第 3 卷，人民出版社 1984 年版，第 290 页。
[2] 同上。
[3] 同上书，第 295 页。

"神"等实际上是一个东西,不同的只是名称,只是"衣裳"。也就是说,从本体论的角度来讲,本体是"理",是"道"还是"神",并不重要,重要的是,它们都是一种存在的根本凭借和内在依据,这种本同末异的发现使郭沫若兴奋异常。

> 从前在我眼前的世界只是死的平面画,到这时候才活了起来,才成了立体,我能看得它如象水晶石一样彻底玲珑。我素来喜欢读《庄子》,但我只是玩赏他的文辞,我闲却了他的意义,我也不能了解他的意义。到这时候,我看透他了。我知道'道'是甚么,'化'是甚么了。我从此更被导引到老子,导引到孔门哲学,导引到印度哲学,导引到近世初期欧洲大陆唯心派诸哲学家,尤其是斯皮诺若(Spinoza)。我就这样发现了一个八面玲珑的形而上的庄严世界。[1]

以这种抽象的本体观为基础,青年时期的郭沫若建构起了一个极其宽泛的泛神论概念,它几乎包容了除佛教(严格说来,是原始佛教)以外的几乎所有的哲学家、诗人、宗教家,王阳明、孔子、庄子、老子、李白、陶渊明、惠特曼、瓦格纳、雪莱、歌德、加皮尔、泰戈尔等都被他称做泛神论者,甚至马克思、列宁的社会主义学说,在他看来与泛神论也不存在根本冲突,所以他能够既"肯定孔教,肯定王阳明,而同时更是信仰社会主义"[2]。众所周知,孔子和马克思,王阳明和社会主义,不仅思想差别很大,而且在历史上所起的作用以及对后来的影响也很不相同,仅因它们之间的一点相似就大胆地将之类比或等同,从学术研究

---

[1] 郭沫若:《王阳明礼赞》,《郭沫若全集》(历史编)第3卷,人民出版社1984年版,第289—290页。
[2] 同上书,第299页。

的角度看，郭沫若的理论发现是聪明有余，而学理不足，不仅显得过于随意，而且有牵强附会之嫌。

其次，王阳明著作使郭沫若确信孔门哲学的真义是"动的泛神的宇宙观"[1]。郭沫若认为孔子是一个泛神论者，但孔子的泛神论思想却被后世误解和扭曲了，"自汉武以后，名虽尊儒，然以帝王之利便为本位以解释儒书，以官家解释为楷模而禁人自由思索。后人所研读的儒家经典不是经典本身，只是经典的疏注。后人眼目中的儒家，眼目中的孔子，也只是不识太阳的盲人意识中的铜盘了。儒家的精神，孔子的精神，透过后代注疏的凹凸镜后是已经歪变了的。要把这反射率不一致的凹凸镜撤去，另用一面平明的镜面来照它，然后才能见得他的正体"[2]。而王阳明哲学正是这样一面明镜。王阳明既接受佛教的影响，又高扬儒家的道德主体性，把北宋以来理学扬弃佛老的过程推向一个新的高峰，他提出了心即理、致良知、知行合一等一系列带有浓厚的佛教禅宗本体论色彩的儒学命题，有意识地借助禅宗"究心性命"的思辨力量来补救传统儒学之不足，建立了一个完整庞大的心学体系，直接带动了此后三教合一的趋势。王阳明"出入释老"而"归本孔孟"的思想历程，使郭沫若特别感佩，他称赞王阳明"求佛、求仙的动机是出于积极的搏斗精神"[3]，而且自觉地把王阳明"知行合一"的主张融入自己对泛神论的理解和接受中，从而形成了不同于斯宾诺莎的带有浓厚的儒家色彩的"动的泛神观"。

众所周知，斯宾诺莎是西方泛神论的主要代表。作为近代杰出的唯

---

[1] 郭沫若：《中国文化之传统精神》，《郭沫若全集》（历史编）第3卷，人民出版社1984年版，第260页。
[2] 郭沫若：《王阳明礼赞》，《郭沫若全集》（历史编）第3卷，人民出版社1984年版，第293—294页。
[3] 同上书，第292页。

物主义哲学家,斯宾诺莎强调实体是自因,从根本上否定了传统神学意义上的神,即具有人格、意志、可以干预人间福祸的超自然的神的存在。但作为具有浓厚宗教倾向的哲学家,斯宾诺莎对"神"的态度又是矛盾的,他不仅保留了作为终极存在的"神",而且强调,神作为绝对无限的存在,亦即具有无限"多"属性的实体。[1] 在斯宾诺莎思想中,这个既统一了整个世界又表现于整个世界的本体概念"神",非常接近于儒家的"天"以及印度的"梵",以至于黑格尔说:"斯宾诺莎作为一个犹太人,完全抛弃了存在于笛卡尔体系中的二元论。他的哲学在欧洲说出了这种深刻的统一性。这种统一性,精神,无限者与有限者在神中合一,而并不把神看成一个第三者,乃是东方的流风余韵。"[2] 也正是在这个意义上,黑格尔认为斯宾诺莎其实是一个真正的有神论者,并批评他用无限的实体代替了有限的神灵,由于实体成了吞噬一切差异的深渊,它使一切有限的存在都没有独立性或真理性,只有神才是存在的,世界不过是神的一个形式,这"就是所谓无世界论"[3]。斯宾诺莎否定宗教的人格神而不否定作为终极存在的宇宙本体的"神"的思想,与郭沫若在《中国文化之传统精神》中对孔子的评价极为相似。在近代欧洲哲学史上,斯宾诺莎师从笛卡尔,但他并没有无条件地接受"我思,故我在",也没有像整个欧洲哲学家那样从"我思"出发推演本体,而是和中国儒家、道家一样,把一个绝对的、先验的本体作为哲学的出发点。这个绝对本体在儒家是"天",在道家是"道",在斯宾诺莎则是"神"或"实体"。而且,和儒学一样,斯宾诺莎也把"天人合一"奉为哲学的最高境界,只不过他认为要与"神"或"自然"合一,首先必须认识

---

[1] 〔荷兰〕斯宾诺莎著,贺麟译:《伦理学》第一部分,商务印书馆1987年版,第3—43页。
[2] 〔德〕黑格尔著,贺麟、王太庆译:《哲学史讲演录》第四卷,商务印书馆1995年版,第95页。
[3] 同上。

"神"或"自然",强调理性、智慧在获得永恒真理、摆脱烦恼中的作用,而不是如儒家更着重道德实践和心性修养,更不像道家以绝学弃知来复归于道,正因此,"五四"时期,斯宾诺莎的泛神论在中国找到了一大批知音,举凡宗白华、田汉、冰心、郑伯奇等都曾热衷于泛神论,郭沫若说当他读完了斯宾诺莎的《伦理学》《论神学与政治》《理智之世界改造》等,油然而生的是一种"一旦豁然而贯通"[1]的感觉,诗人宗白华更是坚信"诗人的宇宙观有Pantheismus（德语词,泛神论。——引者注）的必要"[2]。

不过,"五四"时期接受泛神论思想的人虽然很多,但真正使泛神论爆发出摧枯拉朽、破旧立新的威力的,却只有郭沫若。

客观地说,泛神论思想本身并不必然导致狂放的诗风,以宗白华为例,尽管他也极力推崇泛神论,且被郭沫若引为知音,但由于他更多的是从庄禅立场去接受泛神论,因此,与郭沫若的狂飙不羁、飞扬激烈恰恰相反,他的《流云》小诗充满了静谧幽深、空寂玄远的禅意。宗白华认为,既表现了西方文明自强不息的进取精神又同时具有东方文明的乐天知命宁静致远的智慧的歌德,是近代泛神论信仰的伟大代表,而在郭沫若看来,歌德对自己的影响实在不多,也始终不是什么好的影响,假如说惠特曼解放了自己,那歌德又把自己束缚了起来。郭沫若曾把自己的诗歌创作分为三个阶段,他认为在第一阶段由于主要是受泰戈尔泛神论的思想影响,所以那时的诗"和旧式的格调还没有十分脱离"[3],直到

---

[1] 郭沫若:《创造十年》,《郭沫若全集》(文学编)第12卷,人民文学出版社1992年版,第67页。
[2] 宗白华:《三叶集·宗白华致郭沫若》,《郭沫若全集》(文学编)第15卷,人民文学出版社1990年版,第12页。
[3] 郭沫若:《我的作诗的经过》,王训昭等编:《郭沫若研究资料》(上),知识产权出版社2010年版,第226页。

1919年他读到了惠特曼的《草叶集》,受到启发,他才真正找到了使自己"动的泛神观"与"五四"狂飙突进的时代精神相结合的契机,从此一发不可收拾,正如他后来所回忆:"当我接近惠特曼的《草叶集》的时候,正是五四运动发动的那一年,个人的郁积,民族的郁积,在这时找出了喷火口,也找出了喷火的方法。我在那时候差不多是狂了"[1]。正因此,尽管郭沫若接受泛神论的思想很早,但他的诗歌翅膀真正有力地腾飞起来却是在"五四"时期。

二、《女神》的英雄格调

和着时代的精神节拍,郭沫若的《女神》一改前期的忧郁愁闷,充满了乐观昂扬的情绪。"到处都是生命的光波,/到处都是新鲜的情调,/到处都是诗,/到处都是笑:/海也在笑,/山也在笑,/太阳也在笑,/地球也在笑,/我同阿和,我的嫩苗,/同在笑中笑"[2]。自由、舒畅、喜悦、欢快、热烈的情绪随处可见,"哦,我们感受着新鲜的暖意了!/我们的心脏,好像些鲜红的金鱼,/在水晶瓶里跳跃!/我们什么都想拥抱呀!/我们唱起歌来欢迎新造的太阳吧!"[3]他真诚地相信本体不灭,小我也不灭,本体无穷,小我也无穷,因此,即使在谈到"死"的时候,他也显得格外的通脱、浪漫,绝无那时刚觉醒青年所惯常表现出的严肃、悲惨、痛苦、绝望。对他来说,本体既是一切生命、力量、勇气的源泉,一切欢乐、幸

---

[1] 郭沫若:《〈凤凰〉序》,王训昭等编:《郭沫若研究资料》(上),知识产权出版社2010年版,第293页。
[2] 郭沫若:《光海》,《郭沫若全集》(文学编)第1卷,人民文学出版社1982年版,第91页。
[3] 郭沫若:《女神之再生》,《郭沫若全集》(文学编)第1卷,人民文学出版社1982年版,第13页。

福的渊薮，也是一切反抗、破坏、毁灭的终极归宿，因此，当《湘累》中意欲回归而不被接纳，愿受招魂而无家可归的屈原高唱："我要回去！我的故乡在哪儿呀？""我这深心中海一样的哀愁……我要到'无'底世界里去。"[1] 他毫不否认，这就是他的夫子自道，屈原所说的话，完全是自己的实感。而这显然与"五四"时期所追求的反抗权威、破坏偶像、独立自主的现代人格精神相距甚远。对本体的迷恋，使郭沫若难以从根本上打破对偶像和权威的依赖，在某种意义上，他既是一个偶像的破坏者，更是一个偶像的崇拜者。

《女神》的英雄格调是显而易见的。由于郭沫若把"自我"提高到了"神"的本体地位，这个"自我"几乎占据了宇宙的中心，他具有无穷的力量，他可以与太平洋的万顷波涛融为一体，可以把地球推倒，他是一切的光源，是"全宇宙底的 energy 底总量"，他反抗一切权威和偶像，激情昂扬如惊雷闪电："还有什么你？／ 还有什么我？／ 还有什么古人？／ 还有什么异邦的名所？／ 一切的偶像都在我面前毁破！／ 破！破！破！／ 我要把我的声带唱破！"[2] 他渴慕光明，欢呼理想，颂扬新生，他要为这黑暗的世界创造一个新鲜的太阳，让它"照彻天内的世界，天外的世界"[3]。他有如一个巨人脚踏喜马拉雅山，身披白云，沐浴晨风，俯瞰着江河湖海长城旷野，呼唤着祖国的新生："晨风呀！你请把我的声音传到四方去吧！""黄河呀！我望你胸中的冰块早早融化呀！"[4] 这种对自我的极度夸张和尽情渲染，生动地表现出"五四"时

---

[1] 郭沫若：《湘累》，《郭沫若全集》（文学编）第 1 卷，人民文学出版社 1982 年版，第 18、20 页。
[2] 郭沫若：《梅花树下醉歌》，《郭沫若全集》（文学编）第 1 卷，人民文学出版社 1982 年版，第 95—96 页。
[3] 郭沫若：《女神之再生》，《郭沫若全集》（文学编）第 1 卷，人民文学出版社 1982 年版，第 12 页。
[4] 郭沫若：《晨安》，《郭沫若全集》（文学编）第 1 卷，人民文学出版社 1982 年版，第 64 页。

代所特有的精神和气质。那是一个充满了反抗和破坏、新生和创造的生气勃勃的时代,诚如作者自己所说:"在那个时候,大胆地想,大胆地写,要推翻一切,要烧掉一切,甚至连自己都要一起烧掉。这和当时的时代精神是合拍的,对当时的青年一定会发生作用的。因为那时候是狂风暴雨式的时代,青年人对狂风式,摧枯拉朽的文字是比较欢迎的。"[1]对黑暗现实、陈腐传统的彻底反抗和破坏,对自由解放、光明新生的热烈追求与赞美以及对革命前途的坚信,对创造理想的乐观、豪迈,使《女神》"比谁都更出色地表现了'五四'精神,那常用'暴躁凌厉之气'来概括的'五四'战斗的精神"[2]。如果说在其他诗人那里,那辗转在封建重压之下要求解放的个性,不过是被堰拦住,只是徒然地在堰前乱流的"小河"的水,那么,这水到他那里便一下子流成提起全身力量来,要把地球推倒的无限的太平洋的滚滚怒涛。正是在这种狂放恣肆的自我燃烧和不顾一切的奋力冲击中,诗人打破一切外在格律的束缚,他以情绪的旋律来选择诗的旋律,将现代自由诗的创作推向了一个新的高峰。奔腾的想象与大胆的夸张、宏伟的构思与浓烈的色彩、激昂的音调与急骤的旋律,使《女神》弹奏出时代的最强音,以至于他的同时代人穆木天说:"他的歌声,真是当时进步的人文主义倾向的知识分子的歌声,他的要求,真是代表着那些知识分子的真挚的内心的要求。"[3]尽管鲁迅和郭沫若历来被看做是"五四"时代双峰并峙的两座文学高峰,但

---

[1] 郭沫若:《郭沫若同志答青年问》,王训昭等编:《郭沫若研究资料》(上),知识产权出版社 2010 年版,第 344 页。
[2] 周扬:《郭沫若和他的〈女神〉》,王训昭等编:《郭沫若研究资料》(中),知识产权出版社 2010 年版,第 669 页。
[3] 穆木天:《郭沫若的诗歌》,王训昭等编:《郭沫若研究资料》(中),知识产权出版社 2010 年版,第 599 页。

从气势上来说，郭沫若似乎更能代表"五四"那种冲决一切、渺视一切、无所顾忌、率意而发的时代情绪。这也许就是为什么即使从当时的高度看，郭沫若的作品也谈不上深刻，但人们仍把它视为"五四"时代的代表的原因所在。

可惜的是，这个狂飙突进的时代很快就过去了。当郭沫若从日本回到上海面对满目疮痍的悲惨现实，发现泛神论早已不再是时代精神的主旋律时，他的"自我"也如泄了气的皮球一样，再也提不起精神。失去了"本体"依靠，他那和狂涛一样暴涨的创作欲望也一落千丈，"我们失却了路标，我们陷于无为，所以我们烦闷，我们倦怠，我们漂流，我们甚至常想自杀"[1]。写于此后的《星空》充满了失去本体信仰之后无家可归的落魄、孤寂、忧伤和愤懑："为甚要离开你温暖的慈母之怀，／来在这空漠的、冷酷的世界？"[2] "我本是一滴的清泉呀，／我的故乡，／本在那峨眉山的山上。／山风吹我，／一种无名的诱力引我，／把我引下山来；／我便流落在大渡河里……浪又浊，／漩又深，／味又咸，／臭又腥，／险恶的风波，／没有一刻的宁静……我要几时候／才能恢复得我的清明哟！"[3] 疏离本体之后，郭沫若的诗歌，不仅"英雄调"没有了，形式上也日见拘束，"内在的感激消涸了。形式的技巧把我束缚起来，以后的诗便多是些没有力气的诗，有的也只是一些空嚷"[4]。

---

[1] 郭沫若：《孤鸿》，王训昭等编：《郭沫若研究资料》（上），知识产权出版社2010年版，第162页。

[2] 郭沫若：《苦味之杯》，《郭沫若全集》（文学编）第1卷，人民文学出版社1982年版，第187页。

[3] 郭沫若：《黄海中的哀歌》，《郭沫若全集》（文学编）第1卷，人民文学出版社1982年版，第195—196页。

[4] 郭沫若：《写在〈三个叛逆的女性〉后面》，王训昭等编：《郭沫若研究资料》（上），知识产权出版社2010年版，第176页。

三、矛盾的诗学观与诗歌追求

其实，从郭沫若内心来讲，他不但不反感形式精巧、意蕴深远的格律诗，而且终身喜爱自然、幽深、富于禅意的唐宋诗词，以禅论诗也是他的诗论中一个引人注目的特点，他说："诗的性质绝类禅机，总要自己参透。参透了的人可以不立言说，参不透的人纵费尽千言万语，也只在门外化缘。国内近年论诗的人颇多，可怜都是一些化缘和尚。不怕木鱼连天，究竟不曾知道佛子在那里。"[1] 直到20世纪40年代，他仍然表白说："唐人司空表圣的《诗品》读得最早，在我五六岁发蒙的时候，我顶喜欢它。我要承认，一直到现在，我的关于诗的见解大体还是受着它的影响的。"[2] 在禅宗诗学的影响下，郭沫若崇尚直觉、灵感和想象，而排斥诗歌的概念化、议论化与哲理化倾向，他之所以拒绝赞美泰戈尔的《迷途之鸟》，即是因为"那里面太平凡的格言太多了"[3]，他之所以说自己在《女神》之后，"已经不再是'诗人'了"[4]，也是为此。他相信诗总应当是"真情流露的文字"，应当"从灵感进出"，"命泉中流出来的Strain，心琴上弹出来的Melody，生底颤动，灵底叫喊；

---

[1] 郭沫若：《致郁达夫》，黄淳浩编：《郭沫若书信集》（上），中国社会科学出版社1992年版，第198—199页。
[2] 郭沫若：《序我的诗》，《郭沫若全集》（文学编）第19卷，人民文学出版社1992年版，第404页。
[3] 郭沫若：《太戈尔来华的我见》，《郭沫若全集》（文学编）第15卷，人民文学出版社1990年版，第274页。
[4] 郭沫若：《序我的诗》，《郭沫若全集》（文学编）第19卷，人民文学出版社1992年版，第408页。

那便是真诗,好诗"[1]。禅宗诗学使郭沫若特别推崇由灵感掀起的翻波涌浪般的创作冲动,并主张用诗歌"自体"的节奏来代替外形的韵律。但是,对于与神合一的"涅槃"之乐的追求,却使他只有在走向本体、逼近本体并与本体逐渐融合成浑然一体的过程中,才能真正进入灵感爆发的"发疯"似的写作状态,驰骋在打破一切外在束缚和理智的干扰的诗的王国里,这就是他为什么本是一个"喜欢冲淡的人"却偏偏喜欢那些在"发疯"状下产生的狂奔乱跳、酣畅淋漓的诗作的内在原因。在他笔下,《凤凰涅槃》、《地球,我的母亲》、《站在地球边上放号》、《晨安》、《天狗》等名篇,几乎都产生于这种如痴如狂来不及半点思考的非理智的创作状态,正因此,尽管《女神》以后的《星空》、《瓶》等在艺术上更加精致、成熟,但他始终感觉"还是《女神》里面是没有欺诳自己","在别人看来虽嫌粗暴,但在我是深有意义的,我在希望着那样的爆发再来"。[2]

但是,这种"发狂"的写作状态却如灵感一样是可遇不可求的。"五四"以后,郭沫若尽管迅速地找到了合乎时代潮流的本体信仰——马克思主义,并积极投身到现实革命斗争中去,表示"要保持态度的彻底,意志的通红"[3],"要歌出我们新兴的无产阶级的生活"[4],"要如狂风一样怒吼"[5],但这次的"复活",却没有使他爆发出《女神》式的辉

---

[1] 郭沫若:《致宗白华》,《郭沫若全集》(文学编)第 15 卷,人民文学出版社 1990 年版,第 14 页。
[2] 郭沫若:《我的作诗的经过》,王训昭等编:《郭沫若研究资料》(上),知识产权出版社 2010 年版,第 231 页。
[3] 郭沫若:《恢复·恢复》,《郭沫若全集》(文学编)第 1 卷,人民文学出版社 1982 年版,第 356 页。
[4] 郭沫若:《恢复·述怀》,《郭沫若全集》(文学编)第 1 卷,人民文学出版社 1982 年版,第 359 页。
[5] 郭沫若:《恢复·诗的宣言》,《郭沫若全集》(文学编)第 1 卷,人民文学出版社 1982 年版,第 375 页。

煌,"啊,我的心中是这样的淡漠,/任有怎样的境地也难使我欢呼"[1],"我的声音为什么总不粗暴,/我的面孔为甚么总是怆恼"[2],人生如梦的忧思,世事如烟的悲叹,时不我待的感伤,使"复活"的诗人再也不像过去那样容易冲动,"啊,人生行路真如这峡里行船一样,/今日不知明日的着落,前刻不知后刻的行藏"[3]。虽然他一再表示"我只要一出夔门,我便要乘风破浪",不屑于石佛的隐逸出世,"佛哟,痴人!/你出了家庭做甚?/赢得个石头冰冷,/锁着了你的灵魂"[4],但这种潜在的虚无、怀疑情绪毕竟从内部销蚀了诗人的锐气。主观上想引吭高歌,情感上又难以为继,于是只好直奔主题,简单比附,抽象抒情,诗的气势尽管依然宏大,但感染力却明显地减少了。《女神》时代那奔腾跳跃的想象力、强烈绚丽的色彩、奇妙的意象组合以及那种激情四溢的高昂情绪,总之《女神》中真正属于"诗意"的因素,在他"复活"后的诗歌创作中是日益淡泊乃至消失了。这使他在以后的人生道路上不止一次地深情怀念着火山爆发般的《女神》时代,"那时的一种不可遏止的内在冲动,一种几乎发狂的强烈的感情,使我至今犹时常追慕"[5]。

其实,《女神》以后,郭沫若在创作抒情长诗《瓶》的时候,他也曾像《女神》里面的那些作品的产生时那样感受着诗兴的连续不断地侵

---

[1] 郭沫若:《恢复·对月》,《郭沫若全集》(文学编)第1卷,人民文学出版社1982年版,第377页。

[2] 郭沫若:《恢复·诗和睡眠争夕》,《郭沫若全集》(文学编)第1卷,人民文学出版社1982年版,第399页。

[3] 郭沫若:《巫峡的回忆》,《郭沫若全集》(文学编)第1卷,人民文学出版社1982年版,第398页。

[4] 郭沫若:《星空·石佛》,《郭沫若全集》(文学编)第1卷,人民文学出版社1982年版,第218页。

[5] 郭沫若:《写在〈三个叛逆的女性〉后面》,王训昭等编:《郭沫若研究资料》(上),知识产权出版社2010年版,第176页。

袭，《瓶》所咏唱的是一位中年诗人对一位年轻姑娘的一厢情愿的可望不可即的爱情，"我在和夸父一样追逐太阳，／我在和李白一样捞取月光，／我坐看着我的身心刻刻地沦亡"[1]。无法接近又难以割舍的爱情使诗人"已成疯狂的海洋，／她却是冷静的月光，／她明明是在我的心中，／却高高挂在天上，／我不息地伸手抓拿，／却只生出些悲哀的空响"[2]。那如痴如狂、奔放炽烈的爱恋，那缠绵悱恻、低细婉转的祈求，那生死同心、荡气回肠的激情以及那奇诡而绚丽的想象，都使我们仿佛又看到了诗人"五四"时代的那种"火山爆发式的内发情感"的重现，可惜《瓶》的主题及其苦涩的意味与时代精神、革命形势相距太远了，因此，尽管郭沫若承认《瓶》在写出的当时自己颇为满意，但他仍"踌躇发表"[3]。对郭沫若来说，他所期待着诗的发作重新到来，是想"以英雄的格调来写英雄的行为"[4]，而绝不仅仅是为了自我的吟唱。

但是，《女神》的成功与郭沫若内在的忏悔情绪也是分不开的。据《三叶集》记载，1919年前后，郭沫若曾一再对自己过去生活中的颓废、堕落和不检点深表忏悔。据宗白华回忆，五四运动前夕，由李大钊等人发起组织了"少年中国学会"，成员主要分布在北京、上海、日本，后来逐渐扩大到欧洲留学生中间，其宗旨是"本科学的精神，为社会的活动，以创造少年中国"。会员里面，曾琦（慕韩）、王光祈（润屿）、魏时珍、周太美等都是四川人，曾在成都与郭沫若同学，所以郭沫若先

---

[1] 郭沫若：《瓶》，《郭沫若全集》（文学编）第1卷，人民文学出版社1982年版，第291页。
[2] 同上书，第292页。
[3] 郭沫若：《郭沫若诗作谈》，王训昭等编：《郭沫若研究资料》（上），知识产权出版社2010年版，第216页。
[4] 郭沫若：《我的作诗的经过》，王训昭等编：《郭沫若研究资料》（上），知识产权出版社2010年版，第231页。

前狎妓嫖娼、酗酒闹事、自暴自弃的不良行为,在会员之间时有传闻,1920年郭有意加入少年中国学会,多数会员即表示"吾会中会员,入会时取格极严,……况士人无行,自古已多,今世学者大多反复无常之小人,故吾会友介绍会员,当慎之又慎,审之又审",所以郭最终没有能够得到批准入会。[1] 这件事对郭沫若的刺激很大,并使他在1919年前后对自己的过去深恶痛绝,追悔莫及,在给宗白华的信中,他一再写到,"我读《少年中国》的时候,我看见我同学底少年们,一个个如明星在天。我独陷没在这Styx的amoeba*,只有些无意识的蠕动。唉!我禁不住我泪湖里的波涛汹涌!慕韩,润屿,时珍,太玄,都是我从前的同学。我对着他们真是自惭形秽,我是连amoeba也不如了!"[2];"白华兄!我到底是个甚么样的'人',你恐怕还未十分知道呢。你说我有lyrical的天才,我自己却是不得而知。可是我自己底人格,确是太坏透了"[3];"我的过去若不全盘吐泻净尽,我的将来终竟是被一团阴影裹着,莫有开展的希望。我罪恶的负担,若不早卸个干净,我可怜的灵魂终久困顿在泪湖里,莫有超脱的一日"[4]。同样,在给田汉的信中,他也坦承自己"简直是个罪恶的精髓"[5]。就在创作《凤凰涅槃》的前两天,他还在给宗白华的信中写道:"总之,白华兄!我不是个'人',我是坏了的人,我是不配你'敬服'的人,我现在很想能如Phoenix**一般,采集

---

[1] 参见陈明远:《郭沫若的忏悔情结》,《忘年交——我与郭沫若、田汉的交往》,学林出版社1999年版,第108—109页。
* 原书注:"styx和amoeba均为拉丁语。styx,斯蒂克斯,希腊神话中的一条冥河,地狱的边界,过此即进入死灵魂之国;amoeba,阿米巴,变形虫。"
[2] 郭沫若:《致宗白华》,《郭沫若全集》(文学编)第15卷,人民文学出版社1990年版,第18页。
[3] 同上书,第16页。
[4] 同上书,第45—46页。
[5] 同上书,第44页。
** 原书注:"英语:菲尼克斯,古埃及传说中的五百年死而复生的长生鸟。"

些香木来，把我现有的形骸烧毁了去，唱着哀哀切切的挽歌把他烧毁了去，从那冷净了的灰里再生出个'我'来！"[1] 正是这种强烈的自我否定以及冲毁一切旧藩篱去赢得自己的更生的精神追求，使郭沫若的《女神》以它特有的个性，把对旧世界的否定和对新世界的创造，对旧我的否定和新生的追求，对黑暗的诅咒和对光明的憧憬有机地结合起来，成功地表现了"五四"时代的时代情绪和理想，使时代精神有了自己的感觉和血肉，从而产生了前所未有的感染力和轰动效应。

毋庸置疑，对于时代精神的强力表现是《女神》成功的基础，但是敏锐的时代感或许能成就一个政治家，却不一定能造就一个真正的诗人。对郭沫若来说，《女神》的成功正在于，他恰到好处地把握到狂飙突进的时代精神和他"动的泛神观"相结合的最佳契机，而且准确地把握了自我的郁结与民族的郁结相结合的最佳喷火口，从而完成了他"五四"时代精神的儒家化表现的辉煌过程，这在高呼"打倒孔家店"的"五四"时代简直是不可思议的，然而却又是现实。正是在这种契合中，狂飙突进的时代精神得到了艺术化的表现，诗人自己也变得神采飞扬、生机勃勃，那种发自内心的"狂"热激情更使诗人摆脱了一切理性束缚和对社会现实的过于功利化的价值判断，从而保持了审美观照所必需的距离。尽管他的粗暴和单调也曾被人讥刺，但是，他的成功，正如诗人朱湘所说："就是用全付精神在艺术上的人，也不过能作到这种程度"[2]。《女神》之后，或由于"周围的沉闷局势和诗的英雄格调不

---

[1] 郭沫若:《三叶集·致宗白华》,《郭沫若全集》(文学编)第15卷,人民文学出版社1990年版,第18—19页。
[2] 朱湘:《郭君沫若的诗》,王训昭等编:《郭沫若研究资料》(中),知识产权出版社2010年版,第586页。

相称"[1]，或由于诗人自我"内在的感激消涸了"[2]，总之，他是很少再有这种发自内心的如痴如狂的体验了。在郭沫若的创作生涯中，或许只有20世纪40年代创作《屈原》等历史剧的成功可与《女神》相比拟，但作为诗人的郭沫若所期待的《女神》式的成功却没有出现，不管他如何努力要以英雄的格调来写英雄的行为，甚至"要充分地写出些为高雅之士所不喜欢的粗暴的口号和标语"[3]，《女神》的辉煌都已成过去。

无论是从诗歌境界，还是从人生境界来说，"狂"对郭沫若都是意味深长的。正如许纪霖所说："有着圣王人格理想的人都自觉地肩负着某种神圣的使命，用中国文化的说法，叫作'承天命'。有天命在身，自然超凡脱俗，免不了一些狂气。"[4]历史上，凡是有着圣王人格，以道统自居的人大都带有一些唯我独尊的狂气。"五四"时期像郭沫若这样狂放不羁的不在少数，但像他这样一生不改"狂"气的却并不多见。事实上，"五四"时期也曾出现过另一类型的"狂人"，那就是鲁迅笔下的反叛一切传统、不取媚于群、不见容于群、独立不羁地向虚无和绝望挑战的精神界战士，至于周作人则始终对一切狂信保持高度的警惕，并一再提醒世人，"狂信是不可靠的，刚脱了旧的专断便会走进新的专断"[5]，而这显然是郭沫若所无从理解也不屑一顾的。

朱自清在《〈中国新文学大系〉诗集·导言》中说，郭沫若的诗

---

[1] 郭沫若：《我的作诗的经过》，王训昭等编：《郭沫若研究资料》（上），知识产权出版社2010年版，第231页。
[2] 郭沫若：《写在〈三个叛逆的女性〉后面》，王训昭等编：《郭沫若研究资料》（上），知识产权出版社2010年版，第176页。
[3] 郭沫若：《我的作诗的经过》，王训昭等编：《郭沫若研究资料》（上），知识产权出版社2010年版，第231页。
[4] 许纪霖：《寻求意义——现代化变迁与文化批判》，上海三联书店1997年版，第56页。
[5] 周作人：《长之文学论文集跋》，《苦茶随笔》，河北教育出版社2002年版，第68页。

"有两样新东西，都是我们传统里没有的：——不但诗里没有——泛神论，与二十世纪的动的和反抗的精神"。严格说来是不准确的。从上面的分析可以看出郭沫若的泛神论正是因为吸收了传统的天人合一的本体观以及儒家的"天行健，君子以自强不息"的实践精神才显得如此生气勃勃，底气十足。仔细研究，还可发现，在他漫长的创作生涯中，凡是他的自我与时代主旋律结合得紧密又合时宜时，他的笔下都会透出几分"狂"气来，即使是后来转向马克思主义，由于他并未因此改变自己的思维方式和行为方式，所以，在他后期的创作中，尽管有着与前期截然不同的思想倾向，我们仍然能从《疯狗礼赞》、《神明时代的展开》、《集体力量的结晶》、《骆驼》、《郊原的青草》中感觉到"泛神"因素的存在，即英雄格调、乐观气质、以时代的代言人自居的"大我"的话语方式以及夸张激烈甚至狂暴的文风等，这绝不是巧合。

第二节 "与时俱进"的浪漫诗人

一、"与时俱进"的时代歌手

在现代中国文坛上，也许没有一个作家能像郭沫若那样配得上是时代的歌手，有人称他是时代肖子，也有人讥讽他善于结欢于自己的时代。但是，当后人指责他的趋时善变时，也应该看到，建立在儒教基础上的抽象本体观，本身就不强调自我，正因此，当经受了"五四"洗礼，自我意识被唤醒的现代作家痛切地感到与时俱进最大的困难就是对自我——旧我的否定和改造时，郭沫若却因为自我意识匮乏而多次成功转型。对他来说，变的始终是"衣服"。

在风云动荡的大时代，郭沫若以不变应万变，从一种信仰转换到另一种信仰，表现出极强的变通性和灵活性。仔细考察，不难发现，在郭沫若一生中的几次重大的人生选择背后，我们都能看到时代大潮对他的不可忽视的影响。郭沫若从小就表现出不凡的文学天赋，但从未想过要做一个诗人，在日本他学的是医学，五四运动使他认识到文艺是摧毁封建思想、抗拒帝国主义的有效的利器，因此，一改从前看不起文学的傲慢态度，而投身于文艺运动。"五四"以后，国内的政治空气转浓，"就是一般近视眼的人们也看到中国的内乱妨害了中国的产业，因而政治问题便成为一般社会人的意识的焦点。这在我们身上发生的影响，便是社会的要求不再容许我们笼在假充的象牙塔的宫殿里面谈纯文艺了"[1]，于是，他果断地放弃了研究文艺的愿望，开始研读马克思主义的社会科学著作。1924年他用了近两个月的时间，翻译日本经济学家河上肇博士的《社会组织与社会革命》一书，"我译完此书所得的教益殊觉不鲜呢！我从前只是茫然地对于个人资本主义怀着憎恨，对于社会革命怀着信心，如今更得着理性的背光，而不是一味的感情作用了。这书的译出在我一生中形成一个转换的时期，把我从半眠状态里唤醒了的是它，把我从歧路的彷徨里引出了的是它，把我从死的暗影里救出了的是它"[2]；他呼吁文艺家赶快醒悟过来，要认清目前所处的时代是第四阶级革命的时代，现在所需的是无产阶级文学，"今日的文艺，是我们现在走在革

---

[1] 郭沫若：《创造十年》，《郭沫若全集》（文学编）第12卷，人民文学出版社1992年版，第65—66页。

[2] 郭沫若：《孤鸿》，王训昭等编：《郭沫若研究资料》（上），知识产权出版社2010年版，第162页。

命途上的文艺,是我们被压迫者的呼号,是生命穷促的喊叫,是斗士的咒文,是革命预期的欢喜"[1]。于是,一改过去的"艺术至上"原则,他开始倡导无产阶级革命文学,并大声疾呼"现在是宣传的时期,文艺是宣传的利器"[2]。从张扬个性到宣传集体至上,从提倡浪漫主义到坚决地走到现实主义的路上来,从献身纯文艺到跳进革命的浪潮,郭沫若的思想、生活与创作风格都发生了巨大的变化。不仅如此,1926年他是更毅然投笔从戎,参加北伐战争。大革命失败后,他又义无反顾地投身于南昌起义的行列,并加入了中国共产党,从此,他的纯文艺生活便确确实实地告了一个段落。不过,他觉得自己是心甘情愿,而且也心安理得的,他甚至想"公开的宣布,我要取消掉我这个'文艺家'或'作家'的头衔"[3]。尽管他自己也说"在那时候的自己的思想变迁是有点近于突变的"[4],但另一方面他也"变"得很自然,一点也不勉强。在北伐途中,他的心情始终是亢奋的,与时代精神融为一体的快乐给了他无穷的力量,在《北伐途次》中他曾这样回忆:"说也奇怪,我的体力,尤其是脚力,在那时候不知是怎样的,真是特别的旺盛。我多是跑路,但我每天都在打前站,每到一个站口,总是我先到,便去替大家找宿营和中休的地点,有时还要为大家烧菜做饭。"[5]途经汨罗时,他还满怀豪情地写下了这样的诗句:"屈子行吟处,今余跨马过;晨曦映江渚,朝气涤胸科。揽辔忧天下,投鞭问汨罗:楚犹有三户,怀石理则那?"[6]

[1] 郭沫若:《孤鸿》,王训昭等编:《郭沫若研究资料》(上),知识产权出版社2010年版,第169页。
[2] 同上。
[3] 郭沫若:《盲肠炎·题记》,王训昭等编:《郭沫若研究资料》(上),知识产权出版社2010年版,第313页。
[4] 郭沫若:《创造十年》,《郭沫若全集》(文学编)第12卷,人民文学出版社1992年版,第78页。
[5] 郭沫若:《北伐途次》,《郭沫若全集》(文学编)第13卷,人民文学出版1992年版,第14页。
[6] 同上。

与时俱进，使郭沫若把自己的创作与时代的需要紧密地结合起来，写时代所需写，唱时代所需唱。用他的话来说即是，"当一个留声机器——这是文艺青年们的最好的信条，我到现在还是相信，我这个提示是十分切当"[1]。郭沫若的诗歌创作在"五四"时期达到高潮，他的戏剧在抗日的烽火中走向成熟，时代的需要和诱惑均起到了关键的作用，而他由诗人一举成为国内外知名的马克思主义史学家更与时代的作用分不开。作为"五四"时代著名的诗人和北伐时期著名的革命家，很多人都奇怪他为什么会在亡命日本时转而研究中国古代历史，然而，这一切又不是心血来潮，而是像他自己所说，"我会走到历史和考古的研究上来，完全是客观条件把我逼成的"[2]。1927年大革命失败后，中国向何处去，马克思主义适不适合中国，是摆在中国人面前的迫切需要解决的问题，郭沫若虽然流亡日本，但他敏锐地感应到时代的呼唤，他埋头于故纸堆中，绝不是想逃避现实，而是要回答人们最迫切关心的问题，"对于未来社会的待望，逼迫我们不能不生出清算过往社会的要求"[3]。因此，尽管他开始研究中国古代社会的时候，工作和生活条件都异常艰难，严重的政治压迫、沉重的家累以及资料的匮乏等使他的研究举步维艰，在研究的初期，他甚至每天都要从市川住地前往东京的东泽文库，阅读库中所藏的甲骨文和金文著作，但他从不气馁，即使发着高烧也不肯中断自己的研究。正是这种超人的勤奋与刻苦精神使他取得了骄人的成绩。他以大量的史料向人们证明，中国历史的发展，完全符合马克思主义关于

---

[1] 郭沫若：《留声机器的回音——文艺青年应取的态度考察》，《郭沫若全集》(文学编)第16卷，人民文学出版社1989年版，第65页。
[2] 郭沫若：《郭沫若自选集·自叙》，《郭沫若集外序跋集》，四川人民出版社1982年版，第136页。
[3] 郭沫若：《中国古代社会研究·自序》，《郭沫若全集》(历史编)第1卷，人民出版社1982年版，第8页。

社会发展的规律的原理，证明马克思主义完全适合中国，不少进步青年正是在阅读了郭沫若的《中国古代社会研究》之后，坚定了对马克思主义的信仰，走向革命之路。

毫无疑问，充分占有史料，是郭沫若取得成功的一个重要原因，但是，在他的前辈和同辈学者中，就掌握史料的功底而言，与他相当甚至超过他的大有人在，为什么他能后来居上，名满天下？一个重要的原因就在于他自觉地运用了马克思主义的唯物史观作为自己的理论向导，而这是那个时代最科学、最能发现事物本质的一种方法论。唯物史观与以往所有的历史理论不同的地方是，它不是试图使历史现象孤立起来，用主观或实证的手段加以肢解，而是把它看成是受一定历史时期物质生产力状况制约的、有规律可循的人类社会生活史。这样一种看待问题的思路和角度显然是全新的和富有创造性的，郭沫若从20世纪20年代中期接受马克思主义时即开始尝试运用这种新的历史方法重新研究和解释中国历史。1929年，他写成《中国古代社会研究》一书，这是当时史学界运用马克思主义观点系统地研究中国历史的第一部著作。在这部书中，他突破旧史学以朝代和帝王为中心、以单纯记叙和考证为特点的窠臼，着重从社会内部结构的变化来划分社会历史的不同阶段，尤其是用特定历史阶段物质生活的条件来说明社会的发展、变化，说明历史为什么是这样而不是那样，从而为科学地研究中国历史的发展一般规律探索了一条新的道路，以至于茅盾热情地称赞他的古史研究"在烦琐的中国考据学的氛围圈里投下了一个炸弹"，带来了中国史学界的"狂飙突进"[1]。明确的革命目的、正确的理论指导、科学的研究方法、坚实的旧学根底

---

[1] 茅盾：《为祖国珍重》，王训昭等编：《郭沫若研究资料》（上），知识产权出版社2010年版，第375页。

和过人的才智,使郭沫若的中国古史研究、甲骨文和金文研究,不但超过了前人,而且超出了同时代人之上,取得了辉煌的成就,在进步史学界受到了普遍的肯定和赞誉。在将近十年的时间里,他连续出版了14部学术著作,受到了学术界的普遍重视,在国内外产生了重要影响,毛泽东、周恩来等都曾给予高度的评价。

二、语言的"巨人"与"武断"的文风

将自我彻底消融在时代、群众、集体的洪流中,以他们的声音为自己的声音,使郭沫若的创作借助集体的威力,雄健激昂,气势逼人。无论是"五四"时期,他以觉醒的时代青年的身份粗暴地呼喊"不断地毁坏,不断地创造,不断地努力"[1];大革命时期以所有被压迫者的代言人身份大声疾呼"人们哟!醒!醒!醒!/你们非如北美独立战争一样,自行独立,拒税抗粮,/你们非如法兰西大革命一样,/男女老幼各取直接行动,/把一大群的路易十六弄到断头台上;……人们哟,中华大陆的人们哟!/你们是永远没有翻身的希望!"[2];还是20世纪40年代高呼"我们要表达人民的希望,表达人民的要求,我们要代表人民,为人民诉苦";或是新中国成立后,歌颂领袖,歌颂新社会新时代,激情四溢,气势磅礴始终是他创作上的一大特色。

翻开这些诗篇,一个语言的巨人清晰地出现在我们面前,那种居高临下、俯视万物、吞吐众生、高扬奔放的语言风格,使他的讲演常常如

---

[1] 郭沫若:《立在地球边上放号》,《郭沫若全集》(文学编)第1卷,人民文学出版社1982年版,第72页。

[2] 郭沫若:《黄河与扬子江的对话》,《郭沫若全集》(文学编)第1卷,人民文学出版社1982年版,第314页。

狮子吼，如雷电鸣，如海如潮，铺天盖地，席卷四方，直扣心弦，具有极大的感染力和煽动性。巴金说："在我的脑子里，郭老永远是精神饱满，生气勃勃，永远是意气风发，豪情满怀"，"在他身上人们看到了战士、诗人和雄辩家，智慧、才能、气魄、热情和谐地结合在一起。"[1]

自信，使郭沫若大胆，豪放，使他不拘小节，而天生的浪漫，更使他锋芒毕露，他敢凭诗人的想象大胆地夸张，甚至无中生有地"创造"。在中国现代文学史上，郭沫若的史剧对历史事实和历史人物改动之多，可以堪称现代戏剧史之最。以《屈原》为例，他在《我怎样写五幕史剧〈屈原〉》一文中承认，该剧不仅虚构了历史上没有的人物，如婵娟，而且对人物关系作了大胆的更动，比如把子兰当作郑袖的儿子、屈原的学生，杜撰郑詹尹和南后的父女关系，虚构屈原同郑袖的矛盾，以及将屈原和上官大夫的关系由"争宠，而心害其能"（《史记·屈原列传》）改为亲秦和反秦的矛盾等。至于历史事件的改动，在这部史剧中就更多了，全剧的主要事件如南后陷害屈原、婵娟大骂南后、婵娟服毒身亡、火烧东皇太一庙等几乎都是作者虚构的，其中，张仪使楚离间齐楚关系，导致楚怀王"信张仪，遂绝齐"的事件，按《史记》的记载是发生在屈原被黜离开朝廷之后，而不是发生在屈原任左徒期间，但剧本却把虚构出来的南后陷害屈原同张仪的使楚联系在一起了。可以说，史剧《屈原》对史实的改动是极其大胆的。新中国成立后，郭沫若的创作时有胆大之处，最典型的如 1966 年鲁迅忌辰 30 周年时，他在《纪念鲁迅的造反精神》中根据时代的意志和需要，把鲁迅塑造成始终听党的话，无条件地拥护党的政策，歌颂党，特别热烈信仰毛主席的时代形象，并断言鲁迅如果还活在今天，他一定会站在文化革命战线的前头行

---

[1] 巴金：《永远向他学习——悼念郭沫若同志》，《文汇报》1978 年 7 月 15 日。

列,冲锋陷阵,同我们一起,在毛主席的领导下,踏出前人所没有走过的道路,攀上前人所没有攀登的高峰。这种大胆在当时历史条件下似乎也显得夸张和无奈。

文学创作思想有些极端化在郭沫若的文章中也常有,诸如"真正的文学只有革命文学一种"[1];"大凡一个社会停滞了的时候,那时候所产生出来的文学都是反革命的,而且同时是无价值的";"文学是永远革命的,真正的文学只有革命文学的一种"[2];"任何文艺工作者如果不接受无产阶级的领导,他的努力就毫无结果,任何文艺作品,凡是与下层生活脱离的,便都是歪辟的东西"[3];"文艺不仅是政治的,而且要比政治还要政治"[4]等,这些论断仅从文学创作的角度,显得有失分寸。郭沫若反对价值多元,也不承认价值可以中立。他多次断言:"没有中道留存着,不是左,就是右,不是进攻,便是退守。你要不进不退,那你就只好是一个无生命的无感觉的石头!"[5]"永远站在歧路口子上是不可能的;不是到左边来,便是到右边去!"[6]"我们现在处的是阶级单纯化、尖锐化的时代,不是此就是彼,左右的中间没有中道存在。"[7]文艺的使命便在于热烈地颂扬所是和无情地打击所非。在《活的模范》一文中,他还借高尔基之口指出:"艺术压根儿便是一种拥护或反抗的斗争;中立的艺术并不存在","今后的艺术家不用说更当理直气壮地依据着这种

---

[1] 郭沫若:《革命与文学》,王训昭等编:《郭沫若研究资料》(上),知识产权出版社2010年版,第183页。
[2] 同上。
[3] 郭沫若:《文艺与民主》,《郭沫若全集》(文学编)第19卷,人民文学出版社1992年版,第514页。
[4] 郭沫若:《文艺工作展望》,《郭沫若全集》(文学编)第20卷,人民文学出版社1992年版,第56页。
[5] 郭沫若:《文艺家的觉悟》,《郭沫若全集》(文学编)第16卷,人民文学出版社1992年版,第29页。
[6] 郭沫若:《桌子的跳舞》,《郭沫若全集》(文学编)第16卷,人民文学出版社1992年版,第63页。
[7] 郭沫若:《留声机器的回音——文艺青年应取的态度考察》,《郭沫若全集》(文学编)第16卷,人民文学出版社1992年版,第65页。

理法而前进"。[1] 非此即彼、非白即黑的二元思维使他的价值判断异常明朗，也异常简单片面。诸如"凡是革命的文学就是应该受赞美的文学，而凡是反革命的文学便是应该受反对的文学。应该受反对的文学我们可以根本否认她的价值，我们也可以简切了当地说她不是文学"[2]；"合乎人民本位的便是善，便是进步，事虽小必为之。反乎人民本位的，便是恶，便是反动，力虽大亦必拒之"[3]；"凡是有利于人民解放的革命战争的，便是善，便是是，便是正动；反之，便是恶，便是非，便是对革命的反动"[4]等等，不一而足。在郭沫若的笔下，革命与反革命、人民本位与反人民本位、善与恶、是与非、明与暗、进步与落后就像刀切一样分明，不仅势不两立，而且永远没有互相转化的可能。周作人曾指出，中国知识分子之所以独断、偏狭而霸道，是因为他们"相信世间有一种超绝的客观真理，足以为万世之准则，而他们自己恰好了解遵守着这个真理，因此被赋裁判的权威"[5]。

其实不仅中国如此，西方亦不例外。由于本体论具有自我设定的性质，当人们以自己所信奉的本体论为正统时，必然容易在某种正义感的支配下展开对异己者的圣战，以保全自己的独占和垄断地位，在这里，宽容反而会被看成道德的软弱或立场的不坚定。只不过由于中西文化背景的不同，本体论在西方由于主要是指向独立于经验世界的超验领域，

---

[1] 郭沫若：《活的模范》，《郭沫若全集》（文学编）第19卷，人民文学出版社1992年版，第91页。
[2] 郭沫若：《革命与文学》，王训昭等编：《郭沫若研究资料》（上），知识产权出版社2010年版，第183页。
[3] 郭沫若：《春天的信号》，《郭沫若全集》（文学编）第20卷，人民文学出版社1992年版，第252页。
[4] 郭沫若：《斥反动文艺》，王训昭等编：《郭沫若研究资料》（上），知识产权出版社2010年版，第314页。
[5] 周作人：《文艺批评杂话》，《谈虎集》，河北教育出版社2002年版，第6页。

因此，它对培养西方知识分子的独立人格和献身科学的求真意志还起到了一定的积极作用。在中国，由于本体论首先是与人的存在联系在一起的价值命题，"天人合一"本体论一旦落实到具体的社会层面，往往演化为"天王合一"，这不仅直接导致了中国传统文人只有依靠王权才能存在和发展的生存根基意识，而且强化了他们对政治（道）与权威（人格神）的依附性。

不仅如此，由于这种一元本体观先天地具有排他性与绝对性，所以，一旦接受了新的价值标准，便必然会全盘否定过去的立场和方法，"幡然豹变"几乎是难以避免的。郭沫若说，"在社会变革时期，价值倒逆的现象要发生是必然的趋势，前人之所贵者贱之，之所贱者贵之，也每每是合乎正鹄的"；[1]"今天是人民的世纪……一切价值都要颠倒过来，凡是以前说上的都要说下，从前说大的都要说小，从前说高的都要说低"[2]等，皆是此意。对他来说，从前扬墨抑儒，现在则要扬儒抑墨；过去扬植抑丕，现在则要扬丕抑植；古人扬杜抑李，今人则要扬李抑杜。凡是过去肯定的，现在都要推翻过来，凡是过去否定的，现在都要正过来，反对从前所拥护的，拥护从前所反对的。为了将颠倒的历史再颠倒过来，他不断地翻案，甚至不惜矫枉过正，以至于肯定与否定都趋向极端。不管是对曹操、武则天的美化、圣化，还是对秦始皇、杜甫的丑化、漫画化等无不离开了学术研究应有的严谨和公正的原则。恶之恨不能打入地狱，爱之则唯恐捧不上天。郭沫若说自己是早就有些"左倾"幼稚病的人，在某种意义上，这种一元本体观更加强化了他的病

---

[1] 郭沫若：《〈青铜时代〉后记》，《郭沫若全集》（历史编）第1卷，人民出版社1982年版，第616页。
[2] 郭沫若：《人民的文艺》，《郭沫若全集》（文学编）第19卷，人民文学出版社1992年版，第543页。

症,使他有时陷入"左倾"的道路。

三、随时转变,"主张穷处不慌张"

面向现实,服务现实,使郭沫若的创作和研究取得了巨大的社会效果,但是,也应该指出,他的史学研究和创作在存在着"以我解经,以经注我"的非历史主义倾向,以至于在他的史学著作中,有着以古人古事影射、比附现实的现象。应该说,在史剧创作中影射、比附有时候是难免的,但历史研究属于科学,实事求是是基本的原则,郭沫若不是不明白,他多次说过,"批评须得客观一点才好","要把一个人的著作和行为通盘看一下,再下结论,不要老是那样全靠主观,甚至全靠戴着着色眼镜"[1]等,但是政治意识的介入,却使他很难保持学术的客观立场。

其实,为现实和未来社会的需要而创作和研究,对郭沫若来说是根深蒂固的,早在1924年他就提出研究历史,整理国故,一定要问社会的需要如何,要有助于社会。20世纪30年代谈到自己的创作时,他更是强调写文章一定要以社会的效用为前提,"换句话说,便是对于理想社会实现上的政治价值要占一切价值的首位。假使白费地写作一些无意识的文字,这写作本身就是一项罪恶"[2]。与同时代作家相比,郭沫若的创作带有突出的"他律"色彩,甚至一些并不重要的人际关系有时也会对他产生出人意料的影响。即如他的《女神》,如果不是宗白华的慧眼和热情鼓励,他的创作欲望或许不会那么快地高涨起来,"那时候,但

---

[1] 郭沫若:《"深幸有一,不望有二"》,《郭沫若全集》(文学编)第19卷,人民文学出版社1992年版,第185页。
[2] 郭沫若:《反正前后》,《郭沫若全集》(文学编)第11卷,人民文学出版社1992年版,第164页。

凡我做的诗,寄去没有不登,竟至《学灯》的半面有整个登载我的诗的时候。说来也很奇怪,我自己就好象一座做诗的工厂,诗一有销路,诗的生产便愈加旺盛起来"[1]。而在宗白华辞去《学灯》的编辑职务不久,由于接替宗白华职务的李石岑对他的诗不是特别喜好,他的诗兴也随之大减,"这件微细的事不知怎的就象当头淋了我一盆冷水。我以后便再没有为《学灯》写诗,更把那和狂涛暴涨一样的写诗欲望冷下去了。有些人说作家须得冷,这或许是一片真理,但无论怎样冷的作家,他所需要的是自己的冷而不是别人对他的冷"[2]。无独有偶,20 世纪 40 年代他的史剧创作高潮的到来同样与党的支持和周恩来的鼓励分不开。据张瑞芳回忆,在《棠棣之花》、《屈原》演出时,周恩来不仅多次出席观看,还保留了这两个戏的全套剧照,他所领导的《新华日报》也大量刊登了赞扬的文章[3]。郭沫若的《我怎样写〈棠棣之花〉》一文中也记载着周恩来不仅亲自看过剧本,而且提出过修改意见。可以说,党的关心,尤其是周恩来的支持直接触发了郭沫若的创作激情,从 1942 年开始,短短的两年多的时间里,他连续创作出《屈原》、《高渐离》、《虎符》等六部大型史剧,其中,《屈原》从动笔到脱稿仅花了十天工夫,几乎是一气呵成。在这十天中,他曾四次讲演,一次到苏联大使馆看影片到深夜,此外,他每天照常会客,平均一天要接待十个人,照常替别人看稿子,也照常到外面应酬,所以实际上的写作时间,每天平均不超过四个小时,写得这样快,不仅他自己感到意外,在抗战时期的文坛也是一个奇迹。在这里,我们再次看到,但凡在自我欲求与时代需求融为一体时,

---

[1] 郭沫若:《创造十年》,《郭沫若全集》(文学编)第 12 卷,人民文学出版社 1992 年版,第 68 页。
[2] 郭沫若:《我的作诗的经过》,王训昭等编:《郭沫若研究资料》(上),知识产权出版社 2010 年版,第 229 页。
[3] 参见张瑞芳:《敬爱的周总理,文艺工作者怀念您》,《文汇报》1977 年 1 月 7 日。

郭沫若的创作便如有神助一般地喷涌而出，《女神》是这样，《屈原》亦是如此。当然，《屈原》的成功也得益于郭沫若对屈原由来已久的热爱，早在"五四"时期，他就在《湘累》中自比过屈原，20世纪40年代又对屈原的思想及创作进行了深入的研究，写过一系列的研究著作和论文，但他真正找到自我与屈原的契合点却是在"皖南事变"以后，自我的愤怒、时代的愤怒与屈原的愤怒的聚合，使他写作时妙思泉涌、灵感迭现。他原计划写屈原三十年的政治生涯，结果只写了一天，"目前的《屈原》真可以说是意想外的收获，各幕及各项情节差不多完全是在写作中逐渐涌出来的。不仅在写第一幕时还没有第二幕，就是第一幕如何结束，都没有完整的预念。实在也奇怪，自己的脑识就像水池开了闸一样，只是不断地涌出"[1]。

在郭沫若抗战时期的六部史剧中，比较特殊的是《孔雀胆》，它既不像《棠棣之花》那样以主张集合反对分裂为主题，借历史故事达到为抗战服务的目的，也不像《屈原》那样要把时代的愤怒复活在屈原时代，更不像《高渐离》那样存心用秦始皇来暗示蒋介石。他对"孔雀胆"的故事发生兴趣，全在于对阿盖公主的同情，而他对阿盖的兴趣，又是在青年时代便播下的种子，"我知道有阿盖的存在应该是三十多年前的事。大前年我回到长别二十六年的我的大渡河畔的老家的时候，在我年青时所读过的书籍中……《阿盖妃》的诗又重新温暖了我的旧梦，因而那册书我便随身带到了重庆来。我时时喜欢翻出来吟哦。有时候也起过这样的念头，想把阿盖的悲剧写成小说。……我终于偷巧，采取了

---

[1] 郭沫若：《我怎样写五幕史剧〈屈原〉》，《郭沫若全集》（文学编）第6卷，人民文学出版1986年版，第399页。

戏剧的形式"[1]。他一再说,"我在当初写这个剧本的时候,我的主眼是放在阿盖身上的。完全是由于对她同情,才使我有这个剧本的产生"[2],正因此,他的初稿,可以说是写了一个以阿盖为中心的爱情悲剧,但这样的悲剧与时代又有什么关系呢?这是郭沫若在创作之初没有想清楚的,因此,剧本发表后,关于它的主题引起了众多的争议,尽管演出效果很好,观众也一直很认可,郭沫若对它却不甚满意,"因为我写出的东西让朋友们看了听了,竟不明主旨所在,我真不知道在写些什么了!这原因:或许由于恋爱斗争的副题过于扩大,掩盖了主题:善与恶——公与私——合与分的斗争的吧?"[3]为了给《孔》剧找到一个合乎时代的主题,郭沫若对剧本进行了多次修改,直到后来读到徐飞的文章,他才如释重负。徐飞指出造成悲剧的原因"是妥协主义终敌不过异族统治的压迫"。这使郭沫若感到好像画龙点睛一样"把当时的历史点活了"[4]。其实,与其说是"点活了当时的历史",不如说是为《孔》剧重新设计了一个新的符合时代精神的主题,而这正是郭沫若当初所忽视而后来又急需的。《屈原》的成功与《孔雀胆》的"失败",使郭沫若强烈地意识到"主题"的重要性,此后他一再强调"历史剧的价值不在于题材而在于主题","历史剧不能象照相一样的死板,毫无选择的把题材再

---

[1] 郭沫若:《〈孔雀胆〉的故事》,《郭沫若全集》(文学编)第7卷,人民文学出版社1986年版,第257页。
[2] 郭沫若:《〈孔雀胆〉的润色》,《郭沫若全集》(文学编)第7卷,人民文学出版社1986年版,第274页。
[3] 郭沫若:《〈孔雀胆〉后记》,《郭沫若全集》(文学编)第7卷,人民文学出版社1986年版,第272页。
[4] 郭沫若:《〈孔雀胆〉的润色》,《郭沫若全集》(文学编)第7卷,人民文学出版社1986年版,第274页。

现"[1]等,均与此相关。对于时代精神的关注,使郭沫若极力协调自我与时代的关系,一旦自我立场与时代精神冲突,他也总是主动地以牺牲自我、放弃自我为代价而力求与时代保持一致,以至于创作《蔡文姬》的时候,为了给剧本戴上一顶合乎时宜的冠冕堂皇的大帽子,人为地拔高曹操,替他翻案。

"时代性"是郭沫若创作时的一个重要依据,也是他权衡利弊、褒贬历史人物的一把重要的价值尺度。比如,他肯定屈原,因为他深深地把握了他的时代精神,"时代也真真地玉成了他"[2];他赞扬夏完淳,因为他"这样幼小便注意时事"[3];他称赞柳亚子能够"随着时代的进步而进步",是一位"能够不断革命的诗人"[4];他批评俞平伯不能与时俱进,"俞平伯先生的研究之所以成了问题,是他几十年来,特别是自解放以来,在思想、立场和方法上,都没有什么改变"[5]。他指出,王国维与鲁迅虽然相似的地方很多,但是,有一点王国维远远比不上鲁迅,那就是:"鲁迅随着时代的进展而进展,并且领导了时代的前进;而王国维却中止在了一个阶段上,竟成为了时代的牺牲。"[6]他批评现代中国作家好像磨房里的马,蒙着眼睛在固定的圈子上打来回,看不到时代的主潮,也不善于把握时代的精神,因此少有伟大的作品产生。他强调"伟

---

[1] 郭沫若:《抗战八年的历史剧》,王训昭等编:《郭沫若研究资料》(上),知识产权出版社 2010 年版,第 301 页。
[2] 郭沫若:《屈原时代》,《郭沫若全集》(文学编)第 18 卷,人民文学出版社 1992 年版,第 71 页。
[3] 郭沫若:《由葛露亚到夏完淳》,《郭沫若全集》(文学编)第 19 卷,人民文学出版社 1992 年版,第 177 页。
[4] 郭沫若:《〈柳亚子诗词选〉序》,《郭沫若全集》(文学编)第 17 卷,人民文学出版社 1989 年版,第 334 页。
[5] 郭沫若:《三点建议》,《郭沫若全集》(文学编)第 17 卷,人民文学出版社 1989 年版,第 20 页。
[6] 郭沫若:《鲁迅与王国维》,《郭沫若全集》(文学编)第 20 卷,人民文学出版社 1992 年版,第 308 页。

大的文艺作家，无论古今中外，他都是领导着时代，领导着政治，向前大踏步地走着的"[1]，所以，诗人应抒写时代的大感情，剧作家应作时代的指针，所有的文艺工作者都应该站在时代的最前列，做时代的前茅。

从诗人到战士，从文学家到史学家，从学者到政府官员，郭沫若总是依照时代的需要调整自己的步伐。20世纪40年代，他曾写过一首意味深长的《观〈双面人〉》：

    天地玄黄太极图，
    人情反正有阴阳。
    茗斋不为茶山死，
    毕竟聪明胜知堂。

    死守茶山事可嗤，
    道穷则变费心思。
    阴阳界上阴阳脸，
    识向还如风信旗。

    品罢茶经读易经，
    顿从马将悟人生。
    东西南北随风转，
    谁想牌牌一色清。

---

[1] 郭沫若：《文艺工作的展望》，《郭沫若全集》（文学编）第20卷，人民文学出版社1992年版，第56页。

> 道原是一何曾两?
> 白马碧鸡不是双。
> 识得此中玄妙者,
> 主张穷处不慌张。[1]

他讥讽周作人死守北平,不通世故,不会变通转移,不明白随时转变才能"主张穷处"不慌张。

为了跟上急速发展变化的形势,新中国成立后的郭沫若还不断地修改自己的文章和观点。如1950年,他曾为《武训画传》题词,称武训的出现是一个"奇迹",应该"珍视"。1951年5月20日《人民日报》发表社论《应当重视电影〈武训传〉的讨论》,他立即于6月7日发表《联系着武训批判的自我检讨》,慌忙检讨自己称颂武训的错误,一个多月后,《武训历史调查记》一文在《人民日报》连载,武训被定为大地主、大债主、大流氓,《武训画传》的作者李士钊锒铛下狱,电影《武训传》的导演及演员被迫作检查,他又于8月4日在《人民日报》发表《读〈武训历史调查记〉》,肯定这份《调查记》在澄清文化界和教育界的思想混乱上有很大的贡献。郭沫若认为,作家必须永远跟着党走,抱定这种意识第一主义,他坚信只要意识正确,无论用什么方法、什么形式、取什么材料都好,反之,则无论怎样都一无是处,"总之,要做好文章,首先要有正确的思想,立场和良好的作风"[2];"思想应指导一切,这利他的集体的思想应指导一切,要做为一个诗人或文艺工作者必须彻底地活

---

[1] 郭沫若:《观〈双面人〉》,《郭沫若全集》(文学编)第2卷,人民文学出版社1982年版,第196—197页。
[2] 郭沫若:《关于红专问题及其他》,《郭沫若全集》(文学编)第17卷,人民文学出版社1992年版,第271页。

在这种思想里面。以这种思想为信念，为自己的灵魂，发而为文章，然后才能够成为真正的诗歌与文艺"[1]等等。在他看来，有了正确的意识，又有极好的技巧，或是发明了新的方法、新的形式，使意识和题材合拍而收到最大的效果，这当然是最理想的，但意识正确，形式即使差一点也不要紧。他反对作家把形式问题看得太重，"假如我们承认文艺有艺术性的话，那就是怎样用适合的形式来表现这种高度政治性的内容"[2]，"内容总是占领导地位的，政治第一，这是铁定不移的"[3]。郭沫若认为，世界上没有十全十美的事情，一切都在前进，今天我们认为美的东西，明天说不定又要发生缺陷了，只要能抓住今天，发生了缺陷，以后可以再补。

以今天的标准来从事创作和学术研究，这也使郭沫若好做"翻案文章"。从20世纪20年代到40年代，他写出了一系列翻案文章，推翻了许多历史人物如卓文君、王昭君、殷纣王、吕不韦、王安石、曹操、武则天等的成案。他认为，把握了新时代精神，剧作家就可以推翻历史的成案，对于既成事实加以新的解释，新的阐发，而具体地把真实的古代精神翻译到现代，因为现实并不是现在的事实，历史的事实也不一定真实，真实是我们从现在的立场和观点出发所认识到的真理，因此，这种翻案，是要求历史的真实，是对真理的一种追求。站在今天的立场上，郭沫若不仅翻历史的成案，而且清算过去，不断地翻自己的案，在学术领域中，世所少见。

---

[1] 郭沫若：《如何研究诗歌与文艺》，《郭沫若全集》（文学编）第19卷，人民文学出版社1992年版，第431页。

[2] 郭沫若：《文艺工作的展望》，《郭沫若全集》（文学编）第20卷，人民文学出版社1992年版，第57页。

[3] 郭沫若：《就当前诗歌中的主要问题答〈诗刊〉社问》，《郭沫若全集》（文学编）第17卷，人民文学出版社1992年版，第315页。

第三节 复杂的"双面人"[1]

一、亦儒亦释,出入自由

了解郭沫若的人都知道,他绝不是钻纸堆的书呆子,他有识见,能判断,会取舍,在大是大非的原则性问题上,他有时候也是敢于抗争,无所畏惧的,前如1927年不顾杀身之祸,愤然而起,揭露蒋介石的真面目,后如"文革"时期顶住江青的压力,拒绝撰写批孔批周公的文章等,都说明他是有原则、有判断、有操守的。在中国现代文学史上,郭沫若还以识人深、看事准著称,如他关于鲁迅的韧、闻一多的刚、郁达夫的卑己自牧是"文坛三绝"评论,堪称精妙绝伦。对于历史与现实,他亦曾有清醒过人的洞察力,如他曾指出:"思想与权力结婚时,思想便定于一尊,而人类的自由便受其束缚,三代的往事足以证明,欧西中世纪的黑暗时代也正是这样"、"大凡一种有神论的宗教思想,根据总是很浅薄的。维系它的工具,一方面靠着愚民的蒙昧,一方面也要靠提倡者的人格"[2];"凡在王权集中统治的时代(是宗教上的权威也可以)使一切文艺工作者的笔都集中在对王威神权的歌颂,甚至于歌颂到色情和寺宦,那样的时代便是没有文艺的时代。文艺其

---

[1] 郭沫若:《观〈双面人〉》,《郭沫若全集》(文学编)第2卷,人民文学出版社1982年版,第196—197页。
[2] 郭沫若:《读梁任公〈墨子新社会之组织法〉》,《郭沫若全集》(历史编)第3卷,人民出版社1984年版,第266、267—268页。

形的彻底变了质,文艺其质的萎缩了它的外形,这样的事实在中国历史上不乏例证"[1];"大凡一位开国的雄略之主,在统一固定了之后,便要屠戮功臣,这差不多是自汉以来每次改朝换代的公例"[2]等,凡此种种,都说明郭沫若绝不浅薄幼稚,更非糊涂昏聩。正因此,老舍曾称他是一个"绝顶聪明的人"[3],阳翰笙也认为,虽然郭沫若是诗人出身,但他政治敏锐度很高,跟田汉不同。郭沫若与田汉是老朋友,两人一样有才华,一样忠于党,听党的话,但田汉在政治上的敏锐性就不如郭沫若。

诚然,郭沫若曾多次说自己是一个主观、冲动的人,"我是一个偏于主观的人"、"我自己觉得我的想象力实在比我的观察力强"、"我又是一个冲动性的人"、"我回顾我所走过了的半生行程,都是一任我自己的冲动在那里奔驰;我便作起诗来,也任我一己的冲动在那里跳跃";"我在一有冲动的时候,就好象一匹奔马,我在冲动窒息了的时候,又好象一只死了的河豚"等,[4]但是另一方面,他也比较理性,且善于谋划,正如他在评论郁达夫时所说:"我虽然也是一位冲动性的人,但比起他来,我要矜持得多了,更有打算得多。我做一件事情,每每有点过分的思前想后,而采取保守。在表面看来,我好象是一位急进分子,而达夫倾向于消极,而在我们的气质上,认真说,达夫实在比我更要积极

---

[1] 郭沫若:《文艺与民主》,《郭沫若全集》(文学编)第19卷,人民文学出版社1992年版,第520页。
[2] 郭沫若:《甲申三百年祭》,《郭沫若全集》(历史编)第4卷,人民出版社1982年版,第203页。
[3] 老舍:《我所认识的郭沫若先生》,王训昭等编:《郭沫若研究资料》(上),知识产权出版社2010年版,第378页。
[4] 郭沫若:《论国内的评坛及我对于创作上的态度》,王训昭等编:《郭沫若研究资料》(上),知识产权出版社2010年版,第122页。

得多。"[1] 与同时代的作家相比，郭沫若更具有审时度势的天才和通权达变的政治才能，他多次强调不能让感情跑到了理智的前头，一再指出做事要理智，不能感情用事。透过他对秋瑾和柳亚子的评论，我们可以更清晰地窥探到他性格深处不为人注意的谨慎和练达的另一面。如他称赞秋瑾"不是感情的俘虏，而是感情的主人。她的热烈而绚烂的感情生活的表现，是有着理智的背光"[2]。又如他恭维柳亚子亦狂亦狷，能纵能控，比屈原更伟大，因为"屈原不能彻底控制自己的感情，而终于'象原子弹一样爆炸了'，而亚子先生的原子能有所控制，控制向了生产方面，诗之多而精，可以寿人寿世"[3]。

正因为权衡利害，热情冲动的艺术气质与通权达变的政治才能在郭沫若的身上相得益彰，所以，虽然他曾自比过"屈原"，也相当喜欢陶渊明，但是，他认为无论是近于儒的屈原还是近于道的陶渊明其实都是偏于一端，未得人生的真谛，因此，"认真说来，他们两位都使我喜欢，但他们两位也都有些地方使我不喜欢。诗的风格都不免单调，人的生活都有些偏激，像屈子的自杀我实在不能赞成，但如陶潜的旷达，我也不敢一味恭维。我觉得他们两位都是过于把'我'看重了一点。把自我看得太重，像屈子则邻于自暴自弃，像陶潜则邻于自私自利。众醉独醒固然有问题，和光同尘又何尝没有问题？"[4] 在五言古诗《中国有诗人》

---

[1] 郭沫若：《再论郁达夫》，《郭沫若全集》（文学编）第 20 卷，人民文学出版社 1992 年版，第 289 页。
[2] 郭沫若：《〈娜拉〉的答案》，《郭沫若全集》（文学编）第 19 卷，人民文学出版社 1992 年版，第 218—219 页。
[3] 郭沫若：《〈柳亚子诗词选〉序》，《郭沫若全集》（文学编）第 17 卷，人民文学出版社 1989 年版，第 334 页。
[4] 郭沫若：《题画记》，《郭沫若全集》（文学编）第 19 卷，人民文学出版社 1992 年版，第 226—227 页。

中郭沫若这样写道:

> 中国有诗人,当推屈与陶。同遭阳九厄,刚柔异其操。一如云中龙,夭矫游天郊。一如九皋鹤,清唳澈晴朝。一如万马来,堂堂江海潮。一如微风发,离离黍麦苗。一悲举世醉,独醒赋离骚。一怜鲁酒薄,陶然友箪瓢。一筑水中室,毅魄难可招。一随化俱尽,情话说渔樵。问余何所爱,二子皆孤标。譬之如日月,不论鹏与雕。旱久焦禾稼,夜长苦寂寥。自弃固堪悲,保身未可骄。忧先天下人,为牺何惮劳?康济宏吾愿,巍巍大哉尧。[1]

郭沫若真正佩服的是王阳明,因为王阳明亦儒亦释,出而能入,入而能仁,出入自由而且内外不悖,堪称人中豪杰。其他如王维、白居易、李白、王安石、苏轼等他比较赏识和喜欢的作家大都有与王阳明类似的以儒化释、能进能退的经历。或许正因此,我们在郭沫若20世纪40年代人过中年后创作的大量旧体诗词中也能经常看到禅的面影,如:

> 山容入禅定,烟霞任来往。水静无波澜,林木枝偃仰。识得此中趣,谁为名利想?[2]

> 杨柳青青古渡头,烟波淡淡漾轻舟。闲来袖手无心坐,转觉平

---

[1] 郭沫若:《中国有诗人》,《郭沫若全集》(文学编)第2卷,人民文学出版社1982年版,第264页。
[2] 郭沫若:《山容》,《郭沫若全集》(文学编)第2卷,人民文学出版社1982年版,第238页。

添一段愁。[1]

亭亭玉立晓风前，一片清芬透碧天，尽有污泥能不染，昂头浑欲学飞仙。[2]

在《天地玄黄·人的豢畜者》中，郭沫若还把被人鄙视的"猪"塑造成深得"无我三昧"的涅槃圣者：

呜呼超然。和光同尘，有寿者相。我佛如来苦心修行，因而得之者，而我公则出自天授。是无我三昧，是至上涅槃，玄之又玄，圆之又圆。[3]

佛教认为，破执、无我，才能除烦恼，得解脱，进入"常乐我净"涅槃境界。在佛教中，涅槃的种类很多，通常分为"有余涅槃"和"无余涅槃"两种。"有余涅槃"是指断除贪欲，灭尽烦恼，已灭除生死之因，但作为前世惑业果报的肉身还存在，仍然活在世上，还有思虑活动，因此是不彻底的。"无余涅槃"的境界比"有余涅槃"更高一层。在这一境界中，不仅灭除生死之因，也灭尽生死之果，即不仅作为前世惑业果报的肉体不存在了，而且连思虑也没有了，灰身灭智，了无生死，这是佛教中最高的一种境界。在对涅槃的理解中，大小乘差别很大，小乘佛教视人生为大苦，而把人体消灭、烦恼除尽作为追求的目

---

[1] 郭沫若：《题风景画二首》，《郭沫若全集》（文学编）第2卷，人民文学出版社1982年版，第231页。
[2] 郭沫若：《题画莲》，《郭沫若全集》（文学编）第2卷，人民文学出版社1982年版，第257页。
[3] 郭沫若：《天地玄黄·人的豢畜者》，《郭沫若全集》（文学编）第20卷，人民文学出版社1992年版，第169页。

标，如同灯熄火灭，万事俱了一般，因此，小乘佛教的涅槃、圆寂往往成为"死"的代名词。与小乘不同，大乘佛教认为世间和涅槃本无二致，二者都是"空"，也都是"妙有"，世间的一切，都是真如、实相、佛性的体现，如果人们能认识佛教的这一真理，反本归元，体证佛性，也就达到了涅槃境界。对此，郭沫若是心领神会的，他曾对宗白华说："要有出世的襟怀，方有入世的本领"[1]。他之所以对中国的银杏情有独钟，酷爱非常，"称颂它为中国人之有生命的纪念塔"[2]，不仅在自己的院子里种植银杏，而且曾想把自己的《十批判书》命名为《白果树下书》（白果即银杏），一个重要的原因，正在于他从银杏的身上看到了超然物外而又不隐遁避世的精神，他认为这才是真正的"高僧"。

> 当你那解脱了一切，你那槎枒的枝干挺撑在太空中的时候，你对于寒风霜雪毫不避易。
>
> 那是多么嶙峋而又洒脱呀，恐怕自有佛法以来再也不曾产生过象你这样的高僧。
>
> 你没有丝毫依阿取容的姿态，而你也并不慌伧；你的美德象音乐一样洋溢八荒，但你也并不骄傲；你的名讳似乎就是"超然"，你超在乎一切的草木之上，你超在乎一切之上，但你并不隐遁。[3]

20世纪60年代，站在哲学的高度总结人生经验时，郭沫若再次由衷地感慨，古今中外的大诗人往往既不是简单的悲观派，也不是简单的

---

[1] 郭沫若:《三叶集·致宗白华》,《郭沫若全集》（文学编）第15卷,人民文学出版社1990年版,第127页。
[2] 郭平英:《愿四川有更多银杏》,《郭沫若学刊》1987年第1期。
[3] 郭沫若:《银杏》,《郭沫若全集》（文学编）第10卷,人民文学出版社1985年版,第271页。

乐观派，而是超然的达观派，"达观，超脱的情怀，胜于乐天知命，也胜于悲天悯人。达观是建立在对于宇宙及人生透彻了解的基础之上。以达观视宇宙，则可超越时空，以达观视人间，则可超越生死"[1]。

因为达观，所以"文革"时期的郭沫若对文艺界错综复杂的矛盾纠葛态度比较超脱，正如陈明远所指出，身兼中国科学院院长和中国文联主席的郭沫若对文艺界其实没有拿出过什么领导性的意见，"他的主要精力放在中国科学院，科学院设什么新的研究所，他都要过问"，反"右"以后，他对文艺界的批判出面更少，凡是"文联"的事，他都按周扬的意见（他认为也就是毛主席的意见）办[2]。由此，让人看到，他在自己分管工作中的有所为和有所不为，则又让人看到了他世故精明的另一面，也许或有无奈的一面。

二、逢场作戏，与世浮沉

与巴金、韦君宜等作家相比，可以说，郭沫若的悲剧在于，他明知是假的，但却把假的表演得比真的更夸张，更极端。他像《皇帝的新装》中的孩子一样知道皇帝根本没有什么"新装"，但是，他既不像孩子一样讲真话，也不像根本没有想到皇帝会不穿衣服的大人那样愚鲁、糊涂，只会跟着众人欢呼激动。他什么都知道，但又装着好像什么都没有发现，而跟所有真的什么都没发现的人一样表演自己的虔诚和激动。而且正因为他知道自己是知道真相的，为了掩饰自己的发现，他的表演

---

[1] 郭沫若：《致陈明远》，黄淳浩编：《郭沫若书信集》（下），中国社会科学出版社1992年版，第143页。

[2] 参见陈明远：《高处不胜寒——丁东、陈明远谈郭沫若》，《忘年交——我与郭沫若、田汉的交往》，学林出版社1999年版，第116页。

又比其他人更夸张。

1937年,郭沫若曾写过一篇不大引人注意但又十分重要的文章:《逢场作戏》。他在这篇文章为"做戏"正名。他指出,旧时的人把"戏"看成胡闹的一种东西,所以随随便便地胡闹一下便被叫做"逢场作戏",但从近代人的立场看,"戏"其实是很严肃的。首先,它是一切艺术的综合,音乐、诗歌、绘画、雕塑、建筑等都集中在这里而成为主体的一个结晶。其次,就演戏的人来说,现在的演员也是极其严肃的,他们将自己的一颦一笑全都与戏剧本身融为一体,"演剧者完全为剧中人而灭却了自己"。他认为,这种精神正是近代演剧精神的精华所在,"我们无论做何种事情都希望秉着近代的演剧精神,都希望灭却自己的私心以完成客观的美的世界"。[1] 同时在1944年的旧体诗《喻仿石涛者》中,他对石涛的"游戏在人间,洒脱空四大"[2] 亦欣然表示肯定。

游戏人间的精神在禅宗里比较普遍,著名的《维摩诘经》里的维摩诘即是一个游戏人间且神通广大的在家居士。《维摩诘经·方便品》中说他"虽为白衣,奉持沙门清净律行。虽处居家,不著三界。虽有妻子,常修梵行。虽有眷属,常乐远离。虽服宝饰,而以相好严身。虽复饮食,而以禅悦为味。若至博弈戏处,辄以度人。受诸异道,不毁正信。虽明世典,常乐佛法。一切见敬,为供养中最"。作为在家居士,维摩诘不仅有妻室,而且穿戴饮食与常人别无二致,但他精通佛理,辩才无碍,在俗世的生活中,他超越了内外、人我的诸种分别,摆脱了形形色色的执著,因此,尽管他的生活方式是世俗化的,但在精神上他又

---

[1] 郭沫若:《逢场作戏》,《郭沫若全集》(文学编)第18卷,人民文学出版社1992年版,第178—179页。
[2] 郭沫若:《喻仿石涛者》,《郭沫若全集》(文学编)第2卷,人民文学出版社1982年版,第189页。

时时处处享受着悟道者的轻安愉悦。维摩诘在现实中求超越,在俗世中求解脱的性格、作风和生活方式,对中国士大夫产生了极大的吸引力,由于他的影响,一千多年来,"禅悦"之风一直在文人中盛行不衰,《维摩诘经》亦被士大夫视为枕中密典,正如鲁迅所指出,南北朝时期,士人都有三种小玩艺,其中之一就是《维摩诘经》。即使到了唐代以后,它在士人中亦十分流行。有人把《维摩诘经》同《楞伽经》《圆觉经》并称为"禅门三经",王维、李白、苏轼、王安石等郭沫若所喜爱的文人学者都曾自比过维摩诘,尤其是苏轼,一生遭遇坎坷,经历过常人难以忍受的艰辛,但他能游于物外,虽处患难却无往而不乐,很大程度是得力于他在佛教,特别是研习《维摩诘经》所获得的定力。郭沫若在《儋耳行》中赞苏轼:"宇宙万汇胞与同,我身四大实皆空。我崇释氏与崇孔,亦儒亦释吾所宗。"[1] 苏轼立身以儒,治心以释的人生经历对郭沫若的启发极大,他从小就喜欢苏轼,不仅多次在诗中表达对苏轼的敬佩与向往之情,而且亦曾在《澡室狂吟》中以"金粟如来"自比:"我已久存厌世心,每思涤滤脱尘俗。头上头发如沙弥,人是如来古金粟。"金粟如来,即是维摩诘转世。《维摩诘经》认为,世间一切烦恼的根源在于人们认识上的"虚妄分别",世间、出世间为二,这是人们通常的看法,但菩萨就不作这样的区别,正确的认识应该是"世间性空,即是出世间",同样,"色,色空为二"这是世俗的分别造成的,"色即是空,非色灭空,色性自空",这是菩萨具有的观点。以这种"不二法门"来观世和处世,即可达到世间即出世间的涅槃妙境。《维摩诘经》共列举了三十一对"不二法门",从事物的"有相"、"无相",到认识上的"有知"、"无知",从道德上的善与恶,到宗教上的"有漏"、"无漏",皆由

---

[1] 郭沫若:《儋耳行》,《郭沫若全集》(文学编)第4卷,人民文学出版社1984年版,第186页。

于性空,而可以不作任何区别,如《维摩诘经·入不二法门》云:"我,我所为二,因有我故,便有我所。若无有我,则无我所。"既然"我"是一切痛苦与烦恼的根源,因此只要能彻底消灭"我"的意念,即可消灭一切差别、计较,从而对一切事物等量齐观。在我国传统文化中,孔子儒家及老庄道家都曾主张"无我",所谓"克己复礼"以及齐荣辱、泯物我等,《维摩诘经》则是从理论上对这种人生观给予了更为严密的论证,三者的这一契合,不仅给传统文人学士在宦海沉浮开辟了一条既能明哲保身,又能使心灵保持相对自由、相对清净的途径,也使打通儒释之道的郭沫若如释重负。既然一切罪责、一切堕落均可以从那个实际上无所有的"空"中求得庇护和解脱,那么还有什么禁忌与束缚是不能打破的呢?郭沫若机智过人,聪明绝顶,之所以无所愧色地与世浮沉,应该说,与这种虚无的"做戏"思想是有联系的。

当然,作为一个诗人,圆通应世之余,被压抑在意识底层的"真实自我"仍会不时地露出头角。在郭沫若的旧体诗词和私人信件中,我们不难发现他内心深处的隐痛和不安。如《咏月八首》之四云:"中宵为月留,江畔石凝露。谁解石心悲?眼泪无干处。"[1]又如《和老舍原韵并赠三首》云:"江边微石剧堪怜,受尽搓磨不计年。凝静无心随浊浪,漂浮底事问行船。内充真体圆融甚,外发英华色泽鲜。出水便嫌遗润朗,方知笼竹实宜烟。"[2]

郭沫若的性格中有些地方相当矛盾。比如作为诗人和学者,他在社会舞台上成功地扮演了自己的角色,但内心深处,他也渴望卸下假面,与人坦诚来往,"如果大家都回复到纯真的童心,那多好啊,不要这么

---

[1] 郭沫若:《咏月八首》,《郭沫若全集》(文学编)第2卷,人民文学出版社1982年版,第272页。
[2] 郭沫若:《和老舍原韵并赠三首》,《郭沫若全集》(文学编)第2卷,人民文学出版社1982年版,第341页。

多的假面具，这么多装腔作势的表演。大家都恢复赤子之心吧！纯真，朴实，那是诗歌的最美境界，也是人生的最佳境界"[1]。可以看到，尽管在他生前死后，有不少人指责他虚伪圆滑，但也有不少人称赞他为人热情，朴实开朗，坦率厚重，如巴金就曾说："我同郭老接触多年，印象最深的是他非常真诚，他说话，写文章，没有半点虚假，我想说他有一颗赤子之心。"[2] 老舍亦称赞他"是个五十岁的小孩，因为他永远是那么天真、热烈，使人看到他的笑容，他的怒色，他的温柔和蔼，而看不见，仿佛是，他的岁数。他永远真诚"[3]，郑伯奇更是视他为"长厚的老大哥"[4]。而郭沫若之所以与陈明远成为忘年交，很重要的一个原因就是他喜欢陈明远"是一个单纯的孩子，一片天真。他心里没有那么多污浊，他怎么想就怎么说，怎么说就怎么做。不会说谎骗人，也不会逢迎讨好。十几年了，我确实从心里喜欢他这一点"[5]。他曾感叹自己只有在与陈明远在一起的时候，是有什么说什么，谁也不会做戏，可是一转眼，跟别的人相处时，就不得不逢场作戏了。在给陈明远的信中，他一再称赞陈的诗作"写得非常天真可爱，我很喜欢。你才十四岁，就写出这样的好诗，那是四十岁的成年人做不出来的。希望你继续保持这一片可贵的纯真"[6]；"我要说我生平还不曾见到过这样纯净的天真烂漫的情

---

[1] 参见陈明远：《高处不胜寒——丁东、陈明远谈郭沫若》，《忘年交——我与郭沫若、田汉的交往》，学林出版社1999年版，第18页。
[2] 巴金：《永远向他学习——悼念郭沫若同志》，《文汇报》1978年7月15日。
[3] 老舍：《我所认识的郭沫若先生》，王训昭等编：《郭沫若研究资料》（上），知识产权出版社2010年版，第378页。
[4] 郑伯奇：《回忆创造社》，《文艺报》1959年第6期。
[5] 参见陈明远：《高处不胜寒——丁东、陈明远谈郭沫若》，见《忘年交——我与郭沫若、田汉的交往》，学林出版社1999年版，第18页。
[6] 郭沫若：《致陈明远》，黄淳浩编：《郭沫若书信集》（下），中国社会科学出版社1992年版，第71页。

怀"[1]；"你的信、特别是你活泼可爱的新诗，给我枯燥乏味的生活送来了一股又一股清爽的春风，我衷心地感谢你"[2] 等。

在郭沫若的通信中，给陈明远的信是最为特殊的，而在与郭沫若的多年交往中，陈明远亦深切地感受到了郭沫若性格的矛盾、多元与复杂，"一方面，外向、情欲旺盛、豪放不羁，另一方面，内藏、阴郁烦闷、城府颇深。一方面热诚仗义、另一方面趋炎附势"[3]。正是这种矛盾的性格，使他外圆内方，一方面憎恨虚伪造作，一方面也会见风使舵，虚与委蛇，尤其是他晚年，他一面批判杜甫的"保皇意识"和"每饭不忘君"的愚忠思想，一面又对毛泽东顶礼膜拜极尽歌功颂德之能事；一面主张批评要与人为善，不可求全责备，一面又站在阶级或组织的立场对所谓的"敌人"大张挞伐；一面厌恶假话、空话、套话，一面又大写标语口号的政治诗；一面居高位，享厚禄，一面又有意辞去一切职务，找个清净的角落安下心来好好读些书……

作为天才文人，郭沫若比谁都清楚逢场作戏地写应景文章纯粹是浪费生命，毫无意义，他嘲笑自己"诗多，好的少"[4]，他直言自己的《新华颂》没有多少新意，甚至没有一篇可以称得上是新诗，而他的《百花齐放》则更是"一场大失败"[5]。1963年5月5日在给陈明远的信中，他这样写道：

---

[1] 郭沫若：《致陈明远》，黄淳浩编：《郭沫若书信集》（下），中国社会科学出版社1992年版，第66页。
[2] 同上书，第79页。
[3] 陈明远：《郭沫若的忏悔情结》，《忘年交——我与郭沫若、田汉的交往》，学林出版社1999年版，第111页。
[4] 郭沫若：《致陈明远》，黄淳浩编：《郭沫若书信集》（下），中国社会科学出版社1992年版，第105页。
[5] 同上书，第104页。

> 至于我自己，有时我内心是很悲哀的。我常感到自己的生活中缺乏诗意，因此也就不能写出好诗来。我的那些分行散文，都是应制应景之作，根本就不配称为是什么"诗"！别人出于客套应酬，从来不向我指出这个问题，但我是有自知之明的。你跟那些人不一样，你从小就敢对我说真话，所以我深深地喜欢你，爱你。我要对你说一句我发自内心的真话：希望你将来校正《沫若文集》的时候，把我那些应制应景的分行散文，统统删掉，免得后人耻笑！[1]

长期戴着面具的生活使郭沫若的心灵超负荷地承受异化之苦，他常常感叹"多年以来，我自己不仅没有写出什么象样的诗歌作品，而且几乎把文艺都抛荒了"[2]；"文艺女神离开我愈来愈远了。不是她抛弃了我，而是我身不由己被迫离开了她。有时候，内心深处感到难言的隐衷"[3]。1954年夏，在里海边上，奇幻优美的大自然使他感受到多年未曾感受到的诗意的袭击，但想写诗的时候却苦于力不从心，无奈之余，只能将自己的感受用旧体诗的形式记录在日记本里。其实，从20世纪40年代开始，郭沫若的旧体诗创作即已日益活跃，对此，他曾这样解释：

> 我喜欢诗。但我自己所作的诗，很少有能使我自己喜欢的。
> 进入中年以后，我每每作一些旧体诗。这倒不是出于"骸骨的迷恋"，而是当诗的浪潮在我心中冲击的时候，我苦于找不到适合的形式把意境表现出来。诗的灵魂在空中游荡着，迫不得已只好寄

---

[1] 郭沫若：《致陈明远》，黄淳浩编：《郭沫若书信集》（下），中国社会科学出版社1992年版，第142页。
[2] 同上书，第75页。
[3] 同上书，第77页。

居在畸形的"铁拐李"的躯壳里。

——《新潮·后叙》[1]

作为一个诗人,郭沫若知道写诗最要紧的是一个"诚"字,它来不得半点的虚情假意和矫揉造作,正如他在给陈明远的信中所说,"要写新诗,特别是要写出好的诗,那不仅是技巧问题,更主要的是人格和经历的锤炼"[2],"古今中外有过许多所谓'诗人',他们写作是专为写给别人看的,他们费尽心计,搔首弄姿,但可惜写出来的东西很少有人爱看,他们的致命伤是一个字:假!天然的诗,那些同晨鸟的歌声一样可爱的诗,尽管最初不是为了发表,但却会成为传世的珍品,它们的秘密主要也在于一个字:真!……凡是自称为'职业诗人'者,专靠写诗吃饭的人,其实是很少能写出什么好诗的","我最早在学生时代写《女神》的时候,根本没有想要靠写诗去换稿费,只是觉得心里有很深的感触非写不可。到后来大家都称我是'诗人'的时候,我反倒很难再写出什么好诗了"[3]。正因此,《女神》以后,他反复申明自己早已不是什么诗人了,"我大不高兴别人称我是'诗人'"[4];"好些朋友到现在还称我是'诗人',我自己有点不安,觉得'诗人'那顶帽子,和我的脑袋似乎不大合适"[5]。新中国成立后有人恭维他是"社会主义的歌德",但他

---

[1] 转引自陈明远:《追念郭老师》,《忘年交——我与郭沫若、田汉的交往》,学林出版社1999年版,第15页。
[2] 郭沫若:《致陈明远》,黄淳浩编:《郭沫若书信集》(下),中国社会科学出版社1992年版,第142页。
[3] 同上书,第69页。
[4] 郭沫若:《〈凤凰〉序》,王训昭等编:《郭沫若研究资料》(上),知识产权出版社2010年版,第294页。
[5] 郭沫若:《我的作诗的经过》,王训昭等编:《郭沫若研究资料》(上),知识产权出版社2010年版,第231页。

觉得"这若不是开玩笑,就是种嘲讽"[1]。

郭沫若后期的诗学观点和他的创作实践存在着很大的矛盾,回顾自己的创作经历,他曾发出这样的感叹:

> 歌德说"理想的无法实现,实现的不是理想"乃为人生最痛苦的事。写诗又何尝不如此呢?"想写的无法写出来,写出来的并不是想写的。"烦恼呵,说不出的烦恼呵!我走到哪里,到处人们都恭维我诗人长,诗人短,无非是预备好文房四宝让我应景写大字。一张又一张,没完没了。到各地去参观,必得写;到旅馆住宿,必得写;到荣宝斋看画,必得写;就连到紫竹院食堂吃鱼,也必得写。我哪里还算得上什么"诗人",我成了随喜化缘摇笔杆泼墨水的"写字匠"罢了![2]

但他却无力改变自己的生活方式,因此,只好看着诗歌女神从自己身边飘然而去。

---

[1] 郭沫若:《致陈明远》,黄淳浩编:《郭沫若书信集》(下),中国社会科学出版社1992年版,第99页。
[2] 转引自陈明远:《诗歌——我生命的翅膀》,《忘年交——我与郭沫若、田汉的交往》,学林出版社1999年版,第44页。

第八章　是儒家，但不是儒教徒
——以周作人研究为中心

周作人多次说自己是儒家，但不是儒教徒。把先秦儒家和后世儒教徒区分开来，肯定前者而批评后者，是周作人儒家思想中的一个引人注目的地方。他不仅明确地表示自己厌恶儒教徒，而且认为"儒本非宗教，其此思想者正当应称儒家，今呼为儒教徒者，乃谓未必有儒家思想而挂此招牌之吃教者流也"[1]。与郭沫若的尊孔立场截然不同的是，周作人认为，宋明理学"接受佛教的影响，谈性理则走入玄学里去"[2]，实为儒家思想衰落的一个重要原因。为了使原始儒家中的富于理性和人道的思想精华发挥出来，并在与世界先进文化的交流会通、权衡较量的过程中，形成既有中华文化之特色，又顺应世界潮流的新文明，周作人一生致力于解构儒家思想的宗教性光环，为现代中国的启蒙事业作出了重要贡献。

---

[1]　周作人：《谈儒家》，《秉烛谈》，河北教育出版社2002年版，第149页。
[2]　周作人：《汉文学的传统》，《药堂杂文》，河北教育出版社2002年版，第6页。

第一节　儒教绝不是中国文化的基础

一、"学问根柢是儒家"[1]

早在20世纪30年代，周作人就曾宣称自己"半是释家半儒家"[2]，晚年在总结自己一生思想的来龙去脉时，他再次谈到自己的儒家立场，并将自己一生杂学的归结点概括为"伦理之自然化"和"道义之事功化"。[3]如"我的学问根柢是儒家的，后来又加上些佛教的影响，平常的理想是中庸，布施度忍辱度的意思也颇喜欢，但是自己所信毕竟是神灭论与民为贵论，这便与诗趣相远，与先哲疾虚妄的精神合在一起"[4]；"我从古今中外各方面都受到各样影响，……在知与情两面分别承受西洋与日本的影响为多，意的方面则纯是中国的，不但未受外来感化而发生变动，还一直以此为标准，去酌量容纳异国的影响。这个我向来称之曰儒家精神，虽然似乎有点笼统，与汉以后尤其是宋以后的儒教显有不同"[5]等。

对儒家思想的思考，可以说是贯穿周作人一生的思想红线，从留学日本时批判孔子以儒教之宗，承帝王教法，删诗定礼，"夭阏国民思想

---

[1]　周作人：《两个鬼的文章》，《过去的工作》，河北教育出版社2002年版，第90页。
[2]　周作人：《五秩自寿诗》，《人间世》1934年第1期。
[3]　周作人：《我的杂学》，《苦口甘口》，河北教育出版社2002年版，第97页。
[4]　周作人：《两个鬼的文章》，《过去的工作》，河北教育出版社2002年版，第90页。
[5]　周作人：《我的杂学》，《苦口甘口》，河北教育出版社2002年版，第96页。

之春华,阴以为帝王之右助,推其后祸犹秦火也"[1],到"五四"时期,致力于礼教和三纲伦理的解构,以及20世纪40年代重提作为中国社会政治、文化基础的儒家思想必须经过现代化转型才能适应现代社会的需要,并为中国的现代化提供理论支持,理性、人道、科学始终是周作人儒家思想的基本内核。

周作人认为,中国的儒家文化像古希腊文化一样富于理性,但由于"神道设教"的需要,自然之伦理化的倾向也十分严重。具体来说,这种伦理化的自然观主要表现在以下两个方面。一是将自然儒教化,用儒家的纲常伦理来解释或附会动植物生活,如把猫头鹰说成是不孝鸟,把姑恶鸟说成是不孝妇所变,把上食黄土、下饮黄泉的蚯蚓说成是独善其身的廉士等。二是将自然生物现象道教化,如桑虫化为螟蛉,腐草化为萤火虫等,极尽神秘玄妙之能事。周作人指出,自然之伦理化绝非小事,因为这些传说和迷信"实在都从封建思想生根,可以通到三纲主义上去"[2],因此,绝不可等闲视之。另一方面,考虑到传统中国政治、宗教、伦理三位一体的社会结构始终未曾解体,伦理道德在中国不仅拥有崇高的地位,而且拥有神圣的权威,以至于自古以来"即使有人敢诽谤皇帝,也总不敢菲薄圣人"[3],这也使周作人坚信用科学之光清除附着在传统伦理上的种种谬说误论,使人道从天道的束缚中解放出来,并最终使道德从政教合一的传统中独立出来,是现代中国思想启蒙和道德重建中一项十分重要而不可忽视的工作。

正是从厘清道德与宗教和政治之关系的角度出发,20世纪40年代,

---

[1] 周作人:《论文章之意义暨其使命因及中国近时文论之失》,张铁荣、陈子善编:《周作人集外文》(上),海南国际新闻出版中心1995年版,第38页。

[2] 周作人:《整理抽屉》,《知堂集外文〈亦报〉随笔》,岳麓书社出版1988年版,第759页。

[3] 周作人:《谈文字狱》,《秉烛后谈》,河北教育出版社2002年版,第106—107页。

周作人明确提出了"伦理之自然化"的口号。"伦理之自然化"是周作人在中国现代思想史上最主要的贡献之一，也是他思想中最具特色的部分之一。20世纪40年代，梁漱溟先生在《中国文化要义》一书中亦谈到"中国自有孔子以来，便受其影响，走上了以道德代宗教之路"[1]。为了解构附着在儒家道德身上的超自然神力，近年来李泽厚先生在谈到儒家"半宗教半哲学"[2]的特点时，亦曾强调伦理与宗教的关系必须厘清。虽然李泽厚所提出的将作为个体的内心信仰、修养和情感（宗教性私德）的伦理道德与作为社会的外在行为、准则和制度（社会性公德）区分开来的解构之法，与周作人所提出的通过发展科学，打破"天"的神秘性来使儒家道德从"不具宗教之名而有宗教之实"[3]的传统中脱颖而出的方法不尽相同，但使道德从宗教束缚中解放出来的追求，却是一样的，而且由于周作人对这个问题发现得早，思考得深，强调得多，他在后世的影响也必将随着时代的进步引起越来越多的人的共鸣。

"五四"时期周作人还曾有意识地比较儒家思想与希伯来宗教思想的异同。他认为基督教虽然在压迫思想自由上很有害处，但它所宣扬的"博爱"、"牺牲"、"怜悯"等思想对于我们肃清法家文化的"余毒"，摆脱对"暴力"和"强权"的迷信，解构儒家文化中君权至上，专为强者辩护而不为民争权之不足，以及改变国人缺乏求生意志、不知尊重生命、蔑视人权的病根等，却是极有意义的。过去，我们常常批评"五四"时期的周作人对托尔斯泰的"无我爱"、新村式的"非暴力革命"和"爱之福音"文学的关心和提倡是一种不切实际的乌托邦，并全盘否定。事实上，在这种看似脱离现实的乌托邦里，有着周作人对本

---

[1] 梁漱溟：《中国文化要义》，上海人民出版社2003年版，第125页。
[2] 参见李泽厚：《论语今读·前言》，安徽文艺出版社1998年版，第3—10页。
[3] 任继愈：《论儒教的形成》，《中国社会科学》1980年第1期。

国历史的深刻洞察和对传统中国式的暴力革命及民众造反运动的合法性与合理性的睿智思考。

将儒家思想放在与古希腊、希伯来文化的对比中,考量儒家文化的优长得失,使周作人的视野显得十分开阔。不仅如此,他还自觉地从儒、释、道、法等中华文化内部比较反思儒家文化的优劣得失。周作人认为,中国的儒家实际上是一种化合物,根本的成分只有道家和法家,二者调和乃成为儒,但由于"法家"一直占据上风,所以这种化合在历史上并没有完成。对于后世儒生"加重法家的成分,讲名教则专为强者保障权利"的做法和"谈性理则走入玄学里去"[1]的倾向,周作人极为不满。他多次撰文批判对法家化的酷儒、禅和子化的玄儒和儒家知识分子的道士化倾向,并称赞佛教的理性品格和广大厚重的人生态度,"根本与儒家相通而更为彻底"[2]。对于强权的反抗与对于弱小的同情,使周作人由衷地喜爱大乘菩萨救世济人的弘愿,"觉得其伟大处与儒家所说的尧禹稷的精神根本相同,读了令人感激,其力量似乎比经书还要大些"[3]。他曾多次引用《六度集经》中的"众生扰扰,其苦无量,吾当为地,为旱作润,为湿作筏。饥食渴浆,寒衣热凉。为病作医,为冥作光。若有浊世颠倒之时,吾当于中作佛,度彼众生矣"来表达自己的济世弘愿。印度佛经文学的伟大气象和超迈情怀,使周作人深感"要了解中国的思想和文艺,佛教这一方面的许多东西不可不知道一点"[4],"佛教文学是何等伟大,但是中国学者能有几人是

---

[1] 周作人:《汉文学的传统》,《药堂杂文》,河北教育出版社2002年版,第6页。
[2] 周作人:《我的杂学》,《苦口甘口》,河北教育出版社2002年版,第94页
[3] 周作人:《十堂笔谈》,《立春以前》,河北教育出版社2002年版,第141页。
[4] 周作人:《从小乘戒到大乘戒·译者附记》,《周作人集外文》(下),海南国际新闻出版中心1995年版,第374页。

研究得有成绩，很叫人失望"[1]。

同时，对老庄道家，周作人指出也要具体对待，不能盲目否弃，尤其是庄子的无君论、天道自然论和齐物论等思想，在他看来，对儒家思想的现代转型和现代中国思想的建构具有重要的参考价值。在中国现代文学史上，庄子一直受到主流思想界的激烈批判和否定。提到庄子，人们几乎马上就会把它与"阿Q精神"、"滑头主义"、"混世主义"、"虚无主义"、"悲观主义"、"消极隐逸"等联系在一起，如鲁迅诅咒自己思想上中了"庄周韩非的毒，时而很随便，时而很峻急"[2]，胡适批判庄子的任天、安命、处顺之说"流毒中国最深"[3]，陈独秀指责中国学术文化之所以不发达，坏就坏在"老子以来虚无的个人主义及任自然主义"[4]等。但是最早提出"思想革命"口号的周作人却很少加入对庄子的讨伐，并一再强调在儒家思想的现代转型中，必须增加一些"道家思想的分子"[5]，使之调和渐近自然，这是很耐人寻味的。在"五四"作家中，周作人对老庄道家的态度可以说是相当严肃而别致的，虽然他的道家立场常被他的儒家身份所遮掩，但把他对道家的好感简单地等同于消极隐逸，甚至视为他附逆的主要原因，显然是极大的误解。

---

[1] 周作人：《略谈中西文学》，《周作人集外文》（下），海南国际新闻出版中心1995年版，第438页。
[2] 鲁迅：《写在〈坟〉后面》，《鲁迅全集》（第1卷），人民文学出版社1981年版，第285页。
[3] 胡适：《诸子不出于王官论》，《胡适文集》（第2卷），北京大学出版社1998年版，第185页。
[4] 陈独秀：《虚无的个人主义及任自然主义》，《独秀文存》，安徽教育出版社1987年版，第602页。
[5] 周作人：《苦口甘口》，《苦口甘口》，河北教育出版社2002年版，第9页。

二、抵制儒教

1926年日本子爵清浦奎吾在北京接受记者采访时大谈"儒教是中国文化的基础",引起周作人的关注,并当即著文进行反驳。

> 这是多么谬误的话。……我想告诉他们,儒教绝不是中国文化的基础,而且现在也早已消灭了。他的注重人生实际,与迷信之理性化的一点或者可以说是代表中国民族之优点的,但这也已消灭,现在被大家所斥骂的"新文化运动"倒是这个精神复兴的表示。想理解中国,多读孔孟之书是无用的,最好是先读一部本国的明治维新史。……读了维新的历史,对于当时破坏尝试等等底下的情热与希望,能够理解,再来看现时中国的情状,才能不至于十分误会。倘若凭了老年的头脑,照了本国的标准,贸贸然到中国来,以为找到了经书中的中国了,随意批评一番,那不但是无谓的事,反而要引起两方面的误解,为息事宁人计,大可不必。中国与日本最接近,而最不能互相了解,真是奇事怪事,——此岂非儒教在中作怪之故耶。[1]

儒学,在中日文化交流史上占有极重要的地位。据徐远和先生研究[2],中国儒学东渐日本,最早是以朝鲜为媒介而进行的,公元285年百济博士王仁赴日本,贡献《论语》十卷与《千字文》一卷,日本应神

---

[1] 周作人:《清浦子爵之特殊理解》,《谈虎集》,河北教育出版社2002年版,第343—345页。
[2] 参见徐远和:《儒学在日本的传播和影响》,《文史知识》编辑部编:《儒道佛与传统文化》,中华书局1990年版,第105—106页。

天皇之子稚郎子拜王仁为师而学《论语》，是中国儒学典籍传入日本的开始，此后，以《易》、《诗》、《书》、《礼》、《春秋》等儒学典籍为中心的中国古代思想文化，也陆续通过朝鲜半岛传到了日本。公元607年，日本首次正式派遣小野妹子为遣隋使。第二年，隋炀帝派遣文林郎裴世清为答礼使陪小野妹子返日。隋使归国，日本又派小野妹子送之，并以留学生八人从行。互派使者，直接打开了中日两国文化交流的便捷通道。自公元630年至892年，中方前后共派了十九次遣唐使，历时二百六十余年。遣唐使、遣隋使、留学生、学问僧等归国时，大都带回许多中国文物礼品，其中包括儒学典籍，因此，日本上层社会一般均视中国儒学为统治阶级必备的一种文化修养。13世纪中国宋学开始传入日本，以义理为主的新儒学逐渐取代以明经训诂为主的旧儒学，成为日本儒学发达的主流。14、15世纪，日本兴起了讲习宋学的热潮，自1603年德川幕府的建立，直至明治维新的整个江户时代，可以说是日本儒学发展的全盛时期。

明治维新以后，日本决定以德国为师，走军事强国之路。明治政府认为，儒教已经落后，而德意志帝国与日本相似的地方很多，因此，研究德国之政治、风俗，比研究英法之事更为有益，尤其是"铁血宰相"俾斯麦所说的"方今世界各国，虽以亲睦礼仪相交，但皆是表面名义，于其阴私之处，则是强弱相凌，大小相欺"。以及德国参谋总长毛奇所说的"法律、正义、自由之理虽可保护境内，但保护境外，非有兵力不可。万国公法者，乃是小国之事。至于大国，则无不以其国力来实现其权力"等，都使明治政府相信"可效法者，当以德国为最"[1]。

对于日本明治维新前诸事师法中国，形成一种"礼教"的国，维新

---

[1] 参见吴廷璆主编：《日本近代化研究》，商务印书馆1997年版，第5页。

之后诸事师法德国,形成一种"强权"的国的做法,周作人深不以为然。他指出,如此抉择,除了使日本害民于内,乱世于外,别无益处。日本真要进步,应该另谋出路,在这一点上,他甚至认为"先进"的日本反不如"落后"的中国更有希望,因为中国虽然制度教育上几乎毫无新建设,"得不到维新的利,也还没有种下什么障碍,要行改革可望彻底。譬如建筑,日本是新造的假洋房,中国却还是一片废址,要造真正适于居住的房屋,比将假洋房修改,或者更能得满足的结果。我们所希望的,便是不要在这时期再造假洋房,白把地基糟蹋。"[1]

明治维新是日本走向近代化的开端,在这场具有划时代意义的变革中,日本以自己特殊的方式使自己成为当时世界上唯一的非白人的"宪政国家"[2],这是周作人每提到日本明治维新就格外动情的一个重要原因。他多次在文章中回忆明治维新时期日本的新气象。"我们在明治四十年前后留学东京的人,对于明治时代文学大抵特别感到一种亲近与怀念。……三十年的时光匆匆的过去,大正昭和时代相继兴起,各自有其光华,不能相掩盖,而在我们自己却总觉得少年时代所接触的最可留恋,有时连杂志也仿佛那时看见的最好";[3] "日本是我所怀念的一个地方。……我在东京居住是民国以前的事,自庚子至二次革命这期间大家知道中国的知识阶级以至民党对于日本的感情是并不很坏的。……因为这些缘由我对于日本常感到故乡似的怀念,却比真正的故乡还要多有游行自在之趣。"[4] 日本的进步让周作人看到了同为东亚后进现代化国家的中国的希望和亚洲的希望。当然,也是出于这同一原因,周作人对日本

---

[1] 周作人:《游日本杂感》,《艺术与生活》,河北教育出版社2002年版,第236页。
[2] 参见吴廷璆主编:《日本近代化研究》,商务印书馆1997年版,第284页。
[3] 周作人:《与谢野先生纪念》,《苦茶随笔》,河北教育出版社2002年版,第106页。
[4] 周作人:《日本管窥》,《苦茶随笔》,河北教育出版社2002年版,第139—140页。

20世纪30年代以后政治上日益右倾和法西斯化深感忧虑和不安。"我觉得日本这几年的事情正是明治维新的反动,将来如由武人组织法西斯政府,实际即是幕府复兴";[1] "现时日本之外则不惜与世界为敌,欲吞噬亚东,内则敢于破坏国法,欲用暴烈手段建立法西派政权";[2] "近几年的政局正是明治维新的平反,'幕府'复活,不过是一阶级而非一家系的,岂非建久以来七百余年的征夷大将军的威力太大,六十年的尊王攘夷的努力丝毫不能动摇,反而自己没落了么?"[3]

明治维新以后,日本政府大力推行文明开化政策,翻译出版了许多西方名著,兴起了介绍西方资产阶级思想的热潮。但启蒙思想家对西方自由主义思想的宣传、对儒家思想的批判、对社会改革和教育改革的建议以及自1874年开始兴起的自由民权运动,也引起了思想的混乱和政府的不安。为了巩固天皇政体,明治政府出台了一系列文件和一连串的教育新政策,如《教学大旨》(1879年)、《改正教学令》(1880年)、《幼学纲要》(1880年)、《教育敕语》(1890年)等,极力向国民中灌输"忠君爱国"思想和"移孝作忠"封建伦理,希望用儒家学说来控制和规训国民精神,其中以天皇的侍讲元田永孚和御用哲学家井上哲次郎等为代表的保守派,更是不断地抨击和批判维新以来的新教育是本末倒置,误人子弟。

> 维新以来,俄而模仿欧美文明,教育方法亦用其规则,学科精密,生徒增多,全国面目一变,至近年,法律、理学、经济、工艺,博识多艺之人胜维新之前百倍。然皆外面之装饰,长于才思技能之

---

[1] 周作人:《日本管窥》,《苦茶随笔》,河北教育出版社2002年版,第143—144页。
[2] 周作人:《颜氏学记》,《夜读抄》,河北教育出版社2002年版,第26页。
[3] 周作人:《关于命运》,《苦茶随笔》,河北教育出版社2002年版,第111页。

> 动而我邦之精神魂性乏，道德义勇之根底薄，虽欲养成国家柱石之材而不复可得。……日本举国将成欧美之粉饰人，是皆教育误于本末之故也。[1]

> 明治维新以降，传统道德及宗教等悉遭破坏殆尽。迷途于善恶正邪之巷而不知返者多，社会之缺陷亦难以尽数。……国民之道德风仪每下愈况，直至一八九〇年（明治二十三年）10月30日教育敕语颁布后，始露曙光。[2]

为了使日本教育速返其本，他们竭力阐明重振儒教，以儒家忠孝之道重塑国民精神是当务之急。1879年元田永孚在以"天皇旨意"的名义撰写的《教学大旨》中指出日本今后教育所要遵循的基本方针。

> 教学之要，在明仁义忠孝，究智识才艺，以尽人道。此我祖训国典之大旨、上下一般之教也。然晚近专尚知识才艺，驰于文明开化之末，破品行，伤风俗者不少。所以然者，因维新之始，首以破陋习、广知识之卓见，一时虽取西洋之所长，奏日新之效，其流弊在后仁义忠孝，唯洋风是竟。将来之所恐，终至于不知君臣父子之大义，也未可知。此非我邦教学之本意也。故自今以往，本祖宗之训典，专明仁义忠孝；道德之学，以孔子为主，人人尚诚实之品行；然后各科之学，随其才器日益长进。道德才艺，本末全备，使大中

---

[1] 元田永孚语，转引自刘岳兵主编：《明治儒学与近代日本》，上海古籍出版社2005年版，第181页。
[2] 井上哲次郎语，转引自刘岳兵主编：《明治儒学与近代日本》，上海古籍出版社2005年版，第48页。

至正之教学布满天下，我邦当可以独立之精神，立于宇内而无愧。[1]

《教学大旨》把明治以来道德沦丧、风俗毁坏的主因归结于维新以后教育政策"唯洋风是尚"。1890年明治政府发布的《教育敕语》，标志着明治维新初期被排斥和边缘化的儒教重又回到了"国教"的至尊位置。

> 朕惟念我皇祖宗肇国而宏达，树德而深厚，我臣民克忠克孝，亿兆一心，世世厥美，此乃我国体之精华。教育之渊源亦实存于此。尔臣民孝父母，友兄弟，夫妇相和，朋友相信，恭俭持己，博爱及众，修学习业，以启智能，以成德器，进而广公益、开世务，重国宪，明国法，一旦缓急，必义勇奉公，扶翼天壤无穷之皇运。如是则不啻为朕忠良之臣民，也足以显彰祖先之遗风。斯道也，实我皇祖皇宗之遗训，子孙臣民俱应遵守之。用之古今而不谬，施之中外而不悖。朕尔臣民庶几共奉拳拳服膺，咸其德一。[2]

《教育敕语》字数不多，但对日本的政治和教育所产生的影响却是其他文件所难以匹敌的。在日本，《教育敕语》不仅被经典化、神圣化，书写在金色的纸卷上，置于漆黑漆的匣柜中，而且被颁发到各个公私立学校、幼稚园、图书馆、感化院、养老院等，有些学校甚至在校园内建造了"奉安殿"，悬挂天皇、皇后肖像及《教育敕语》。为了贯彻《教育敕语》，文部省多次下达训令，要求中小学诵读《教育敕语》，1891年

---

[1] 转引自刘岳兵主编：《明治儒学与近代日本》，上海古籍出版社2005年版，第182—183页。
[2] 同上书，第160页。

开始,各小学都要在最庄严显要的地方挂置天皇、皇后的"御像",在学校里所有的庆祝、节日、祭典等仪式上都必须先唱歌颂天皇的《君之代》,然后参拜"御像",捧读《教育敕语》,听校长关于历代天皇文治武功的训话等。这套仪式一直坚持到二战结束,以至半个世纪后仍有许多日本老人能一字不漏地背诵《教育敕语》。[1] 与此同时,学术界、思想界和政界对《敕语》的阐释、解说也是连篇累牍,层出不穷。据了解,至第二次世界大战结束前所出版的阐释《教育敕语》的各种"衍义"书超过了两千种,尤其是御用哲学家井上哲次郎《敕语衍义》对日本现实的教育和政治发生了巨大的影响。[2]

自从《教育敕语》颁布后,日本的教育从小学到大学,从教育方针到教育内容,无不以《教育敕语》为根本宗旨。这一点在日本作家中勘助的小说《银茶匙》中得到了生动的表现。如小说的第十章云:

> 我比什么都讨厌的功课是一门修身。……不知怎的书面也龌龊,插图也粗拙,纸张印刷也都坏,是一种就是拿在手里也觉得不愉快的劣书,提起里边的故事来呢,那又都是说孝子得到王爷的奖赏,老实人成了富翁等,而且又毫无味道的东西。……那时不过十一、二岁的小孩,知识反正是有限的,可是就只照着自己一个人的经验看来,这种事情无论如何是不能就此相信的。我就想修身书是骗人的东西。因此在这不守规矩要扣操行分数的可怕的时间里,总是手托着腮,或是看野眼,打呵欠,哼唱歌,努力做出种种不守规矩的举动,聊以发泄难以抑制的反感。

---

[1] 参见吴廷璆主编:《日本近代化研究》,商务印书馆1997年版,第435页。
[2] 参见刘岳兵主编:《明治儒学与近代日本》,上海古籍出版社2002年版,第49页。

我进了学校以后,听过孝顺这句话,总有一百万遍以上吧。但是他们的孝道的根基毕竟是安放在这一点上,即是这样的受生与这样的生存着都是无上的幸福,该得感谢。这在我那样既已早感到生活苦的味道的小孩能有什么权威呢?我总想设法好好的问清楚这个理由,有一回便对于大家都当作毒疮式的怕敢去碰只是囫囵吞下的孝顺问题发了这样的质问:

"先生,人为什么非孝顺不可呢?"

先生圆睁了眼睛道:

"肚子饿的时候有饭吃,身体不舒服的时候有药喝,都是父母的恩惠。"我说道:

"可是我并不怎样想要生活着。"

先生更显出不高兴的样子,说道:

"这因为是比山还高,比海还深。"我说道:

"可是我在不知道这些的时候还更孝顺呢。"

先生发了怒,说道:

"懂得孝顺的人举手!"

那些小孩们仿佛觉得这是我们的时候了,一齐举起手来。对于这种不讲理的卑怯的行为虽然抱着满腔的愤懑,可是终于有点自愧,红着脸不能举起手来的我,他们都憎恶的看着。我觉得很气,但也没有话可说,只好沉默,以后先生常用了这有效的手段锁住了人家质问的嘴,在我以为避免这种屈辱起见,凡是有修身的那一天总是告假不上学校去了。[1]

---

[1] 参见周作人:《银茶匙》,《秉烛谈》,河北教育出版社2002年版,第90—91页。

只能信，不许疑，给日本培育了成千上万的忠顺"臣民"，而不是具有自主意识和独立批判精神的近代公民，日本儿童在幼年时候所受到的这种精神毒害，成年后要用极大的力气才能改正过来。正是着眼于此，周作人认为，尽管《银茶匙》这部小说在日本并不是很出名，但作者能在小说中"具体地举出忠孝两大问题来"，这首先就是一件十分有意义的事情，更不用说这部小说对近代日本儿童文学的贡献，"好的地方太多了"[1]。笔者认为，周作人在中日战争爆发前，特地著文译介这部重要的作品，应该引起研究者的注意。[2]

三、批评日本的"忠君"教育

"五四"时期，周作人多次对近代日本的"忠君"教育提出批评，"外国人讲到日本的国民性，总首先举出忠君来，我觉得不很的当。日本现在的尊君教育确是隆盛，在对外战争上也表示过不少成绩，但这似乎只是外来的一种影响，未必能代表日本的真精神。"[3] 周作人认为，日本的忠君原是受到中国儒教文化的熏染的结果，虽然近来加上了一层德国的油漆，究竟不是他们自己的永久不会变的国民性。"我看日本文化里边尽有比中国好几倍的东西，忠君却不是其中之一。……日本国民性的优点据我看来是在反对的方向，即是富于人情。"[4] 周作人指出，儒家真正的优点在于它继承并发扬了西周以来的"民为邦本"的爱民重民与

---

[1] 参见周作人：《银茶匙》，《秉烛谈》，河北教育出版社2002年版，第88页。
[2] 在日本最早认识这部作品思想与艺术价值的，是夏目漱石，这也是周作人始终对夏目漱石表示极大的尊重和好感的重要原因之一。
[3] 周作人：《日本的人情美》，《雨天的书》，河北教育出版社2002年版，第118页。
[4] 同上书，第119页。

富民思想，尤其是孟子"民贵君轻"的主张，即使在现今的中国都还很有意义，更不必说在君主专制时代了。[1]《孟子·尽心上》云："民为贵，社稷次之，君为轻。是故得乎民而为天子，得乎天子为诸侯，得乎诸侯为大夫。诸侯危社稷，则变置。牺牲既成，盛既洁，祭祀以时，然而旱干水溢，则变置社稷。"孟子认为，在人民、社稷、君主三者关系中，人民是最重要的，社稷其次，君主最轻，君主只有得到人民的信任才能做天子，如果诸侯危害了国家，保不住他的社稷，那就要废掉他，另立别人。如果祭神用的牺牲都完备，稻粱都干净，又按照一定的时候举行祭祀，但仍然有旱灾水灾，那就要废除原来的社稷，另行建立新的。与孔子不同，孟子虽然也拥护君主制，但他同时也强调天子主事治民的权力应得到民众的认可，他反对"尧以天下与舜"的天下私授说，认为人民可以更换天子，但天子却不能将天下作为自己的私有财产赠与人。在孟子的思想中，民的地位明显较之从前有了提高，而君主的神圣性却相对有所削弱，孟子公开宣称："君之视臣如手足，则臣视君如腹心；君之视臣如犬马，则臣视君如国人；君之视臣如土芥，则臣视君如寇仇。"（《孟子·离娄下》）这样的君臣关系，与后世那种"君叫臣死，臣不得不死"的"愚忠"是不同的。周作人十分欣赏孟子的这种强调拒绝对暴政暴君服务、视暴君为独夫民贼的理论勇气，称之为孟子思想中最闪光的地方之一，"此最显得出孟子的真精神，与其思想的真来源也"[2]。

  但孟子的这种"革命"精神却是日本文化所绝难容忍和接受的，正如日本儒学大家管原道真（845—903）所说："凡神国一世无穷之神妙，非他国之所得而窥知，汉土三代周公之圣经虽然可学，但其革命之国风

---

[1]　周作人：《读孟子》，《谈虎集》，河北教育出版社2002年版，第103—104页。
[2]　周作人：《道德漫谈》，《药堂杂文》，河北教育出版社2002年版，第56页。

所当深加思虑。"[1] 古代日本引进和学习了大量儒家经典，唯独《孟子》一书，在日本不受欢迎，这件事，在周作人看来，意义很是重大。在《和魂汉才》[2] 一文中，他特地把日本学者加藤咄堂在《民间信仰史》中所引《桂堂漫录》中所云，"中国经典中《孟子》一书，或因主张民贵的关系，与日本神道之御意不合，故船中如载有此书，必遭覆没"和中国明代谢在杭《五杂俎》中所记"倭士亦重儒书，信佛书。凡中国之经皆以重价购之，独无孟子。有携此书往者，舟辄覆溺"相印证，希望引起中日学者的注意。但遗憾的是，知音甚少。

明治维新后，日本忠君教育的隆盛和意识形态的保守以及儒教全面复兴带来的向传统迅速回归等，是周作人不能全面认同和接受日本文化，并一再提醒国人要从日本的崛起中吸取教训的一个重要原因。在他看来，近代以来的日本尽管由于经济的近代化而逐步进入发达国家的行列，但是由于政治民主化的滞后，"维新"后的日本实际上仍然带有极其浓厚的专制色彩。20世纪30年代，他之所以不断地在文章中反复（据笔者不完全调查至少有八次）引用永井荷风《江户艺术论》中批评日本现状的文字，绝不是偶然的。

> 我反省自己是什么呢，我非威耳哈伦（Verhaeren）似的比利时人而是日本人也，生来就和他们的运命及境遇迥异的东洋人也。……呜呼，我爱浮世绘。苦海十年为亲买身的游女的绘姿使我泣。凭倚竹窗茫然看着流水的艺妓的姿态使我喜。卖宵夜面的纸灯寂寞地停留的河边的夜景使我醉。雨夜啼月的杜鹃，阵雨中散落的

---

[1] 转引自周作人：《和魂汉才》，《自己的园地》，河北教育出版社2002年版，第169页。
[2] 同上书，第169—170页。

秋天木叶，落花飘风的钟声，途中日暮的山路的雪，凡是无常无告无望的，使人无端嗟叹此世只是一梦的，这样的一切东西，于我都是可亲，于我都是可怀。

……

这暗示出那样暗黑时代的恐怖与悲哀与疲劳，在这一点上我觉得正如闻娼妇啜泣的微声，深不能忘记那悲苦无告的色调。我与现社会相接触，常见强者之极其强暴而感到义愤的时候，想起这无告的色彩之美，因了潜存的哀诉的旋律而将暗黑的过去再现出来，我忽然了解东洋固有的专制的精神之为何，深悟空言正义之不免为愚了。希腊美术发生于以亚坡隆为神的国土，浮世绘则由与虫豸同样的平民之手制作于日光晒不到的小胡同的杂院里。现在虽云时代全已变革，要之只是外观罢了。若以合理的眼光一看破其外皮，则武断政治的精神与百年以前毫无所异。江户木版画之悲哀的色彩至今全无时间的间隔，深深沁入我们的胸底，常传亲密的私语者，盖非偶然也。[1]

明治维新后，日本在政府主导下的复兴儒教、抵制西化的文化选择，给日本的近代化保存了大量的封建糟粕，也为日本日后的发展留下了不可估量的精神隐患。

可以说任何一个走向现代化的国家，都会遇到传统与现代的矛盾，从而产生价值系统的危机与文化重构的问题，对于后进现代化国家来说，这种矛盾可能更尖锐，更复杂，但就日本和中国的现状而言，求知识于世界、发展资本主义、追求自由和民主终究是利大于弊的。明治政

---

[1] 周作人：《关于命运》，《苦茶随笔》，河北教育出版社2002年版，第110—111页。

府及日本知识界、思想界的一些有识之士,一方面意识到在近代化的过程中,西学东渐的结果必然是利害俱来的,另一方面又希望以全面复归传统为目标的"儒教"复古运动,来推动日本的近代化,事实证明,这一选择极不明智。虽然儒教的提倡,在短时间内确实有助于日本政府凝聚民心和民力,但由于儒教文化本身内孕着压制思想自由、蔑视人的基本权利的弊端,因此,倘不对它进行现代性转化,则无论是对于外来先进文化的吸收,还是本土优秀文化传统的保护,更不用说融会二者创造适应现代社会发展的生气勃勃的新文化,都将造成巨大的障碍。而且从日本的实践来看,在某种意义上,明治政府的这一文化选择事实上也为日本20世纪军国主义思想的复活开启了方便之门。正如很多历史学家所指出,众多受过教育的日本兵之所以在"二战"期间表现得就像一群"被全副武装起来的"野兽般没有人性,与近代以来日本人对西方现代文明的学习,更多地只是停留在器物层面上是分不开的。"日本在现代化和西方化的表面下,实际上却仍然是东洋人。日本由封建主义变成帝国主义的速度之快,使它的只想学西方方法而不想学西方价值观的领导人,来不及或者无意去发展自由主义与人道主义"[1]。对西方科技文明的潜心钻研,使近代日本人可以造出大炮飞机,但文化转型的滞后,特别是由于在价值层面没有虚心学习西方的文化,没有形成现代人权观念和人道主义思想,也使得"二战"时期的日本军人如同一个被现代化武器全面武装起来的疯子一样可怕。据史学界研究,在近代日本社会,上级可以随便殴打下级,老师可以殴打学生,丈夫可以殴打妻子,被打者嘴里只能连声喊"是",而不许有丝毫反抗,在军队中,新兵还要时常立正接受军官和老兵的耳光、毒打。"对日本军人来说,残暴是一种生

---

[1] 〔美〕约翰·托兰著,郭伟强译:《日本帝国的衰落》,新华出版社1982年版,第72页。

活方式。在挨上级军官的耳光和拳头时,他们认为是正常的处罚。反过来,他们对下级也拳打脚踢。"[1] 畸形的教育和野蛮的训练把日本军人送进了灭绝人性的地狱深渊,也使日本民族为此付出了高昂的代价。

周作人一向对日本民族之善于学习评价很高,尤其是日本古代学习中国,"唐时不取太监,宋时不取缠足,明时不取八股,清时不取雅片"[2] 等,在他看来是十分难得的。但日本学习中国文化,却把儒家最重要的唯理精神和"革命"思想忽略掉了,不能不说是一个致命的弱点。也正是在这一点上,他说自己永远不可能变成日本人。

> 老实说,日本是我所爱的国土之一,正如那古希腊也是其一。我对于日本,如对于希腊一样,没有什么研究,但我喜欢它的所有的东西。我爱它的游戏文学与俗曲,浮世绘,瓷铜漆器,四张半席子的书房,小袖与驹屐,——就是饮食,我也并不一定偏袒认为世界第一的中国菜,却爱生鱼与清汤。是的,我能够在日本的任何处安住,其安闲决不下于在中国。但我终是中国人。中国的东西我也有许多是喜欢的,中国的文化也有许多于我是很亲密而舍不得的。或者我无意地采集两方面相近的分子而混合保存起来,但固执地不可通融地是中国的也未始没有:这个便使我有时不得不离开了日本的国道而走自己的路。这即是三上博士所说幸亏日本没有学去的那个传统的革命思想。因为这个缘故,无论我怎样爱好日本,我的意见与日本的普通人总有极大的隔阂,而且对于他们的有些言动不能不感到一种愤恨。愤的是因为它伤了我为中国人的自尊心,恨的是

---

[1] 参见李威周:《论日本武士道》,《中日哲学思想论集》,青岛出版社1992年版,第286—287;〔美〕约翰·托兰著,郭伟强译:《日本帝国的衰亡》,新华出版社1982年版,第395页。
[2] 周作人:《日本的衣食住》,《苦竹杂记》,河北教育出版社2002年版,第166页。

因为它动摇了我对于日本的憧憬。[1]

第二节　解构儒教"三纲"

一、解构男子中心的道德

周作人认为,儒教三纲实质上是一种男子中心的道德,因此,尽管辛亥革命推翻了帝制,使中国的君权不复存在,但由于父权与夫权的势力并没有随着帝制的瓦解而自然消亡,所以,在中国,倒掉的三纲伦理及忠孝精神事实上是随时可以复活过来的。"五四"以后,周作人之所以一再涉笔到妇女儿童问题及对父权与夫权的批判,在某种意义上,原因正在于此。

父权的合法性,在历史上,主要来源于血缘关系,因为父母生之、育之、教之,所以子女也应养之、敬之、孝之,以报答父母的养育之恩。在"五四"时期所作《祖先崇拜》等文章中,周作人就对这种以血缘关系来论证父母对子女的绝对支配权和控制权的孝亲观进行了深入的批判和揭露。可以看到,在西方,启蒙思想家在提倡人权反对神权和君权的斗争中亦曾把批判的目光集中到父权上,如卢梭就曾针对许多学者认为专制政治和整个社会都是由父权派生出来的观点,批驳道:"世界上没比父权的温和与专制政治的残暴更相径庭的了,因为父权的行使与其说是为了命令者的利益,毋宁说是为了服从者的利益。依照自然法,

---

[1] 周作人:《日本浪人与顺天时报》,《谈虎集》,河北教育出版社2002年版,第322页。

父亲只是在他的子女还需要他的扶助的时候，他才是他子女的主人。过了这个时期，他们便处于同等的地位了，子女完全脱离父亲而独立，对于父亲只有尊敬的义务而没有服从的义务，因为报恩只是一种应尽的义务，而不是一种可以强求的权利。因此，我们不能说文明社会是从父权派生出来的，相反地，却应该说父权是从文明社会吸取了它的主要的力量。"[1] 卢梭指出从父权推导君权的至高无上性是荒谬的，因为国家与家庭除了它们的首长都有为其成员谋幸福的义务以外，毫无共同之处，"没有对两者都适用的行为规律"[2]。卢梭的这种思想来源于洛克，洛克认为，所有的人都是生而自由的，也是生而具有理性的，儿童由于年龄和身体的原因，主要依靠的父亲的权利的理智而自由，父亲的理智将一直支配着他，直到他长大成人，具有自己的理智时为止，因此，没有任何理由把父母对儿女的这种管教责任引申成为父亲的一种绝对的专横的统辖权。"父母所享有的对于他们的子女的权力，是由他们应尽的义务产生的，他们有义务要在儿童没有长成的期间管教他们。儿女所需要的和父母应该做到的，是培养儿女的心智并管理他们还在无知的未成年期间的行动，直到理性取而代之并解除他们的辛苦为止。……当儿子达到那种使他父亲成为一个自由人的境界时，他也成为一个自由人。"[3] 在洛克眼中，孩子受到父权的束缚和保护，正如在他们孱弱的婴儿期用来缠裹和保护他们的襁褓衣被一样，随着他们的成长，年龄和理性将解脱这些限制，也就是说，父权的目的不是为了限制或取消孩子的自由，而是

---

[1] 〔法〕卢梭著，李常山译，东林校：《论人类不平等的起源和基础》，商务印书馆1997年版，第134页。
[2] 〔法〕卢梭著，何祚康译：《治国与治家》，《走向澄明之境》，上海三联书店1990年版，第157页。
[3] 〔英〕洛克著，叶启芳、瞿菊农译：《政府论》（下），商务印书馆1993年版，第36页。

为了保护和实现这种自由。但是在中国，孝道除要求子女赡养父母外，更要求子女对父母绝对顺从，以至于愚忠愚孝的悲剧层出不穷。

在封建宗法社会，孝子可以直接转化为忠臣。由于忠臣孝子之事君父也必须与节妇烈女之事夫一样，以尽心所事，敬顺尊者为最高原则，因此，对父权的批判又使周作人的伦理解构逻辑地延伸到对夫权的审视上，并一再牵涉到妇女问题。周作人多次强调，妇女问题实在重大，即使妇女自己不说话，有觉悟的知识者也应关心它。"此事不了天下事亦仍是行百里的半九十，种种成功只是老爷们的光荣而已"[1]；"直截的说，凡是以三纲为基本的思想，在现今中国都须清算"。[2]

与"五四"时期相比，20世纪三四十年代周作人对妇女问题的关注，明显地突出了它的政治意义，尤其是对臣妾人格的批判，现实针对性很强。所谓臣，指的是君主时代的官吏，所谓妾，指的是一夫多妻制度下的男子在妻子之外所娶的女子。由于专制社会的君主与大臣的关系，类似于一夫多妻制家庭中的丈夫与妻妾的关系，臣之听命、服从于君主，犹如妻妾之听命、服从于丈夫，所以，中国古代的男性大臣或多或少都有一些"妾"的心态，正如周作人所指出，中国古来诗文中以男女关系比喻君臣的现象之所以那么普遍，如所谓臣妾、所谓处士、所谓忠贞、所谓气节等等，正因为臣子的地位、心态及行为方式与妾妇一致。[3] 据李建中先生研究，在传统社会中，臣妾的角色定位大体上有两类："一是以'臣'之心态为妾的后宫嫔妃，二是以'妾'之心态为臣的大小官吏"[4]。无论为臣，还是为妾，本质上都是做奴仆。按照儒家文化的要

[1] 周作人：《双节堂庸训》，《秉烛谈》，河北教育出版社2002年版，第32页。
[2] 周作人：《老虎桥杂诗·题记》，《老虎桥杂诗》，河北教育出版社2002年版，第6页。
[3] 周作人：《周作人的一封信》，《新文学史料》1987年第2期。
[4] 李建中：《阴阳之间》，东方出版社2009年版，第7页。

求,一女不能事二夫,一臣也不可事二君,否则,都叫做"失节",而只要"失节"了,无论是因为什么原因,即使是情有可原的,也将为正人君子所不齿。对于这种偏枯的伦理,周作人指出:"在古的时候,或者不足以为怪,但是在民国则应有别,国民对于国家民族自有其义分,唯以贞节相比之标准,则已不应存在了。"[1]

首先,周作人指出,夫妇之道重在情与义。在《关于贞女》一文中,周作人用钱振锽《形影楼杂言》中《贞女辩》中的观点来说明这个道理:

> 夫妇之道曷重乎尔?重情与义也,委禽纳币其小焉者也。夫妇居室,情也。夫死不再适,义也。女未嫁,男子死,女别字于人,此常道也。女子未嫁,安所为情,情且无之,义于何有?[2]

周作人对钱振锽的开明极表赞赏。他认为,在中国这样一个在家国同构、君父并尊的"男子中心社会",像钱振锽这样能为妇女说话,并敢于为妇女说话且持论公允合理的,实在廖若星辰,至可珍贵。而他之所以特别推崇敢于驳斥"女人见短,不堪学道"的封建教条,同情寡妇,认为寡妇可以再嫁的李贽,以及"好为妇人出脱"的俞理初,原因亦在于这种见解中包含着极为珍贵的现代思想。

其次,周作人指出,女性被压抑、被侮辱的社会处境亟待改善,有识之士应身体力行地呼吁、促成此事,绝不能袖手旁观或漠然等待。在近代中国,俞理初较早地注意到应该提高妇女的地位,并改善妇女的生

---

[1] 周作人:《周作人的一封信》,《新文学史料》1987年第2期。
[2] 转引自周作人:《关于贞女》,《瓜豆集》,河北教育出版社2002年版,第197页。

存状态，他在《节妇说》《贞女说》《妒非女人恶德论》等文章中，对传统的"节烈观"、"七出说"等道德节律以及纳妾、缠足等落后风俗进行了大胆而激烈的批判："呜呼，男儿以忠义自责则可耳，妇女贞烈，岂是男子荣耀也"[1]；"古言终身不改，言身则男女同也。七事出妻，乃七改矣，妻死再娶，乃八改矣。男子理义无涯涘，而深文以罔妇人，是无耻之论也"[2]；"古有丁男丁女，裹足则失丁女，阴弱则两仪不完。又出古舞屦贱服，女贱则男贱"[3]。俞理初的思想深得周作人之激赏，称赞他是李卓吾之后中国最有思想的人，"没有别人及得的地方"，"在近代中国思想中盖莫能与之比肩"[4]。李越缦曾讥讽俞理初"好为妇人出脱"，"其《节妇说》言，礼云一与之齐终身不改，男子亦不当再娶。《贞女说》言，后世女子不肯再受聘者谓之贞女，乃贤者不思之过。未同衾而同穴，则又何必亲迎，何必庙见，何必为酒食以召乡党僚友，直无男女之分。《妒非女人恶德论》言，夫买妾而妻不妒，是悫也。悫则家道坏矣。明代律例，民年四十以上无子者方听娶妾，违者笞四十，此使妇女无可妒，法之最善者。语皆偏谲，似谢夫人所谓出于周姥者，一笑"[5]。但在周作人看来，这恰恰是俞理初"不可及处"，"试问近一二百年中还有谁能如此说"[6]；"我们生于二十世纪的中华民国，得自由接受性心理的知识，才能稍稍有所理解，而人既无多，话亦难说。妇人问题的究极仍属于危险思想，为老头子与其儿子们所不悦，故至于今终未见有好文

---

[1] 转引自周作人：《关于俞理初》，《秉烛谈》，河北教育出版社2002年版，第4页。
[2] 同上。
[3] 同上。
[4] 周作人：《妇人之笑》，《秉烛谈》，河北教育出版社2002年版，第158页。
[5] 转引自周作人：《关于俞理初》，《秉烛谈》，河北教育出版社2002年版，第3页。
[6] 周作人：《妇人之笑》，《秉烛谈》，河北教育出版社2002年版，第158页。

章也。俞君生嘉道时而能直言如此，不得不说是智勇之士，而今人之虚弱无力乃更显然无可逃遁矣"[1]。

第三，周作人强调女性问题在中国绝非简单的性别问题，而是政治问题。由于自古以来，臣事君犹女事夫，忠孝观与节烈观在精神上息息相通，本质一致，所以，女性问题不解决，中国不可能有真正的进步。用他在《老虎桥杂诗题记》中的话来说即是："中国古来帝王之专制，原是以家长的权威成为其基本，家长在亚利安语义云主父，盖念君父为一者也。民为子女，臣则妾妇，不特佞幸之侍其君为妾妇之道，即殉节兼男女两性而言。之义，亦出于女人的单面道德。时至民国，此等思想本早应改革矣，但事实上则国犹是也，民亦犹是也，与四十年前固无以异，即并世贤达，能脱去三纲或男子中心思想者，又有几人。今世竞言民主，但如道德观念不改变，则如沙上建屋，徒劳无功，而当世倾向，乃正是背道而驰，漆黑之感，如何可言。虽然求光明乃是生物之本性，谓光明终竟无望，则亦不敢信也。"[2] 也正是在这个意义上，周作人说自己是"看重殉道或殉情的人，却反对所谓殉节，以及相关的一切思想"[3]。

从世界各国现代化的实际进程尤其是那些后进现代化国家的情况看，伦理的觉悟和价值观的改造事关重大，对于已经变化发展的社会经济而言，伦理价值观念倘不能随之与时俱进，其反作用必将阻碍社会的发展，正如陈独秀在总结辛亥革命失败教训时所说："盖伦理问题不解决，则政治学术，皆枝节问题。纵一时舍旧而谋新，而根本思想，未尝变更，不旋踵而仍复旧观者，此自然必然之事也。"[4] 以此反观中国的文

---

[1] 周作人：《关于俞理初》，《秉烛谈》，河北教育出版社2002年版，第5页。
[2] 周作人：《老虎桥杂诗题记》，《老虎桥杂诗》，河北教育出版社2002年版，第6—7页。
[3] 同上书，第7页。
[4] 陈独秀：《宪法与孔教》，《陈独秀著作选编》(第一卷)，上海人民出版社2010年版，第248页。

化传统和社会现实,应该说,20世纪30年代周作人对三纲伦理的批判和解构确实在一定程度上抓住了中国现代化之所以长期裹足不前的关键。

二、批判儒教的"忠孝"思想

不过,国难当头,对于有着"家国同构"传统的中国人来说,三四十年代对忠孝伦理的批判和对英雄崇拜论的辨析,尽管合理,也多少有点犯忌,不合时宜。

历史地看,传统的忠孝思想对于稳定封建社会秩序和促进大一统发挥过积极的作用,但另一方面,它也麻醉了人民的思想,使人们沦为君主帝王的驯服的工具而不自觉。其最大的局限和不合理即在于对个人权利和个人尊严的蔑视和践踏。在宗法专制社会,不仅平民百姓作为人的基本权利被剥蚀殆尽,忠孝伦理和三纲精神的束缚也使各级官僚和在上者对皇帝和自己顶头上司的人身依附达到了极为严重的程度。与前者相比,如果说前者是卑贱的奴隶,那么他们无非是"高贵"的奴隶而已,正如梁漱溟所说,权利、自由这类概念,是中国人心目中从来没有的,并且是至今看了不得其解的。对比西方,"自由"一词,在欧洲人是那样明白确实,又那般宝贵珍重,以至于口中笔下行常日用不离,但在中国,人们对于西方人之要求自由、权利、个性解放等,不是"淡漠得很,不懂得要这个做什么",就是"吃惊得很",以为这岂不是要天下大乱。[1] 直到19世纪末,尤其是"五四"时期,觉悟的思想界和知识界才真正意识到东西方民族的根本差异就在于西方社会以个人为本

---

[1] 梁漱溟:《中国文化要义》,上海人民出版社2003年版,第24—25页。

位,东方民族以家族为本位。在西方,"举一切伦理,道德,政治,法律,社会之所向往,国家之所祈求,拥护个人之自由权利与幸福而已。思想言论之自由,谋个性之发展也。法律之前,个人平等也。个人之自由权利,载诸宪章,国法不得而剥夺之,所谓人权是也。人权者,成人以往,自非奴隶,悉享此权,无有差别。此纯粹个人主义之大精神也。……国家利益,社会利益,名与个人主义相冲突,实以巩固个人利益为本因也。"[1] 而在中国,正如陈独秀所说:"自古相传之道德政治,胥反乎是。儒者三纲之说,为一切道德政治之大原:君为臣纲,则民于君为附属品,而无独立自主之人格矣;父为子纲,则子于父为附属品,而无独立自主之人格矣;夫为妻纲,则妻于夫为附属品,而无独立自主之人格矣。率天下之男女,为臣,为子,为妻,而不见一独立自主之人者,三纲之说为之也。缘此而生金科玉律之道德名词,——曰忠,曰孝,曰节,——皆非推己及人之主人道德,而为以己属人之奴隶道德。人间百行,皆以自我为中心,此而丧失,他何足言?奴隶道德者,即丧失此中心,一切操行,悉非义由己起,附属他人以为功过者也。"[2] 对"五四"觉醒的思想界来说,西方社会最令人羡慕和向往的就是对独立人格的尊重和西方人为争取自由、人权而孜孜以求的奋斗精神,正是在这个意义上,他们真诚地相信中国如果要真正建设走出中世纪的现代民主共和国,就必须从深入揭批作为"历代帝王专制之护符"[3] 的儒教专制伦理开始,并尽快"输入西洋社会国家之基础,所谓平等人权之新信

---

[1] 陈独秀:《东西民族根本思想之差异》,《陈独秀著作选编》(第一卷),上海人民出版社2010年版,第194页。
[2] 陈独秀:《一九一六年》,《陈独秀著作选编》(第一卷),上海人民出版社2010年版,第199页。
[3] 李大钊:《自然的伦理观与孔子》,《李大钊全集》(第2卷),河北教育出版社1999年版,第454页。

仰,对于与此新社会新国家新信仰不可相容之孔教,不可不有彻底之觉悟,猛勇之决心,否则不塞不流,不止不行"[1]。

"五四"时期觉醒的思想界和知识界对传统文化中以牺牲人的独立人格为代价的奴隶道德的深入批判,火力之猛,史所罕见。也正是在这一时期,周作人的思想重心由文学转向了现代中国的伦理建设和思想革命:"民国八年《每周评论》发刊后,我写了两篇小文,一曰《思想革命》,一曰《祖先崇拜》,当时并无甚么计划,后来想起来却可以算作一种表示,即是由文学而转向道德思想问题,其攻击的目标总结拢来是中国的封建社会与科举制度之流毒。严格的说,中国封建制度早已倒坏了,这自然是对的,但这里普通所说的封建并不是指那个,实在只是中国上下存在的专制独裁体制,在理论上是三纲,事实上是君父夫的三重的神圣与专横。"[2]

作为启蒙思想家,周作人深刻地意识到儒家忠孝观与现代公民社会的伦理冲突,因此,尽管作为一种社会本位的价值观,儒家伦理在防止个人主义的恶性膨胀,调节人际关系,维持集体、社会的团结,凝聚民族的向心力等方面,并非无所作为,但是忽视个体权利,也使它容易与愚忠愚孝混在一起,为专制主义统治提供思想基础。正是基于这种忧虑,周作人对社会上此起彼伏的英雄崇拜之提倡持始终持保留态度,对于历史上的一些忠臣、孝子或英雄人物,也力图解构其愚忠愚孝的成分,如他批评后人错把诸葛亮视为报君恩的典型和"一姓的忠臣",令人闷损[3];又如他强调只反贪官,不反皇帝,一旦招安又变成鹰犬的水

---

[1] 陈独秀:《宪法与孔教》,《陈独秀著作选编》(第一卷),上海人民出版社2010年版,第252页。
[2] 周作人:《过去的工作》,《过去的工作》,河北教育出版社2002年版,第83—84页。
[3] 周作人:《论语小记》,《苦茶随笔》,河北教育出版社2002年版,第18页。

许英雄,"实际上是学的忠义堂一路"[1]。至于精忠报国的岳飞,在他看来,更有必要还历史之真实。现代史学家对宋高宗利用秦桧、张俊诛杀岳飞,秦桧、张俊又依仗宋高宗剪灭政敌的卑劣行径和险恶阴谋的研究已经相当深入,历史已经证明,宋高宗是迫害岳飞的罪魁,南宋史学家在当时封建专制势力的压抑下,将杀害岳飞的罪名归之于秦桧,后世之人昧于史识,不明就里,以讹传讹,这在周作人看来是极为可惜的。其实早在明代文徵明就在《满江红》中识破其中的机微。

> 拂拭残碑,敕飞字依稀堪读。慨当初依飞何重,后来何酷!果是功成身合死,可怜事去言难赎。最无辜堪恨更堪怜,风波狱!岂不惜,中原蹙,岂不念,徽钦辱,但徽钦既返,此身何属!千载休谈南渡错,当时自怕中原复!彼区区一桧亦何能,逢其欲![2]

文徵明高超的史识和强烈的爱国情怀,深得周作人的赏识,但千载之下能超越俗见,意识到此者,寥寥可数,正是从这个角度出发,周作人说秦桧的案子实在值得翻一下。他指出,秦桧固然暴戾苛酷,心狠手辣,不是一个好东西,但后世人将岳飞之死的罪责一味归结于秦桧,也放过了真正的元凶宋高宗。正如著名的史学家王曾瑜先生所说:"秦桧在中华民族中已背负了千古骂名,是与他的罪恶和劣迹相符的。但若与宋高宗相比,他的罪恶与劣迹还是居次要地位的。然而按照中国代代相传的陋习,人们痛恨奸臣,却又迷信皇帝,本朝史书尽量为皇帝讳恶扬

---

[1] 周作人:《亦报随笔·水浒传》,陈子善编:《知堂集外文·亦报随笔》,岳麓书社1988年版,第19页。
[2] 转引自邓广铭:《岳飞传》,百花文艺出版社2003年版,第409页。

善。"[1] 正是在这个意义上周作人说:"如此国民何以自存,其屡遭权奸之害,岂非所谓物必自腐而后虫生者耶?"[2] 其次,更重要的是,世人崇拜岳飞,固然与他英勇抗金的爱国情操和他高超的军事指挥才能分不开,但这种崇拜的形成则主要是由小说《精忠岳传》所造成的,而在这部小说中的岳飞却完全是一个愚忠愚孝的典型,"简直是听任皇帝宰割,绝无怨尤"[3],与史实相去甚远。随着小说的流行和传播,愚忠愚孝的岳飞走进了千家万户,沉淀在平民百姓的心灵深处,甚至融入他们的潜意识,在周作人看来这是非常可怕的。因此,当社会上兴起一股英雄崇拜热潮时,他明确表示"很不赞成"[4]。

> 英雄崇拜本来也是一件好事情。不过关于英雄的行为应当有两个条件,其一是他们的确是可以佩服,第二是可以做模范,关羽岳飞在社会上很有名望,其实他们只是尽职的武将罢了,其所以特别闻名还是因为《三国演义》与《岳传》鼓吹的关系。[5]

周作人指出,即使要推崇岳飞、关羽,也不能以《三国演义》和《说岳》为依据,同时,对于历史上真实的岳飞,世人也应保持应有的理性和克制的态度,因为作为历史人物,尽管岳飞铁骨铮铮,功高盖世,但他同样没有跳出反暴君、反昏君而不反对君主制本身的历史局限。在某种意义上,岳飞的诤谏拂逆之举不仅无损于君权,反而有益君

---

[1] 王曾瑜:《岳飞和南宋前期政治与军事研究·自序》,河南大学出版社2002年版,第1页。
[2] 周作人:《再谈油炸鬼》,《瓜豆集》,河北教育出版社2002年版,第190页。
[3] 王曾瑜:《岳飞和南宋前期政治与军事研究》,河南大学出版社2002年版,第226页。
[4] 周作人:《关于英雄崇拜》,《苦茶随笔》,河北教育出版社2002年版,第183页。
[5] 周作人:《英雄崇拜》,陈子善、张铁荣编:《周作人集外文》(下),海南国际新闻出版中心1995年版,第445页。

权的稳固，后世统治者对岳飞冤狱的平反和表彰绝不是偶然的。

但是，随着20世纪30年代民族危机的加深，一方面国人渴望从历史、传统中发掘民族文化和民族精神的精华，增强民族自信心，因此，岳飞、关羽、文天祥等历史人物作为民族英雄受到世人的热情赞颂和讴歌，而附着在他们身上的与现代民主政治不相容的君恩臣节的历史局限和思想局限，在历史合理性的遮掩下则很容易被人们有意无意地忽视或淡化。另一方面，由于国民党政府的大力倡导和推行，客观上也为传统的忠孝伦理沉渣泛起提供了环境。蒋介石自1927年上台后，就对德国法西斯主义表现出浓厚的兴趣，他一边邀请德国将领来华担任他的军事顾问，学习德国建立军事独裁专制体制，一边在思想上以法西斯主义为统治基础。在1931年5月5日的国民会议上，他明确提出，当今世界有三种理论，共产主义之政治理论、自由主义之政治理论、法西斯蒂之政治理论。共产主义之政治理论"不适合产业落后情形及中国固有道德"，而"自由主义政治理论"，虽可以实行，但由于中国没有英美长期演进之历史，行之势必发生混乱。只有法西斯主义理论是"系进化阶段中最有效能者"，今日举国所要求者即此"有效能的统治权之行施"[1]。1935年，在推行法西斯主义的宣传受挫后，他又发起新生活运动，要求国民以儒家的"忠孝仁爱"为做人的根本原则，忠于国家，忠于领袖，试图把法西斯主义思想同中国传统伦理道德结合起来，以国家利益的名义来否认、抹杀人的个性和各党派存在的合法性，以加强思想上的控制。全面抗战爆发后，蒋介石进一步鼓吹中国传统伦理道德，他认为，日本之所以能够侵略中国，成为世界五大强国之一，正因为日本以儒家忠君爱国、尚侠好义的武士道为其国魂，日本的"武士道"精神

---

[1] 转引自关海庭主编：《20世纪中国政治发展史论》，北京大学出版社2002年版，第172页。

本来就是从中国学去的,因此,中国倘要复兴,必须把以"忠孝"为根本的儒教精神恢复过来才行,为国家尽全忠,为民族尽大孝,公而忘私,国而忘家。蒋介石以中国传统伦理解释孙中山的三民主义,将孙中山孔子化,三民主义儒学化,从而篡改、阉割三民主义之民主实质和革命精神的做法,受到进步知识界和思想界的抵制。在《苦茶随笔·论语小记》中,周作人写到:"近来拿出《论语》来读,这或者由于听见南方读经之喊声甚高的缘故……我觉得在《论语》里孔子压根儿只是个哲人,不是全知全能的教主,虽然后世的儒教徒要奉他做祖师,我总以为他不是耶稣而是梭格拉底之流亚。《论语》二十篇所说多是做人处世的道理,不谈鬼神,不谈灵魂,不言性与天道,所以是切实,但是这里有好思想也是属于持身接物的,可以供后人的取法,却不能定作天经地义的教条,更没有什么政治哲学的精义,可以治国平天下,假如从这边去看,那么正是空虚了。"[1] 同时,周作人强调,真正代表日本国民优点和长处的绝不是什么"忠君"的武士道,而是富于人性的"人情美":"武士的行为,无论做在小说戏剧里如何壮烈,如何华丽,总掩不住这一件事实,武士是卖命的奴隶。他们为主君为家名而死,在今日看来已经全无意义,只令人觉得他们做了时代的牺牲,是一件可悲的事罢了。"[2]

应该说,对于后进现代化国家来说,既要谋求本国的独立与富强,又要毫不含糊地保护个人自由的基本人权,这确实是极为困难的,但舍此也别无出路。认识到这一点很难,付诸实行更是难上加难。以孙中山为例,作为提倡共和革命于中国的第一人,为使自由的理想变成中国社会的现实,孙中山进行了不屈不挠的斗争,但是作为一个革命家,现实

---

[1] 周作人:《论语小记》,《苦茶随笔》,河北教育出版社 2002 年版,第 14—15 页。
[2] 周作人:《游日本杂感》,《艺术与生活》,河北教育出版社 2002 年版,第 240 页。

斗争的需要又使他在更多的情况下，不得不采取社会本位国家至上的策略，他不止一次地说过，在今天的中国，自由这个名词并不能真的用到每一个人身上，如果用到个人，整个中国便成为一盘散沙，中国革命的胜利便没有希望。欧洲启蒙思想界之所以将争取自由放在主要的地位，是由于欧洲特殊的社会历史条件造成的，而中国原先自由就太多了，以至于民族国家遭受外来压迫时没有了抵抗力，因此，"中国人用不着自由"！中国也不能太过自由，中国所需要的是"国家的自由"，而绝非个人的自由。只有国家和社会获得完全的自由和独立，个人的自由才能真正实现。孙中山认为，中国固有的伦理道德观念如忠孝、仁爱、信义、和平等不仅没有过时，而且经过适当的转换，完全可以拿来为现代社会服务，即使是被"五四"思想界批判的忠孝观念，实际上民国现在也还需要，当然此时的"忠"不是君主个人而是忠于国家，忠于人民。至于"孝"，孙中山认为更是中国的特长，尤其比各国进步得多，《孝经》所讲的"孝"字，几乎无所不包，无所不至，现在世界上最文明的国家讲到"孝"字还没有像中国古人讲得这么完全，这么得体，所以"孝"字更是不能不要的。国民在民国之内，倘若能够把忠孝二字讲到极点，国家便自然可以强盛。[1]

为了谋求国家的独立、自由和富强而倡导牺牲个人的自由，在某种意义上这种主张对孙中山来说更多的还是权宜之计，正如历史学家姜义华所指出："这一认识，凝聚着这位革命家实践过程中最为痛苦的感受，他希望能用这样的理论与实践对他在中国革命与中国社会面前遇到的种种矛盾作出判决。他的思索与他所拟订的方案具有明显的主观色彩，但它们又不是心血来潮的臆想，而是孙中山结合自己痛苦的生命经历，深

---

[1] 参见孙中山：《民权主义第一讲》，《三民主义》，岳麓书社2000年版。

思熟虑反复权衡,方才产生出来的,正因为如此,它们便从一个非常重要的方面,深刻地反映了孙中山为之献身的这场中国革命以及中国社会本身的一系列根本特征。"[1]但是,这也从另一方面表明,在现代中国倡导近代的以个人为本位的国家观远比弘扬中世纪的整体主义国家观更为困难,天时、地利、人和都不允许先觉的启蒙思想家在个人主义的道路上走得太远,周作人的悲剧,在某种意义上,可以说早在"五四"时期就已埋下了伏笔,而20世纪30年代周作人对儒家家族伦理的批判和解构则使他在叛逆的道路上愈行愈远。

三、看重"殉道"、"殉情"而反对"殉节"

1937年北平沦陷后,大批知识分子纷纷南下,周作人以"家累重"为由留在了北平。"舍间人多,又实无地可避,故只苦住。……回南留北皆有困难,只好且看将来情形再说耳";"寒家系累甚重,交通又不便,只好暂苦住于此,绍兴亦无老屋可居,故无从作归计也";"弟以系累甚重,(家中共有九人,虽然愚夫妇及小儿共只三人。)未能去北平,现只以北京大学教授资格蛰居而已,别无一事也。有同事将南行,曾嘱其向王教长蒋校长代为同人致一言,请勿视留北诸人为李陵,却当作苏武看为宜。此意亦可以奉告别位关心我们的人。至于有人如何怀疑或误解殊不能知,亦无从一一解释也。"[2]又如《复某君函促南行》云:"唯鄙人此刻不能移动,因家中人多,北大方面亦特准留平,俟日后再看情形。其实愚夫妇及小儿本来只共三人,而舍弟在沪,妻儿四人不能不由

---

[1] 姜义华:《理性缺位的启蒙》,上海三联书店2000年版,第287页。
[2] 周作人:《与陶亢德书五通》,《宇宙风》第50期,1937年11月。

此间代管，日用已经加倍，若迁移亦非同行不可，则有七人矣。且家母亦仍居平，鲁迅夫人（并非上海的那位）亦在，此二老人亦须有人就近照料，如上述七人有法子可以南行此事亦有问题也。小女已出嫁，现其婿往西安北平大学教书，亦寄寓舍间。鄙人一人即使可以走出，而徒耗旅费，无法筹家用，反不如不动稍可省钱。近来在译希腊文之古神话，向编译会支点款，（前有《希腊拟曲》一册已由该会出版），目下聊可敷衍过去，殊不能有远大计画耳。琐屑家事，不宜妄陈，唯此系实在理由，故述一二。"[1]

与当时许多文人知识分子抛妇别雏奔赴前线参加抗战相比，周作人以家累重为由苦住北平，以至于附逆落水，实为不智。正如日本学者木山英雄所说："留平本身是一件多么重大的冒险，从当年8月郭沫若写的《国难声中怀知堂》一文所流露出的真切担心的语调中，亦可以想象得到。"[2] 据俞芳回忆，周作人也曾想过南下，但禁不住夫人信子等人的阻拦和抗议，后来也就屈服了。"'七七事变'后，周作人看到同事们扶老携幼，纷纷离开北平，思想上也一度犹豫过。待和信子等人一谈，立即遭到反对，他们都不赞成离开北平，认为北平有众多的'日本朋友'，即或日军打进北平城，也不会难为周作人和他的家属的。'平安无事，一动不如一静'"[3]。俞芳的回忆使世人看到了周作人性格中软弱和昏昧的一面。

周作人一生为妇女说话，反抗封建道德，同情弱者，因此，他之苦住北平，不排除不忍舍家中妇孺于不顾这一具体而现实的考虑，所以，"家累重"可能也不完全是托词，不过，这不是他留在北平的最重要的原因。1949年在给周恩来总理的信中，他曾解释说自己的有些行为是

---

[1] 周作人：《复某君函促南行》，《戏言》创刊号，1938年3月20日。
[2] 〔日〕木山英雄著，赵京华编译：《文学复古与文学革命》，北京大学出版社2004年版，第344页。
[3] 俞芳：《谈谈周作人》，《鲁迅研究动态》1988年第6期。

与"反礼教思想"分不开的。

> 礼教吃人都有历史的事实根据,一条条写在书上的,这二千年来中国的道德原是为代表家长的利益而建立的,它的主要纲领便是男子中心的三纲主义。为家长的男子是他们宇宙的中心,妻子都是他的所有,子女应该竭尽其能力供给他,必要时可以变卖作为婢、顶凶或娼妓,病时割肉煎汤,生气时杀死勿论。这是父为子纲,已经够受了,但是说到夫为妻纲更要不得,儿女只是他的财产牲畜,妻妾则是财产牲畜又益是器具,于同样随意处分之外,还加上一种出于珍惜妒忌之意的残虐行为,是这一纲上所特有的。主父死了,妻妾和车马衣服一起的埋入坟墓里,因为他死后还要用的,此其一。遇到战乱的时候,主父也即是后世的官绅士人,第一希望妻妾赶快上吊投河,因为这是他所使用的,不愿意再给别人拿去,他又不能保护,所以死了干净,而且又于他有光荣,等到太平的时候,他可以回来,一面仍旧迎娶三妻四妾,一面又可钉匾造牌坊,旌表节烈,给他家门增加名誉,此其二。这种不平等不人道的道德在社会上继续占着势力,宋朝以后更加盛大,以至于今。[1]

新时期,陈思和先生最早注意到周作人拒绝南下与他不愿意为腐败透顶的国民党尽忠守节的思想有关,并对此进行了深入的、颇有启发性的分析。[2] 这里要补充的是,在周作人的这种决绝行为的背后,有一种相当明显的"无家"意识,是我们不应忽视的,在某种意义上,这也是

---

[1] 周作人:《周作人的一封信》,1949 年作,《新文学史料》1987 年第 2 期。
[2] 陈思和:《关于周作人的传记》,《中国现代文学研究丛刊》1991 年第 3 期。

他并不认为自己必须南下不可的一个重要原因。

周作人对国民党政府的腐败无能可以说是深恶痛绝，在 20 世纪 30 年代的诸多文章中他多次抨击国民党的专制独裁和不抵抗政策，"咒骂别国的欺侮，盼望别国的帮助，都靠不住，还只有自己悔悟，自己振作，改革政治，兴学，征兵；十年之后可以一战，但是大家阿 Q 式的脾气如不能改，则这些老生常谈也无所用，只好永远咒骂盼望而已"[1]；"老实说，我觉得我们现在话已说得太多，文章也写得太多了。我坐在北平家里天天看报章杂志，所看的并不很多，却只看见天天都是话，话，话。回过头来再看实际，又是一塌糊涂，无从说起。一个人在此刻如不是闭了眼睛塞住耳朵，以至昧了良心，再也不能张开口说出话来。我们高叫了多少年的取消不平等条约的口号，实际上有若何成绩，连三十四年前的辛丑条约还条条存在。不知道那些专叫口号贴标语的先生那里去了，对于过去的事可以不必再多说，但是我想以后总该注重实行，不要再想以笔舌成事，因这与画符念咒相去不远，究竟不能有什么效用也"[2]。1933 年 3 月 4 日在写给俞平伯的信中，他批评国民党政府将华北拱手让与日本，"《世界日报》载北大将迁汴，闻之欣然，吾侪教书匠亦居然得列于古物之次而南渡，此非大可喜事乎。不但此也，照此推论下去，大抵幽燕沦陷已属定命，而华夷之界则当在河，——不，非当也，乃是决定的必在河哉，古人所谓天堑然则当指此耳"[3]。1935 年 5 月，讲到现在中国情形之危险，他更为寒心，"近日北方又有什么问题如报上所载，我们不知道中国如何应付，看地方官厅的举动却还是那么样，只管女人的事，头发，袖子，袜子，衣钗等，或男女不准同校，或

---
[1] 周作人:《老生常谈》,《文艺新闻》第 32 号, 1931 年 10 月 19 日。
[2] 周作人:《常识》,《苦竹杂记》, 河北教育出版社 2002 年版, 第 199 页。
[3] 周作人:《与俞平伯君书三十五通》,《周作人书信》, 河北教育出版社 2002 年版, 第 102 页。

男女准同游泳，这都是些什么玩意儿，我真不懂"[1]。同年9月他再次谈到中国问题的严重："中国是我的本国，是我歌于斯哭于斯的地方，可是眼见得那么不成样子，大事且莫谈，只一出去就看见女人的扎缚的小脚，又如此刻在写字耳边就满是后面人家所收广播的怪声的报告与旧戏，真不禁令人怒从心上起也。"[2] 如此倒行逆施、不负责任的政府，在周作人看来实无资格和脸面要求国人为它效忠，因此，他不仅在战前的文章中引述他人的诗表示了自己实际上早已感觉不到"祖国"的存在，"在生我的国里 ／ 反成为无家的人了。／ 没有人能知道罢——／ 将故乡看作外国的 ／ 我的哀愁"[3]，而且在战后对国民党政府极度痛恨和蔑视。在某种意义上，这也是战后周作人认为国民党政府根本没有资格审讯他，要忏悔首先也是政府自己失职，对不起民众的一个重要原因。

　　既然没有祖国，那么离开或不离开北平实际上就都是"流亡"了。对周作人来说，"祖国"是一个有着浓厚政治意味的概念，而不仅仅是一个地域名词。与近代以来的启蒙思想家一样，周作人始终关注并强调"祖国"的政治意义。正如卢梭所说："组成祖国的不是城墙，不是人，而是法律、道德、司法、政府、宪法和由这些事物决定的存在方式，祖国存在于国家与其民众的关系之中，当这些关系没有了，祖国也就成为子虚了"[4]。卢梭认为，人民的爱国热情只是在他成为公民，并获得自由、权利、幸福时才会产生。"如果国家对于他们和对于外国人一样，如果国家只是给他们对任何人都不能不给的东西，他们又怎么会爱

---

[1] 周作人《苦茶随笔后记》，《苦茶随笔》，河北教育出版社2002年版，第195页。
[2] 周作人：《自己的文章》，《瓜豆集》，河北教育出版社2002年版，第171—172页。
[3] 周作人：《怀东京》，《瓜豆集》，河北教育出版社2002年版，第60—61页。
[4] 〔法〕卢梭著，何兆康等译：《走向澄明之境——卢梭随笔与书信集》，上海三联书店1990年版，第274—275页。

国呢？假如他们甚至连社会安全的权利也享受不到，生命、自由和财产都任凭有权力的人们摆布，不能（或者说，不允许他们）得到法律的保障，那就更糟糕了，他们要尽文明社会状态的义务，却连自然状态中的一般权益都享受不到，也不能用自己的力量保护自己，在这种情况下，他们会陷入一个自由的人所能设想的无可再坏的境况。这时，在他们看来，'祖国'两字就是纯然可憎而复可笑的东西了。"[1] 启蒙思想家大多相信，专制之下无祖国，爱国是与自由、民主、人权等理念密切联系在一起的，没有自由，也就没有现代意义上的爱国思想，专制统治绝不可能激发起民众真正的爱国热情。20世纪20年代中后期，以胡适、罗隆基、张奚若等为代表的人权派就曾从这个角度对国民党提出严重警告，"国家的功用，就在保障人权。就在保障国民做人上那些必要的条件。什么时候我的做人的必要的条件失了保障，这个国家，在我方面，就失掉了他的功用，同时我对这个国家就失了服从的义务"，意即人民是国家的主人，国家为人民而存在，人民对国家的服从是有条件的，当国家不为大多数人谋福利，而蜕变为某一家庭或某一集团的私有物时，人民就可以终止对它的服从义务。"简单说起来，国家万能说已破产了。国家这个组织，在20世纪，不过是社会上许多组织中的一个组织而已。它存在的价值，完全以它功用的效能大小为转移。它对人民的威权，是有限制的，不是绝对的。威权限制的范围，就以它的功用为准；人民对国家的服从，是有条件的，不是绝对的。最要的条件，就在保障人权，保障人民生命上那些必须的条件，什么时候，国家这个功用失掉了，人民对国家服从的义务就告终了。"[2]

---

[1]〔法〕卢梭著，王运成译：《论政治经济学》，商务印书馆1962年版，第17—18页。
[2] 罗隆基：《论人权》，转引自《胡适文集》第5卷，北京大学出版社1998年版，第544—545页。

在某种意义上,正是这种国家观使周作人既拒绝追随国民党,又对日本军方的法西斯政权持坚决的否定和批判态度,他之所以一再说自己所怀念的是明治时期的日本,不是偶然的。在周作人眼中,对内压制民权,对外侵略扩张的日本法西斯政府与对内独裁、对外投降的国民党政府实为一丘之貉。早在1928年他就引用挪威人弗里乔夫·南森在获得诺贝尔奖时的答谢词"欧洲现在是落在愚夫们的手里了",说:"老博士的话也是不错的,但欧洲一语似乎可以改为世界。英之路易乔治,法之克利蒙梭,义之莫索利尼,西之利威拉,日之田中义一,中之……(举谁好?)滔滔者天下皆是也:有识者谥之曰愚夫,但他们知道愚民喜欢专制之心理的,这不能不算是英雄。总之,民心是在他们一方面,难怪他们现时(或者永远)的得势。"[1] 后又多次谈到"我觉得现在世界上是反动时代的起头,低文化的各国多趋于专制,中国恐亦难免,且封建思想更深更重,所以社会现象亦并不佳"[2]。这"低文化"的国家中显然既包括了德国、意大利,也包括了后起的日本。在战前的诸多文章中,周作人反复强调中国与日本虽然现在是"立于敌国"的地位,但若离开现时的关系,而论永久的性质,则两者都是生来就和西洋运命境遇迥异的东洋人,"日本与中国毕竟同是亚细亚人,兴衰祸福目前虽是不同,究竟的命运还是一致"[3],并严厉谴责当时的日本"外则不惜与世界为敌,欲吞噬东亚,内则敢于破坏国法,欲用暴烈手段建立法西派政权",实乃开历史的倒车[4] 等,均与此相关。据曹聚仁回忆,陶希圣到香港时,曾请叶公超先生到北平访问周作人,周作人断然说:"日本人是不可靠

---

[1] 周作人:《愚夫与英雄》,《永日集》,河北教育出版社2002年版,第124页。
[2] 参见钱理群:《周作人传》,北京十月文艺出版社1990年版,第362页注释4。
[3] 周作人:《日本的衣食住》,《苦竹杂记》,河北教育出版社2002年版,第167页。
[4] 周作人:《颜氏学记》,《夜读抄》,河北教育出版社2002年版,第26页。

的，千万勿轻信。"因此，曹聚仁认为陶氏的回头与周作人的忠告也是分不开的。[1]

但是，周作人劝别人离开北平，自己却安住不动，以至于最终附逆落水，屈膝事敌，这也是矛盾的。据他自己解释说，主要还是为了实践自己"道义之事功化"的主张，"我想自己如跑到后方去，在那里教几年书，也总是空话，不如在沦陷区中替学校或学生做得一点一滴的事，倒是实在的，我不相信守节失节的话，只觉得做点于人有益的事总是好的，名分上的顺逆是非不能一定，譬如受国民政府的委托去做'戡乱'的特务工作，决不能比在沦陷区维持学校更好。"[2]周作人的解说可与当时的北大校长蒋梦麟先生后来的回忆相印证。据蒋梦麟先生回忆，周作人当时对日本的认识是清醒而深刻的。

> 有一次，一个日本人到北京大学来讲中日文化合作。周作人能讲很好的日语，那天，他跟日本人说："谈到中日文化合作，我没有看见日本人的文化，我倒看见他们的武化。你们都是带着枪炮来的，哪里有文化，只有武化。"日本人也没有法子驳他。[3]

蒋梦麟先生所说的"武化"一事，周作人在1936年11月28日所写的《谈东方文化》[4]一文中也曾有所记述。

---

[1] 陈思（曹聚仁）：《一本书的传奇》，陈子善编：《闲话周作人》，浙江文艺出版社1996年版，第191—192页。
[2] 周作人：《周作人的一封信》，《新文学史料》1987年第2期。
[3] 蒋梦麟：《西潮·新潮》，岳麓书社2000年版，第343页。
[4] 周作人：《谈东方文化》，陈子善、张铁荣编：《周作人集外文》（下），海南国际新闻出版中心1995年版，第465—466页。

> 那里来什么文化呢，你看地上走的是兵官，空中飞的是飞机，只有武化可以看见罢了。……不佞平日总怀疑情，日本是那么富于艺术性的民族，不但如小泉八云所说，能够利用蜈蚣的形色做成小摆设上的优美装饰，就是在平常衣食住方面也随处可见，何以单独在对中国的行为上，特别不知道避免或者可以说是喜欢用种种的丑与拙。在所谓河北自治运动的时候，不知那里来了些老头儿，坐了破汽车奔走请愿，有些日侨也看了摇头，说做得太"脏"了，这比我说丑与拙还要不客气，却也更为切实。我觉得可以声明说，东方文化是早已死绝了，在中国与日本都一样的没有，大家还是老实的凭了物质文明亦即是力来硬挺，且莫说所谓文化，强者说了是脏，弱者说了也不免是丑。
>
> 不过话如讲回来，日本的那种种行为对于中国实在也不全是无益的。一盘散沙似的中国民族近来略略养成了一点民族思想国家观念，这都是受日本之赐。最近如日军的平津大演习，实在可以说是日本自己主办的一个抗日扩大宣传，这是不凭言语文字的，音乐似的空气传染，其效力之大范围之广，胜过一百篇热烈的论文。日本总怪中国要抗日，却不知道宣传最得力的还是他自己，殆所谓目不能自见其睫乎。

或许正是考虑到周作人对日本人认识深刻，且有相当的影响力，"七七事变"后蒋梦麟曾希望周作人不要离开北平。

> 抗战的时候，他留在北平，我曾示意他说，你不要走，你跟日本人关系比较深，不走，可以保存这个学校的一些图书和设备。于是，

他果然没有走，后来因他在抗战时期曾和日本人在文化上合作，被捉起来关在南京。我常派人去看他，并常送给他一些需用的东西和钱。记得有一次，他托朋友带了封信出来，说法庭要我的证据。他对法庭说，他留在北平并不是想做汉奸，是校长托他在那里照顾学校的。法庭问我有没有这件事？我曾回信证明确有其事。结果如何，因后来我离开南京时很仓促，没有想到他，所以我也没有去打听。[1]

校长的希望，加上校长的官方身份，使本来就对是否南下很犹豫，同时又对自己与日军虚与委蛇的力量又还有一定的信心的周作人最终留在了北平。周作人不仅没有南下，而且据说在1937年冬就有了"出山"的念头。新中国成立后据陶希圣的学生武仙卿回忆，抗战爆发后，周作人不仅自己苦住北京，还曾劝说跟随汪精卫的陶希圣要"抱着我不入地狱谁入地狱"的精神追随汪精卫。1939年4月陶希圣在香港持观望态度时，曾派自己往北平向周作人等探询对汪精卫"和平运动"的态度，周作人当时即认为"汪出来可以增加与日本讨价还价的力量"，并声称："在日寇统治下，好人要肯出头做好事，否则都让坏人去干，岂不更糟？"[2]抗战结束后，在审判庭上，周作人也曾谈到"头二等的教育家都走了，像我这样三四等的人，不出来勉为其难，不致让五六等的坏人，愈弄愈糟"[3]。可见，这不是他一时的想法。

但是，作为知识界的领军人物之一，周作人的去留却绝不是个人的私事，这从十八位作家的抗议信就可看出。鲁迅说周作人"昏"，钱理

---

[1] 蒋梦麟：《西潮·新潮》，岳麓书社2000年版，第343—344页。
[2] 武仙卿：《我参加汪伪政权活动的回忆》，转引自蔡德金：《汪精卫评传》，四川人民出版社1988年版，第398页。
[3] 转引自钱理群：《周作人传》，北京十月文艺出版社1990年版，第504页。

群先生在《周作人传》中说，周作人这个人十分固执、顽梗，应该说，这种"昏"和"顽梗"在留平一事上表现得十分突出。留平实为周作人一生中最大的不幸和遗憾。正如谢兴尧所说："周作人失足，本身的软弱是其主因，久负盛名，够上为侵略者所利用的人物，亦其因素。历史上此种先例，不胜枚举，如明末清初的两位大文学家、大诗人钱谦益和吴伟业（梅村）……古今情势虽异，被迫相从则同，知堂处境与钱、吴相似，亦系为盛名所累，北大教授留平者多矣，复校后仍回北大任教，人无异辞。周作人的毁灭，其致命伤在未能南行，留居沦陷区域竟至沉沦，一念之差，终身莫赎，知堂当悔恨不已，吾人对之亦惋惜不置，人生悲剧也。"[1]"盛名所累"一度被周作人当作与日本人讨价还价的本钱，但被日本侵略者利用的耻辱及其恶劣的影响，其代价却绝不是他个人所负担得起的。

从某种意义上说，周作人的落水确为他苦住北平的必然结果，正因此朱光潜先生说他"这种不见机实在是很可惋惜的"[2]。周作人的附逆落水，使后方文化界、思想界的爱国人士极为震惊，包括那些喜爱他的作品又同情他的处境且同在沦陷区的民众亦对此深感耻辱。如后来与他有深交的徐沆就曾这样回忆："我从学生时代起遍读周作人战斗的和闲适的作品，像耽读鲁迅的每一篇文章一样，对周氏昆仲的爱敬之心也不分轩轾；自北平沦陷，他既然舍不得离开苦茶庵去西南或西北于先，隐居了几年被拉落水之后，便遭了无可避免的厄运。但我在沦陷区吃着卖文、教书、做小公务人员的饭，对他之附逆的反感便不如冰清玉洁的文化人之甚。不过由于他的地位和影响与众不同，在他确是饿死事小、失

---

[1] 谢兴尧：《回忆知堂》，陈子善编《闲话周作人》，浙江文艺出版社1996年版，第34页。
[2] 朱光潜语，转引自钱理群：《周作人传》，北京十月文艺出版社1990年版，第434页。

节事大,我当时除了为他惋惜,心里也有些不敬。"[1]

由于附逆本身构成了对侵略者的暴行支持,因此,无论动机如何,历史的罪责是推卸不掉的。当然,另一方面,我们也应看到,周作人的附逆落水确实在一定意义上内在地蕴涵着形式的犯罪、不合理(当汉奸)与实质的合理性(反抗宗教性的节烈观)的矛盾,因此,尽管附逆使周作人的形象在世人心目中大打折扣,以至于他的一些原本较为合理的,至少有讨论和辨析价值的思想和观点也被人弃若敝屣,尤其是他对忠孝伦理的批判很容易让人联想到这是他落水的思想前提和他的狡辩,但是我们还是应该指出,作为中国现代文学史上真正觉悟的启蒙思想家,周作人对礼教纲常的反抗值得后人仔细研究,从而获得真正的历史启迪和教训。

---

[1] 徐淦:《忘年交琐记》,陈子善编:《闲话周作人》,浙江文艺出版社1996年版,第126页。

结 语

本书主要从儒教的角度探究中国现代文学的现代性与宗教性的复杂关系。本书所说的"现代性"主要是指在启蒙运动中形成的理性批判思想。启蒙运动是欧洲继文艺复兴运动之后的第二次思想解放运动。启蒙的口号是"理性"。启蒙思想家认为,迄今为止的人们处于黑暗之中,应该用理性之光驱散黑暗,把人们引向光明。启蒙思想家以"理性"代替"上帝"的权威,视人的理性为衡量一切的尺度,正如恩格斯所说:"他们不承认任何外界的权威,不管这种权威是什么样的。宗教、自然观、社会、国家制度,一切都受到了最无情的批判;一切都必须在理性的法庭面前为自己的存在作辩护或者放弃存在的权利。"[1]

启蒙思想家用理性寻求知识,反对盲目崇拜,主张信仰自由和宗教宽容,树立了理性的权威。他们用人性对抗神性,反对宗教禁欲主义,坚信人是为现实的、现世的幸福而活着的,既不是为了"神"的目的而活着,也不应该为"神"而牺牲眼前幸福的生活,要求人们从宗教的束缚中解放出来。启蒙思想家批判宗教维护社会不平等秩序,它的道德教条不仅导致社会道德的普遍堕落,而且剥夺了人的自由权利,扭曲

---
[1] 《马克思恩格斯选集》第3卷,人民出版社2001年版,第404—405页。

了人的自然本性,因此,只有打倒宗教神学,人们才能够回到自由平等的自然状态。霍尔巴赫说:"宗教观念无论对君主或人民的甚至都有同样的蒙蔽作用,这些观念绝对不会使他们正确地认识他们的真正义务和他们的真正利益。一方面宗教总是培养专横无道的暴君,另一方面又总是培养俯首帖耳被迫服从这些暴君的奴隶。"[1]卢梭大声疾呼:"每个人都是生而自由、平等。"[2]启蒙思想家揭露和批判正是宗教造成不同信仰之间的仇恨。"宗教不但没有使人联合起来,反而把他们分裂了;人们不但没有互相亲爱,彼此帮助,反而时常为了一些同样没有道理的意见而互相争执、互相轻视、互相仇恨、互相迫害、互相残杀。他们在宗教和观念中的一点点分歧,就使他们从此成为敌人,在利害关系上把他们分开,使他们处于不断地争吵之中。为了一些神学上的臆说,一些民族和另一些民族便誓不两立;君主防范着自己的属下;公民对自己的同胞兵戎相见;父辈厌弃自己的子女,子女则利剑残杀自己的父兄;夫妇离异,亲属不相认,一切联系都被断绝了;社会亲手把自己撕毁。可是就在这些吓人的混乱中,每个人却都硬说自己是符合于所侍奉的上帝的心愿的,而且对于为了上帝的缘故而犯的那些罪恶,谁也不肯对自己加以任何责备。"[3]启蒙思想家要求把社会建立在理性的基础上,提倡"天赋人权",主张一切人都具有追求生存、追求幸福的权利,这种权利是天赋的,不能被剥夺,正是为了保护人的天赋权利,人们组建了国家。

在西方,启蒙思想家的批判矛头主要对准的是基督教,正是在对宗教的批判和反思中,西方现代思想精髓的个人主义、自然权利、平等博

---

[1] 〔法〕霍尔巴赫著,王荫庭译:《健全的思想》,商务印书馆1996年版,第147页。
[2] 〔法〕卢梭著,李常山译:《论人类不平等的起源和基础》,商务印书馆1982年版,第83页。
[3] 〔法〕霍尔巴赫著,管士滨译:《自然的体系》(下卷),商务印书馆1986年版,第200—201页。

爱、自由民主等得到了阐明和确认。启蒙运动所宣传的天赋人权、三权分立、自由、平等、民主和法制的思想，不仅为法国大革命作了充分的思想准备，而且对19世纪以后的中国现代化转型产生了重大影响。与之不同的是，中国没有国教，宗教性背景也不突出，所以在很长一段时间，人们在思考20世纪中国文学的现代性时，宗教性的话题并未引起人们足够的重视。本书认为，在20世纪中国现代文学史上也有一个有中国特色的宗教问题，那就是没有宗教之名却有宗教之实的"儒教"与20世纪中国现代文学的关系问题。本书以个案研究的方式对中国现代文学的现代性与宗教性的复杂关系展开了系统、深入的探究。本书认为，20世纪中国现代文学之不足确实与儒教密切相关，但是解决的出路并不是简单地否定宗教或皈依宗教，而是确立现代公民意识，将"五四"启蒙进行到底。

参考文献

〔英〕阿伦·布洛克著，董乐山译：《西方人文主义传统》，生活·读书·新知三联书店1997年版。

〔英〕阿利斯科·E.麦克拉格思著，王毅译：《科学与宗教引论》，上海人民出版社2000年版。

〔英〕埃里克·霍布斯鲍姆著，李金梅译：《民族与民族主义》，上海人民出版社2000年版。

〔英〕艾瑞克·霍布斯鲍姆著，郑明萱译：《极端的年代》，江苏人民出版社1999年版。

巴金：《巴金全集》（第1—26卷），人民文学出版社2000年版。

〔美〕贝拉著，王晓山、戴茸译：《德川宗教：现代日本的文化渊源》，生活·读书·新知三联书店1998年版。

〔英〕以塞亚·柏林著，冯克利译：《反潮流：观念史论文集》，译林出版社2002年版。

蔡元培：《蔡元培全集》（第1—7卷），中华书局1984年版。

陈独秀：《陈独秀著作选编》（第1—6卷），上海人民出版社2010年版。

陈来：《古代思想文化的世界——春秋时代的宗教、伦理与社会思想》，生活·读书·新知三联书店2002年版。

〔日〕村上重良著，聂长振译：《国家神道》，商务印书馆1990年版。

戴康生、彭耀主编：《宗教社会学》，社会科学文献出版社2000年版。

〔英〕W.C.丹皮尔著，李珩、张今校译：《科学史及其与哲学和宗教的关系》，广西师范大学出版社2001年版。

丁守和主编：《中国近代启蒙思潮》，社会科学文献出版社1999年版。

〔美〕杜维明著，盛勤、钱文忠译：《道、学、政——论儒家知识分子》，上海人民出版社2000年版。

〔美〕杜赞奇著，王宪明译：《从民族国家拯救历史：民族主义话语与中国现代史研究》，社会科学文献出版社2003年版。

〔德〕恩斯特·卡西尔著，范进译：《国家的神话》，华夏出版社2003年版。

方立天：《中国佛教哲学要义》，中国人民大学出版社2002年版。

费成康主编：《中国的家法族规》，上海社会科学院出版社1998年版。

〔德〕费希特著，梁志学、沈真译：《论学者的使命 人的使命》，商务印书馆2003年版。

冯天瑜、谢贵安：《解构专制》，湖北人民出版社2003年版。

〔英〕弗里德里希·A.哈耶克著，冯克利译：《科学的反革命：理性滥用之研究》，译林出版社2003年版。

〔美〕弗里德里希·沃特金斯著，黄辉、杨健译：《西方政治传统》，吉林人民出版社2001年版。

傅斯年：《傅斯年全集》（第1—7卷），湖南教育出版社2003年版。

〔日〕福泽谕吉著，群力译：《劝学篇》，商务印书馆1984年版。

葛兆光：《中国思想史》（第1—3卷），复旦大学出版社2001年版。

耿云志等：《西方民主在近代中国》，中国青年出版社2003年版。

郭沫若：《郭沫若全集》（第1—19卷），人民文学出版社1982—1992年版。

郝彬、欧阳哲生主编：《五四运动与二十世纪的中国》，社会科学文献出版社2001年版。

胡景钟、张庆熊主编：《西方宗教哲学文选》上海人民出版社2002年版。

〔荷〕霍伊卡著，丘仲辉译：《宗教与现代科学的兴起》，四川人民出版社1999年版。

胡适：《胡适文集》（第1—12卷），北京大学出版社1998年版。

〔日〕家永三郎著，刘绩生译：《日本文化史》，商务印书馆1992年版。

蒋述卓：《宗教艺术论》，文化艺术出版社2005年版。

蒋述卓：《宗教文艺与审美创造》，暨南大学出版社2005年版。

金亚娜：《充盈的虚无：俄罗斯文学中的宗教意识》，人民文学出版社2003年版。

〔德〕卡尔·白舍客著，静也等译：《基督教伦理学》，上海三联书店2003年版。

〔英〕克里斯托弗·道森著，长川某译：《宗教与西方文化的兴起》，四川人民出版社1989年版。

〔英〕昆廷·斯金纳著，奚瑞森、亚方译：《近代政治思想的基础》，商务印书馆 2002 年版。

老舍：《老舍全集》（第 1—20 卷），人民文学出版社 1999 年版。

梁漱溟：《梁漱溟全集》（第 1—4 卷），山东人民出版社 1989 年版。

梁启超：《饮冰室合集》，中华书局 1989 年版。

〔美〕列文森著，郑大华、任菁译：《儒教中国及其现代命运》，中国社会科学出版社 2000 年版。

刘大椿：《科学哲学》，人民出版社 1998 年版。

刘勇：《中国现代作家的宗教文化情结》，北京师范大学出版社 1998 年版。

刘岳兵主编：《明治儒学与近代日本》，上海古籍出版社 2005 年版。

刘岳兵：《日本近代儒学研究》，商务印书馆 2003 年版。

刘再复、林岗：《罪与文学》，中信出版社 2011 年版。

李申：《中国儒教史》，上海人民出版社 2000 年版。

李喜所：《中国近代社会与文化研究》，人民出版社 2003 年版。

李泽厚：《历史本体论 己卯五说》，生活·读书·新知三联书店 2001 年版。

李泽厚：《世纪新梦》，安徽文艺出版社 1999 年版。

李泽厚：《论语今读》，安徽文艺出版社 1998 年版。

李泽厚：《中国古代思想史论》，安徽文艺出版社 1994 年版。

罗秉祥、万俊人编：《宗教与道德之关系》，清华大学出版社 2003 年版。

〔德〕鲁道夫·奥托著，成穷译：《论"神圣"》，四川人民出版社 1995 年版。

〔法〕卢梭著，李常山译：《论人类不平等的起源和基础》，商务印书馆 1997 年版。

〔法〕卢梭著，何兆武译：《社会契约论》，商务印书馆 1987 年版。

〔英〕洛克著，叶启芳、瞿菊农译：《政府论》（下篇），商务印书馆 1994 年版。

鲁迅：《鲁迅全集》（第 1—16 卷），人民文学出版社 1981 年版。

罗志田：《乱世潜流：民族主义与民国政治》，上海古籍出版社 2001 年版。

罗志希：《科学与玄学》，商务印书馆 1999 年版。

〔德〕卢克曼著，覃方明译：《无形的宗教：现代社会中的宗教问题》，中国人民大学出版社 2003 年版。

〔德〕马克斯·韦伯著，林荣远译：《经济与社会》（上、下），商务印书馆 1998 年版。

〔德〕马克斯·韦伯著，冯克利译：《学术与政治》，生活·读书·新知三联书店 1998 年版。

〔德〕马克斯·霍克海默、西奥多·阿道尔诺著，渠敬东、曹卫东译：《启蒙辩证法》，上海人民出版社 2003 年版。

马佳：《十字架下的徘徊》，学林出版社 1995 年版。

〔英〕马林诺夫斯基著，费孝通译：《文化论》，华夏出版社 2002 年版。

马丽蓉：《20 世纪中国文学与伊斯兰文化》，安徽教育出版社 2000 年版。

茅于轼：《中国人的道德前景》，暨南大学出版社 2008 年版。

〔美〕迈尔威利·斯图沃德编，周伟驰等译：《当代西方宗教哲学》，北京大学出版社 2001 年版。

〔英〕麦格拉斯编，苏欲晓等译：《基督教文学经典选读》（上、下），北京大学出版社 2004 年版。

〔罗马尼亚〕米尔恰·伊利亚德著，王建光译：《神圣与世俗》，华夏出版社 2002 年版。

牟钟鉴、张践：《中国宗教通史》（修订本）（上、下），社会科学文献出版社 2003 年版。

〔日〕木山英雄著，赵京华译：《文学复古与文学革命——木山英雄中国现代文学思想论集》，北京大学出版社 2004 年版。

〔俄〕尼·别尔嘉耶夫著，雷永生、邱守娟译：《俄罗斯思想》，生活·读书·新知三联书店 1995 年版。

〔英〕尼尼安·斯马特著，高师宁等译：《世界宗教》，北京大学出版社 2004 年版。

彭国翔：《儒家传统：宗教与人文主义之间》，北京大学出版社 2007 年版。

〔加〕秦家懿、〔德〕孔汉思著，吴华译：《中国宗教与基督教》，生活·读书·新知三联书店 1990 年版。

任继愈等著：《儒教问题论争集》，宗教文化出版社 2000 年版。

〔荷〕斯宾诺莎著，温锡增译：《神学政治论》，商务印书馆 1997 年版。

〔日〕松本三之介著，李冬君译：《国权与民权的变奏：日本明治精神结构》，东方出版社 2005 年版。

宋剑华：《基督精神与曹禺戏剧》，湖南师范大学出版社 2000 年版。

孙中山：《孙中山选集》，人民出版社 1981 年版。

谭桂林、龚敏律：《百年宗教与文学》，湖南教育出版社 2002 年版。

唐士其：《西方政治思想史》，北京大学出版社 2002 年版。

王本朝：《二十世纪中国文学与基督教文化》，安徽教育出版社 2000

年版。

王家骅：《儒家思想与日本文化》，浙江人民出版社1990年版。

王健：《"神体儒用"的辨析：儒学在日本历史上的文化命运》，大象出版社2002年版。

王列耀：《宗教情结与华人文学》，文化艺术出版社2005年版。

〔美〕威廉·詹姆士著，唐钺译：《宗教经验之种种——人性之研究》，商务印书馆2002年版。

温儒敏：《中国现代文学批评史》，北京大学出版社1993年版。

〔法〕让-皮埃尔·韦尔南著，余中先译：《神话与政治之间》，生活·读书·新知三联书店2001年版。

吴承学：《晚明小品研究》，江苏古籍出版社1999年版。

吴承学：《中国古代文体学研究》，人民出版社2011年版。

吴廷璆主编：《日本史》，南开大学出版社1994年版。

吴廷璆：《日本近代化研究》，商务印书馆1997年版。

吴虞：《吴虞集》，四川人民出版社1985年版。

〔美〕夏志清著，刘绍铭等译：《中国现代小说史》，复旦大学出版社2005年版。

许纪霖编：《二十世纪中国思想史论》（上、下），东方出版中心2000年版。

许志英、邹恬主编：《中国现代文学主潮》（上、下），福建教育出版社2001年版。

〔法〕雅克·勒戈夫著，张弘译：《中世纪的知识分子》，商务印书馆1996年版。

杨剑龙：《旷野的呼声》，上海教育出版社1998年版。

杨宁一：《日本法西斯夺权之路》，北京师范大学出版社2000年版。

姚新中：《儒家与基督教——仁与爱的比较研究》，中国社会科学出版社2002年版。

〔日〕源了圆著，郭连友、漆红译：《日本文化与日本人性格的形成》，北京出版社1992年版。

袁伟时：《告别中世纪》，广东人民出版社2004年版。

〔英〕约翰·H.布鲁克斯著，苏贤贵译：《科学与宗教》，复旦大学出版社2000年版。

〔美〕约翰·惠特尼·霍尔著，邓懿、周一良译：《日本——从史前到现代》，商务印书馆1997年版。

〔美〕约翰·托兰著，郭伟强译：《日本帝国的衰亡》（上、下），新华出版社1982年版。

〔美〕约翰·希克著，王志成译：《第五维度：灵性领域的探索》，四川人民出版社2000年版。

〔德〕约瑟夫·拉辛格著，静也译：《基督教导论》，上海三联书店2002年版。

喻天舒：《王国维、郭沫若与儒教》，北京大学出版社2009年版。

〔日〕依田熹家著，卞立强等译：《日中两国现代化比较研究》，北京大学出版社1997年版。

张灏：《张灏自选集》，上海教育出版社2002年版。

张君劢等：《科学与人生观》，辽宁教育出版社1998年版。

张荣明：《中国的国教——从上古到东汉》，中国社会科学出版社2001年版。

张汝伦：《现代中国思想研究》，上海人民出版社2001年版。

张岂之、陈国庆:《近代伦理思想的变迁》,中华书局 2000 年版。

张禹东、杨楹:《宗教与哲学》,社会科学文献出版社 2009 年版。

〔美〕周策纵著,周子平等译:《五四运动:现代中国的思想革命》,江苏人民出版社 1996 年版。

周作人:《周作人自编文集》(36 种),河北教育出版社 2002 年版。

后 记

中国现代文学现代性与宗教性关系，是中国现代文学研究中的一个具有文化史、文学史意义的重大课题。1996年，我在南京大学中文系跟随叶子铭先生攻读中国现当代文学专业博士学位时，曾就"五四作家与佛教文化的关系"展开专题研究，博士论文《"五四"作家与佛教文化》2002年在上海三联书店出版。2002—2005年，我在福建师范大学中国语言文学博士后流动站姚春树先生的指导下，又以周作人研究为中心，对中国现代作家与宗教文化的关系进行了个案研究，专著《半是儒家半释家——周作人思想研究》2007年在人民文学出版社出版。随着研究的深入，我感到，仅从佛教、基督教等角度似乎还不能完全把握中国现代文学与宗教文化的关系，因此，2008年，我来到暨南大学中国语言文学博士后流动站跟随蒋述卓教授再次从事博士后研究。蒋先生是国内知名的学者，对文学与宗教的关系有着精深的研究。在站期间，蒋先生对我的研究进行了多方面的指导，我受益甚多。在蒋先生的悉心指导和启发下，我逐渐意识到中国现代文学与宗教文化关系的研究本质上是"中国现代文学的现代性与宗教性"关系研究，只有将中国现代文学与宗教文化关系的研究放到现代性的视野中，才能超越就宗教论宗教的局限，更深入地窥探到中国现代文学得失成败的内在原因。

后 记

众所周知,在西方,现代性的主要理念如自由、民主、人权、科学等,主要是在与基督教的持续对话、辩论和抗争的过程中产生、确立的,而在现代中国,这些现代性的理念却始终不容易扎根或者很容易走形,造成这一现象的原因是否与我们的非宗教文化背景有关呢?沿着这一思路,我逐渐摸索到中国现代文学的现代性与宗教性关系的内核——儒教,并以儒教为中心,对中国现代文学的现代性与宗教性关系展开研究,本书是我这次研究的最终成果。现在该成果即将出版面世,不足之处,还请读者批评指正。

在研究的过程中,我得到了中国博士后科学基金特别资助项目、教育部人文社科规划项目、羊城学者学术带头人项目、广州大学广东省俗文化研究中心、广州大学广东省中国语言文学重点学科的支持;北京大学温儒敏教授,南京大学丁帆教授、吴俊教授,中山大学吴承学教授、林岗教授,暨南大学王列耀教授、宋剑华教授、姚新勇教授,华南师范大学陈少华教授、袁国兴教授,南京师范大学谭桂林教授、杨洪承教授,苏州大学汤哲声教授,华中师范大学王泽龙教授,也给予了很多的关心和帮助;本书部分内容曾在《文学评论》、《中国现代文学研究丛刊》、《鲁迅研究月刊》等学术刊物发表,得到了编辑们的大力支持;本书在商务印书馆出版,编辑金寒芽女士一丝不苟的敬业精神和精益求精的工作态度给我留下了深刻的印象,在此,一并表示衷心的感谢!

2013 年 4 月于广州